中共四川省委党校（四川行政学院）乡村振兴研究智库研究成果

中国农作物空间演变与区域专业化发展研究

Zhongguo Nongzuowu Kongjian Yanbian yu Quyu Zhuanyehua Fazhan Yanjiu

姚寿福　贾舒　吴玉菡　著

西南财经大学出版社
Southwestern University of Finance & Economics Press
中国·成都

图书在版编目(CIP)数据

中国农作物空间演变与区域专业化发展研究/姚寿福,贾舒,吴玉菡著.—成都:西南财经大学出版社,2020.12

ISBN 978-7-5504-4507-9

Ⅰ.①中… Ⅱ.①姚…②贾…③吴… Ⅲ.①作物—地区专业化—区域发展—研究—中国 Ⅳ.①F326.1

中国版本图书馆 CIP 数据核字(2020)第 157879 号

中国农作物空间演变与区域专业化发展研究

姚寿福 贾舒 吴玉菡 著

策划编辑:王琳
责任编辑:王琳
封面设计:张姗姗
责任印制:朱曼丽

出版发行	西南财经大学出版社(四川省成都市光华村街55号)
网 址	http://www.bookcj.com
电子邮件	bookcj@foxmail.com
邮政编码	610074
电 话	028-87353785
照 排	四川胜翔数码印务设计有限公司
印 刷	四川新财印务有限公司
成品尺寸	170mm×240mm
印 张	18.5
字 数	323 千字
版 次	2020 年 12 月第 1 版
印 次	2020 年 12 月第 1 次印刷
书 号	ISBN 978-7-5504-4507-9
定 价	88.00 元

序　言

　　农业是国民经济的基础性产业。改革开放以来，我国社会经济全面、快速发展，农业发挥了不可替代的作用。食为政首，粮安天下。在党中央、国务院的正确领导下，我国不仅稳定解决了十几亿人的温饱问题，而且总体上实现了小康。但粮食安全问题仍未完全解决，很多农产品依赖进口，特别是大豆进口量不断创新高，小麦、大米、玉米等都需要进口才能完全满足国内需要。粮食危机的阴影一直笼罩中国，确保粮食安全仍然任重道远。我国农产品生产既面临资源与环境约束、可持续发展乏力的问题，又存在有效供给不足、供给与需求失调、生产成本高、农户亏损严重等问题。习近平总书记提出的"两山"理念为破解环境约束、实现农业可持续发展提供了理论基础；以习近平同志为核心的党中央做出的农业供给侧结构性改革的战略决策为破解农产品供需失调、实现农业高质量发展指明了方向。从宏观角度看，我国还存在城乡发展不协调问题，农业、农村发展仍然很不充分。经过40多年的改革开放，我国的社会经济获得了高速发展，社会经济面貌发生了翻天覆地的变化，社会主义现代化建设成就斐然，但农业现代化仍然是我国现代化建设的突出短板。马克思曾指出，超过劳动者个人需要的农业劳动生产率，是一切社会的基础。因此农业短板将严重制约我国全面实现社会主义现代化的进程。

　　现代农业是一个社会化、科学化的产业，具有开放性和商品性，是一种实现了高度分工与专业化的农业，是一种实现了社会化大生产的产业。改革开放以来，从中央到地方，各级党委和政府一直重视农业生产区域专业化发展，出台了很多政策，促进了农业区域专业化的发展，从一村一品到一县一主业，从粮食等农产品主产区和优势产区的规划与实施，到农业主体功能区、农业产业园区、现代农业园区、田园综合体等的建设，农业区域专业化的发展水平、质量和效益都有了很大的提高。但目前我国农业劳动生产率还较低，从不同农产品的区域专业化发展来说，我国农业生产的机械化率还比较低，这是劳动生产率较低的一个原因。其他影响因素包括农业科研、田间管理和农业人力资本等。

在我国社会经济发展进入新时代的大背景下，党的十九大适时提出了乡村振兴战略和高质量发展要求，2018年中央一号文件对乡村振兴战略实施做出了全面部署，为"三农"问题的进一步有效解决指明了方向和路径。高质量发展是建设现代化经济体系的必由之路，也是我国农业发展的必由之路。产业兴旺是乡村振兴的基础，也是关键。农业的高质量发展就是要加快转变农业生产方式，从依靠要素投入的增长方式转变为依靠生产力、全要素效率提高的增长方式，以供给侧结构性改革为主线，促进农业产业结构、产品结构、市场结构、区域结构等的优化和升级，提高农业的土地生产率和劳动生产率。

马克思曾指出，消费资料的任何一种分配，都不过是生产条件本身分配的结果，而生产条件的分配则表现生产方式本身的性质。对农业生产来说，受到明显的地域性和季节性限制，实施区域专业化生产特别重要，我们可以更好地分配和高效地利用农业生产的各种条件、各类要素。实施区域专业化生产可以通过分工与协作自然地促进生产力的发展，促进农业生产效率的提高。世界著名农业经济学家、诺贝尔经济学奖获得者舒尔茨曾研究了农业的报酬递增问题，而且证明了农业递增报酬的源泉在于农业的专业化生产方式。对于我国农业发展来说，实行区域化布局、规模化经营、专业化发展，并以此为基础，着力构建现代农业产业体系、生产体系和经营体系，是改造传统农业，提升我国农业产业发展能力和水平，从而实现我国农业高质量发展、加快现代农业发展的重要途径。

农业区域专业化就是农业生产的区域化布局、规模化经营、专业化发展。从国内外历史经验、理论逻辑和未来趋势看，农业区域专业化发展将促进农民的职业化和组织化、农业经营的规模化和标准化、农产品生产的品质化和高效化，促进我国农业产业体系的构建和农业全产业链的发展，从而提升农业产业发展的整体质量和效益，在促进农业发展的同时，提高农民收入，加快乡村振兴步伐。

本书是国家社会科学基金项目"中国农业区域专业化发展研究"（批准号：10BJY067）的后续研究成果。该项目已于2017年顺利结题（结题证书号：20170827）。本书作为"中国农业区域专业化发展研究"的后续研究成果，主要以农业区域专业化发展为主线，运用定性与定量、文献研究与实证分析、历史分析与比较分析相结合的基本方法，对我国主要农产品的区域专业化发展及空间变迁问题展开讨论。本书在探讨农业区域专业化发展有关理论的基础上，对我国主要农产品的区域生产优势，包括规模优势和效率优势进行了测定，重点探讨了我国稻谷、小麦、玉米、大豆、油菜籽这些农产品的区域专业化和空间变迁问题，同时分析了我国农业发展中存在的一些隐忧。从研究结果来看，我国很多农产品的区域生产优势自 1978 年以来是不断下降的。农业生产天然地具有地域性、季节性等特点，因此，因地制宜、充分发挥区域优势是农业发展的先决条件。研究表明，不同的农产品或同样的农产品在不同地区的生产影响因素不同，土地生产率也不同。针对不同农产品生产存在的主要问题，本书提出了政策建议。如果本书的出版能够对我国农业区域专业化发展起到推动作用，我们将倍感欣慰。

西华大学姚寿福教授作为中共四川省委党校（四川行政学院）乡村振兴智库的特邀研究员，与其智库成员共同完成了本书的写作。全书共 32 万余字，姚寿福教授拟定了本书的写作方向和写作提纲并进行统稿，中共四川省委党校（四川行政学院）贾舒副教授撰写了本书的第二至第六章，共 25 万余字，河南牧业经济学院吴玉菡老师撰写第一章，共计 6 万余字。本书由中共四川省委党校（四川行政学院）乡村振兴智库资助出版，在此表示由衷的感谢。本书在编辑、出版的过程中，得到了西南财经大学出版社的大力支持和出版社编辑王琳的鼓励及协调，在此一并表示衷心的感谢。

姚寿福

于西华大学西华苑

2020 年 6 月 1 日

目　录

第一章 农业区域专业化发展的理论分析

　　农业是人类衣食之源、生存之本，是人类生存与发展的首要条件。现阶段的农业分为植物栽培和动物饲养两大类。农业的生产对象是有生命的动植物，生产成果是动植物。人们通过有自然因素参与的生产劳动，利用动植物的生活机能，把自然界的物质和能量转化为人类生存所必需的产品。因此，农业是一个自然再生产与经济再生产相互交织、相统一的过程，其中自然再生产是经济再生产的基础。农业的自然再生产是农业生产所必需的各种自然因素相互配合和参与农业生产，农业生产所必需的自然因素包括气候、地形、土壤、水源、生物等；农业的经济再生产是各种社会经济因素相互配合和参与农业生产，农业生产所必需的社会经济因素，也就是社会经济条件（或称人文条件）是指除了农业自然生态条件以外的所有影响农业发展的生产力与生产关系、经济基础与上层建筑等因素，一般包括人口、劳动力条件，工业、城市、交通运输条件，市场条件，科学、技术与教育条件，农业经营管理体制及有关农业的各种方针政策，等等。对农业生产来说，自然因素是相对固定不变的，而社会经济因素的发展变化大，因此农业区域专业化发展首先要考虑自然因素的决定作用，然后考虑社会经济因素的影响。因此，从农业生产来看，区位理论，特别是杜能的农业生产圈层理论是农业区域专业化发展的理论基础。

　　从人们的经济行为看，比较利益是农业区域专业化发展的驱动力，没有比较利益，区域专业化就缺少了催化剂。斯密和杨格的分工理论都是基于区域（或单位）的比较利益，没有比较利益的存在，就不会有分工的产生，就不会有商品的交换。经济发展的历史也表明，自人类社会进入商品交换时代，区域经济发展就与比较利益联系在一起，并与比较优势的挖掘紧密相关。斯密的绝对优势学说、李嘉图的相对优势学说、穆勒的相互需求理论和赫克歇尔-俄林的要素禀赋理论等都揭示了区域比较优势是比较利益存在的前提条件，也是区域间产业分化和区域分工的基础条件之一[1]。农业发展总是在一定的区域内进行，因此与区域密切相关。不同区域有不同的自然、社会经济、技术等资源、要素、条件的组合，适合发展的农产品种类就不同，因此，农业生产只有充分发挥区域优势条件，才能获得好的收成。从本质上看，农业区域专业化是在一个较大区域范围内的农业生产的分工与专业化发展。本章主要从理论方面分析农业区域专业化的发展。

第一节　农业生产区域及其特点

农业是利用动植物等生物的生长发育规律，在光、热、水、土等自然因素的配合下，通过人工培育获得产品的产业部门。农业生产离不开自然生态环境，也需要有社会经济技术等条件的配合。不同的区域，各种自然因素和社会经济因素及其组合也各不相同。自然生态环境是指与农业生产有关的一切自然因素及其组合，如水、土、光、热等各种自然资源的数量、质量及其组合而形成的综合体[2]。因此，一个区域内的自然、经济、技术和社会条件等各种因素相互影响、相互作用所形成的有利于农业发展的因素集合体，就构成了农业生产的优势。不同的区域由不同的自然、社会经济、技术、历史等构成，多种有利条件或因素的综合，就形成了不同区域的农业比较优势[3]。一个区域的各种自然条件与社会经济条件及其组合，是不以人们的意志而转移的，而且动植物的生产时间与人们的劳动时间不一致，受自然条件影响大，农业生产具有明显的区域性和季节性。因此，农业区域比较优势具有以下几个特点。

一、客观性

在我们生活的地球上，任何一个区域都是一个客观存在。不同的区域，自然生态条件和社会、经济、历史与技术等各类因素的组合不同，这种由各种自然条件和社会经济条件所构成的区域也是一个客观存在。例如，水、土、光、热、生物种类等在各区域的分布和组合不同，社会、经济、历史与技术在各区域也各不相同，有的区域差异还很大。因此农业的区域布局和区域优势及建立在这些优势之上的农业区域化发展也是一个客观存在。同一种动物或植物在不同的区域进行生产具有不同的生产效率，具有不同的品质，正如《晏子春秋·内篇杂下》所说："橘生淮南则为橘，生于淮北则为枳，叶徒相似，其实味不同，所以然者何？水土异也。"不同的动物或植物在同一个区域进行生产也是如此[4]。也就是说，任何一个区域都具有发展某种特定农业生产的优势，但对有些农业生产则是劣势，这同样是一个客观存在，不同的区域具有不同的优劣势[5]。区域比较优势存在的客观性，要求我们在进行农业生产时要因地制宜，以充分发挥其优势，而规避其劣势。

二、相对性

不同的区域，农业生产条件不同。一个特定的区域适合生产的农产品可能很多，在自然力和人类劳动的共同作用下，随着时间的推移，就形成不同的农业生产区域。不同区域的优势或劣势是通过与其他区域的比较而显示出来的，这就决定了区域比较优势具有相对性和层次性。对农业来说，区域优势具体表现为全国层次、区域层次和区内层次。在一个国家的内部，如果某种农产品只适合在一个特定区域内生产，则该区域的优势就有了全国的意义，生产该农产品的区域就有了垄断优势。或者一个特定的区域虽然能够生产多种农产品，但该区域只生产某一个农产品，并通过技术研发等，提高其产量与质量，使其产量和质量在全国具有重要地位，则该区域就成为具有全国意义的专业化生产区域。例如，日本马路村就只种植柚子，并发展旅游业和柚子的精深加工产业，成就了一个大产业[6]。在一个省份或某个区域内部，通过这种方式生产则可形成省际或大区域意义的专业化生产区域；在一个省份或一个区域内部的局部地区也可以通过发挥其优势，形成区内局部意义的专业化区域。美国的乳畜带、棉花带、玉米带和小麦区等专业化生产区域，则是具有全球意义的专业化区域。

三、动态性

自然生态条件的变化虽然非常缓慢，但从较长时期看，随着农业科学技术、社会经济条件等因素的不断变化，自然生态条件也会发生变化，因此农业生产的地区优势也不是一成不变的。随着农业科学的发展和农业生产技术的不断进步，动植物新品种的研发扩大了农产品生产的适生环境，从而也扩展了动植物的地理分布范围，或者区域自然生态条件的变化使原来不具有生产某种农产品优势的地区也能够生产某些动植物，这一点在农作物生产中表现得最为明显。例如，我国的双季连作稻从南岭以南，扩展到了北纬34°以北，而且在海拔2 400米左右的高山地区（云南元江流域）也能种植双季稻；冬小麦的北界也达到了北纬47°[7]。长期以来，我国东北地区无霜期短、水温低、昼夜温差大，不利于水稻生长，但早期的朝鲜移民通过在东北各地试种水稻，摸索出一系列寒地种稻技术，从19世纪中期开始种植水稻，为东北地区的稻米生产做出了重要贡献[7]。发展到现在，东北地区已成为我国著名的稻米生产基地。又如，广东省有良好的生产条件，一直是我国重要的粮食生产大省，特别是稻谷的生产。1980 年，广东省的粮食产量为 1 808.5 万吨，占全国的比重为 5.64%，居全国第四位；稻谷产量为 1 623 万吨，占全国的比重为 11.60%，居全国第二位。但随着社会经济的发展，广东省的粮食产量和稻谷产量直线下降。到 2010 年，广东省的粮食产量为 1 316.49 万吨，占全国的比重仅为 2.41%，较 1980 年的产量减少了 27.21%，居全国第 16 位；稻谷产量为 1 045 万吨，占全国的比重为 5.13%，较 1980 年的产量减少了 35.61%，居全国第 9 位。到 2018 年，广东省的粮食产量为 1 193.5 万吨，占全国的比重仅为 1.81%，居全国第 18 位，较 1980 年的产量减少了 34.00%；稻谷产量为 1 032.1 万吨，占全国的比重为 4.87%，较 1980 年的产量减少了 36.41%，居全国第 8 位。广东省在农业生产方面的优势降低，在甘蔗生产方面表现得特别明显[8]。

第二节　农业区域专业化发展的基础理论

从本质上来说，农业区域专业化是一种分工与专业化生产方式，即在不同区域之间形成不同的农业分工与专业化生产。很多经典作家对分工、专业化与农业区域专业化发展进行了研究。虽然亚当·斯密分析了分工对经济增长的作用，并提出了分工取决于市场的斯密定理，但认为农业不可能出现工场手工业那样的分工。后来还有许多经济学家分析了分工与经济增长的关系，但对农业分工与专业化生产、农业区域专业化生产等涉及很少。农业区域专业化发展重要的理论基础有马克思和恩格斯的劳动地域分工理论、杜能的农业圈层理论和舒尔茨的农业报酬递增理论。

一、劳动地域分工理论

马克思主义认为，社会生产力发展促进了社会分工与专业化生产，即生产力发展推动了产业之间、各产业内部的分工与专业化发展，使生产活动日益社会化、复杂化。马克思认为，农业内部的分工是工业技术在农业领域引起的最革命的作用，专业化分工、协作与生产力发展是相互促进的，因为专业化分工与协作可以产生生产力，即社会劳动的自然力[9]。

马克思、恩格斯从分工角度分析了农业技术进步。他们认为，现代农业技术研发逐步以相关科学研究成果为依据，促进了农业技术的科学化[10]。资本主义的工业化是推动小农生产向大农业生产转变的核心因素，因为工业化可以促进农业生产机械化，为农业提供化肥等工业品投入，进而促进农业生产的工业化[10]504。农业科技发展和农业生产的工业化刺激了农业生产领域的专业化分工；"由于这种集中（指土地），才能在农业中使用机器，实行大规模的劳动分工，并使英国的工业和商业同农业互相配合"[10]504。农业生产分工表现为纵向和横向两个方面，农业横向分工是劳动生产种类、农作物种植品种的单一化，即农业生产的区域专业化；农业纵向分工则是指农艺环节的专门化，即目前发达国家的作业（工艺）专业化。农业生产分工反过来又进一步推进了农业科技的发展，农业科技进步与农业生产专业化具有相互促进关系。

马克思认为，劳动分工催生了不同的自耕农和工场手工业，促进了工场手工业之间及其各工场手工业内部的分工细化，提高了社会生产部门的不断增加和社会产品种类的不断增多。社会内部分工及产业内部分工促进了劳动的地域分工的形成，这在工场手工业和大工业时期尤为显著。"一方面，协作可以扩大劳动的空间范围，因此，某些劳动过程由于劳动对象空间上的联系就需要协作。另一方面，协作可以与生产规模相比相对地在空间上缩小生产领域。在劳动的作用范围扩大的同时劳动空间范围的这种缩小，会节约非生产费用。"[9]381劳动者、生产过程和生产资料的集聚使得曾经为个别消费者的劳动变成手工工场或商业店铺的劳动。"这样一来，往往整个地区和整个城市都专门从事某种行业。"[9]542由此产生了劳动的地域分工。

"把特殊生产部门固定在一个国家的特殊地区的地域分工，由于利用各种特点的工场手工业生产的出现，获得了新的推动力。在工场手工业时期，世界市场的扩大和殖民制度（二者属于工场手工业时期的一般存在条件），为社会内部的分工提供了丰富的材料。"[9]409,410机器生产则进一步推动了劳动地域分工的发展。"一种与机器生产中心相适应的新的国际分工产生了，它使地球的一部分转变为主要从事农业的生产地区，以服务于另一部分主要从事工业的生产地区。"[9]519,520劳动的地域分工导致了城市与农村、工业与农业的分离和结合[11]68。从分工的形式和内容看，农业区域专业化生产就是劳动的地域分工，即不同的区域进行分工，专业化地生产一种或两种农作物。从美国等发达国家的农业专业化发展进程来看，首先出现了农业的区域专业化发展格局，然后出现了农场生产的专业化和农艺专业化（生产环节的专业化）。农业的分工发展与工业走的是相反的路线。

列宁在《俄国资本主义的发展》一书中也对农业区域专业化有过精辟的

论述："这种专业化过程，把商品的各种加工过程彼此分离开来，创立了越来越多的工业部门；这种专业化过程也出现在农业中，建立了农业的日益专门化的区域（和农业生产体系），不仅引起农产品和工业品的交换，而且也引起各种农产品之间的交换。"[12]列宁评价说，从历史意义来说，美国发展农业专业化是一个巨大的进步力量，这种专业化生产比宗法式农业越来越多样化、合理化[12]。农业生产专业化使农业日益融入社会化生产体系，既丰富了农产品品种，提高了农产品品质，也促进了农业生产效率和效益的提高。美国农业在全球一直占据领先地位，很大程度上归功于农业专业化[13]。实行专业化生产方式是美国农业现代化的关键推动力，同样也是英、法、日等国走上现代农业发展之路的重要促进力。

马克思主义的劳动地域分工理论是农业区域专业化发展的重要理论基础。农业生产的区域化布局、专业化生产就是要通过不同区域的农业生产的地域分工，实行专业化生产方式，提高农业劳动生产效率、土地生产率，促进农业技术进步，从而提高农产品生产质量，加快农业现代化发展。

在我国，党中央和国务院一直致力于解决"三农"问题，促进农业发展、农民增收，加快农业现代化发展。我国在推动农业生产的区域专业化发展方面也出台了一系列政策。早在 1979 年，党的十一届四中全会通过的《中共中央关于加快农业发展若干问题的决定》就指出："实现农业现代化，整个农业必须有一个合理的布局，逐步实现区域化、专业化生产，不断提高农业生产的社会化水平。"进入 21 世纪，特别是近年来，党中央和国务院推出了一系列旨在推进农业区域专业化发展的政策和规划，大力推进粮食主产区发展、优势农产品区域布局等，大力倡导一村一品、一县一主业的农业发展思路和大力推进我国农业的商品化、专业化、现代化发展，都在致力于促进我国的农业专业化发展水平，如《农业部关于〈印发特色农产品区域布局规划（2013—2020年）〉的通知》《国务院关于印发全国国土规划纲要（2016—2030 年）的通知》（国发〔2017〕3 号）、《中共中央 国务院关于深入推进农业供给侧结构性改革加快培育农业农村发展新动能的若干意见》（2016 年 12 月 31 日）、《中共中央 国务院印发〈乡村振兴战略规划（2018—2022 年）〉》（2018 年 9 月 26日）、《中共中央 国务院关于坚持农业农村优先发展做好"三农"工作的若干意见》（2019 年 1 月 3 日）等。这些政策对我国农业发展方式的转变、农业现代化的加速推进、农业竞争力的提高和广大农民的共同富裕，对农业区域专业化的发展等，都起到了重要的推动作用。

国务院在 2010 年年底印发的《全国主体功能区规划》（国发〔2010〕46

号）是中国第一个国土空间开发规划，是战略性、基础性、约束性的规划。其中，对我国未来的农业战略格局提出了构建以东北平原、黄淮海平原、长江流域、汾渭平原、河套灌区、华南和甘肃新疆等农产品主产区为主体，以基本农田为基础，以其他农业地区为重要组成的"七区二十三带"农业战略格局。东北平原农产品主产区，要建设优质水稻、专用玉米、大豆和畜产品产业带；黄淮海平原农产品主产区，要建设优质专用小麦、优质棉花、专用玉米、大豆和畜产品产业带；长江流域农产品主产区，要建设优质水稻、优质专用小麦、优质棉花、油菜、畜产品和水产品产业带；汾渭平原农产品主产区，要建设优质专用小麦和专用玉米产业带；河套灌区农产品主产区，要建设优质专用小麦产业带；华南农产品主产区，要建设优质水稻、甘蔗和水产品产业带；甘肃新疆农产品主产区，要建设优质专用小麦和优质棉花产业带[14]。"七区二十三带"的农业战略格局有利于充分发挥各地的比较优势，形成各具特色的农产品主产区，促进农业的高质量发展。落实农业功能区制度，科学合理划定粮食生产功能区、重要农产品生产保护区和特色农产品优势区，合理划定养殖业适养、限养、禁养区域，严格保护农业生产空间，科学划分乡村经济发展片区，统筹推进农业产业园、科技园、创业园等各类园区建设，有助于加快我国农村现代产业发展，有助于我国保障粮食安全和重要农产品的有效供给。

二、杜能的农业圈层理论

从地理区位的角度分析经济增长问题，是德国学者研究经济问题的一个重要视角，先后创建了农业、工业、市场和中心地理论。影响较大的有经济学家杜能的农业圈层理论、韦伯的工业区位论和廖什的市场区位论及地理学家克里斯泰勒的中心地理论。其中对农业区域专业化发展具有重要影响的是杜能的农业圈层理论。

德国经济学家约翰·冯·杜能（1783—1850）在《孤立国同农业和国民经济的关系》一书中详细分析了农业（种植业、林业、畜牧业）的生产布局问题[15]。从专业化的角度看，杜能所分析的农业区位问题实际上就是农业的区域专业化问题。在一系列假定的基础上，杜能分析了在只有一个城市、周边为土壤肥力相等的农村的孤立国中的农业布局问题。杜能认为，在什么区位生产什么农产品有利完全取决于利润或地租，用公式表示为

$$R = P - (C + T) \qquad\qquad (1\text{-}1)$$

式（1-1）中，R 为利润，C 为生产成本，P 市场价格，T 为运费[15]。

杜能根据该公式算出了各种农作物的最合理的生产区域，即得到了以城市

为中心的6个有规则且界限明显的同心农业圈层（如表1-1）所示。

    为了更好地说明问题，我们可以把杜能的利润公式改写为：$R=E\cdot(P-C)-E\cdot k\cdot T$。其中，$E$ 为产量，k 为生产地点与市场之间的距离。从中我们可以解出某一农作物生产利润为0的边界点，即 $k=(P-C)/T$（见图1-1）。农业经营的利润最大化是以固定的市场价格为前提的，因此图1-1中的斜线可以看作一条斜率为 $-ET$ 的边际收入线，$E\cdot(P-C)$ 为最大利润点，而横轴则是边际费用线。当边际收入与边际费用相等时，即 $k=(P-C)/T$ 处，表明经营者所获得的纯收入为最大，因此 K 值的不同决定农业区域专业化的不同发展类型。在交通网络四通八达、交通工具日益现代化的今天，这个结论更为重要。

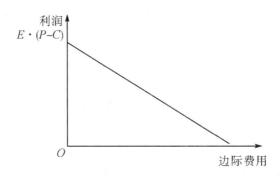

图1-1　杜能农业圈层理论的几何解释

    杜能的农业圈层理论是在假设一个均质的孤立国的基础上，采用孤立化的方法。杜能对假想的孤立国有以下六个假定条件：肥沃的平原中央只有一个城市；不存在可用于航运的河流与运河，马车是唯一的交通工具；土质条件一样，任何地点都可以耕作；距城市50英里（1英里约等于1.609千米，下同）之外是荒野，与其他地区隔绝；人工产品供应只来源于中央城市，城市的食品供应只来源于周围平原；矿山和食盐坑都在城市附近。杜能在分析时又排除了土质条件、土地肥力、河流等因素对农业生产的影响，只探讨市场距离的作用。在这些假定条件下，农场主为了从土地中获得最大的纯收益，农场的经营随着距城市距离的增加将呈现自由农作圈、林业圈、谷物轮作圈和畜牧圈等圈层变化（见表1-1和图1-2）。

    杜能的研究方法虽然很简单，但由此引申出的各种农作物的最优生产区位为生产布局理论奠定了微观基础，也为农业区域专业化理论奠定了基础，目前仍是农业经营遵循的依据。但现在的经济发展水平与杜能所在的时代相比已不可同日而语，特别是随着科学技术的飞速发展，化肥、农用机械的广泛使用，交通运输业和通信技术及贮藏技术的高度发展，农产品加工业的日益现代化，杜能的孤立国渐渐被全球化经济取代，因而制约农业区域专业化发展的因素也发生了很大变化。显然杜能特别重视的运费的成本分析方法已无法说明当今农业的区域发展问题。

表 1-1　杜能的农业圈层

圈层	生产品种	产品特点	有利条件	不利条件	耕作特点
第一圈层：自由农作圈	蔬菜、水果、牛奶等鲜货为主，谷物为次	不宜于长途运输，极易腐败变质，市场售价与其新鲜程度密切相关	可以方便地从城市获得较充足肥料供应	紧靠城市，地租很高	高度集约化、连年种植
第二圈层：林业圈	木材、薪材	外形不规则，马车的运载量有限，不会腐败变质	不需像种菜那样耗用由城市补充的肥料	在单位面积上树木可能提供的产值较蔬菜少得多	
第三、四圈、五圈层：主要生产谷物	第三圈以谷物为主，次为畜产品第四圈以畜产品为主，次为谷物第五圈以加工的畜产品为主	不易腐败变质	耗用肥料较少离城市越远，地租越低	必须合理转作，农牧结合，以保持地力不致下降	第三圈层采用轮化载作物制第四圈层采取轮作休耕制第五圈层采用三圃农作制
第六圈层：畜牧圈	畜产品	农牧产品大部分自给，少部分加工后销往城市	地租极低	距离城市太远	经营十分粗放狩猎
第六圈层以外：荒野	—	—	—	—	—

资料来源：根据杜能的《孤立国》一书整理。

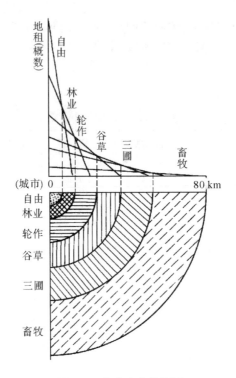

图 1-2　农业生产杜能圈

三、农业报酬递增理论

亚当·斯密根据制针工场的分工经验提出了分工导致经济增长的结论，但分工受市场范围的限制（斯密定理），因此开拓市场有利于分工的深化[16]。斯密的分工理论体现在微观和宏观两个方面，在微观方面，劳动生产力的提高是分工的结果，其中技术变迁以分工加速知识积累的形成成为报酬递增永不枯竭的源泉；在宏观方面，分工既是经济进步的原因又是其结果，分工的因果累积过程就是报酬递增机制。分工累积及以知识积累体现的技术变迁随时间推移而不断得到强化，必然导致垄断的出现，因此与静态的竞争均衡不相容。

受斯密的启发，美国经济学家阿林·杨格（Allyn Abbott Young，1876—1929）在 1928 年发表《报酬递增与经济进步》一文，认为报酬递增来自劳动分工，报酬递增的经济就是生产的资本化或迂回方法的经济，这种经济与现代形式的劳动分工的经济为等价物，进而杨格提出了分工取决于分工的思想（杨格定理）[17]。杨小凯继承斯密和杨格的理论精华，认为报酬递增来自分工与专业化生产[18]。

美国经济学家、诺贝尔经济学奖获得者西奥多·W.舒尔茨基于杨格的思想，把报酬递增的源泉归纳为劳动分工、专业化、技术进步、人力资本的积累、培训和教育、干中学、知识的获得、知识的外溢、经济思想和知识、经济制度、经济组织、恢复经济均衡。舒尔茨认为经济发展的本质是报酬递增的，在农业中同样也存在报酬递增，这种递增报酬来自劳动分工与专业化及由其形成的专业化人力资本。早在 20 世纪 50 年代至 60 年代，舒尔茨就认识到了各国在提高农业劳动生产率方面的巨大差别：在农业现代化最成功的那些国家，农业劳动生产率的提高比工业快得多[19]6。他认为，土地的自然特性并不能解释这种差异。例如，意大利、希腊和奥地利的人均可耕地比印度少，也比印度的可耕地贫瘠，但他们的农业生产的年增长率（1952—1959 年）分别达到了 3%、3.3% 和 5.7%，而印度的年增长率仅为 2.1%[19]14。

舒尔茨认为，农业生产率的增长来自劳动分工与专业化，因为分工与专业化促进了人力资本的积累。农业递增的报酬主要来自两个方面：一是农业科学家的专业人力资本，这是农业研究在经济上成功的一个很重要的原因，"从广义上说，研究开发（R&D）是技术进步的主要源泉，这种技术进步产生于基础研究和应用研究，而从事这些研究工作必须要有专业人力资本"[20]23。从事研究开发的科学家创造新的更好的生产技术，这种技术的应用能带来报酬递增。全球有组织的农业研究极大地提高了农业生产食物的能力。绿色革命即是证明。印度的小麦绿色革命"始于 1966 年，该年小麦产量为 1 100 万吨；到 1984 年年底，印度小麦的产量已增至 4 600 万吨"[20]18。"1930 年以来，农业研究开支的收益率总体上远高于实物资本投资的正常收益率。"二是基础教育。基础教育是一种能够产生递增报酬的人力资本投资，有大量证据表明，在那些农业正迈向现代化的国家里，农民基础教育的收益率很高，这是导致经济增长的递增报酬的一种源泉[21]。

舒尔茨认为，由于我们没有考察随时间推移而出现的专业化程度的巨大提高，因此对专业化只有一个很浅薄的概念。而对于农业发展来说，虽然没有可与制针厂相提并论的专业化，但在农业生产中，随着时间的推移，分工与专业化生产程度也呈现日益深化的趋势[20]。美国农业现代化的发展历程表现出来的一个本质特征就是分工与专业化程度不断提高的过程。

马克思的劳动地域分工理论、杜能的农业圈层理论和舒尔茨的农业报酬递增理论对农业区域专业化发展具有重要的启示意义。劳动分工是生产技能、知识积累的基础和条件，从而成为劳动生产率提高的重要基础。对农业生产来说，劳动分工虽然不能与工业相比，但国外发达国家或地区的发展经验表明，农业领域的劳动分工不仅存在，而且也可以与工业相媲美[20]。特别是不同的地域具有不同的生产条件，通过农产品生产向条件适宜的优势地区集聚生产，不仅有利于提高土地生产率，而且通过生产知识、技能的不断累积，有利于提高农产品的生产质量和劳动生产率。在农业机械、化肥等现代生产要素投入的支持下，这些地域将进一步提高农业劳动生产率、土地生产率。

第三节　主要农产品生产比较优势的变迁

一、农产品生产比较优势的衡量方法

由前面的分析可知，一个地区的某一农作物比较优势的大小是由当地的土地、光照、土壤、水等自然资源和条件及历史、市场、经济、技术条件、劳动力、政策环境等因素综合决定的。某一地区的某种农产品的单产水平，即农产品的土地生产率是一个综合反映当地自然资源与条件、生产资料的投入及历史、经济、技术条件的综合指标；某一地区的某种农产品的种植规模，即播种面积是由当地自然资源与条件、市场、历史、经济、劳动力与物资投入及政策环境等综合决定的结果。但在很大程度上，某一区域内的某种农作物的单产水平和种植规模又是相互作用的，即农作物单产高、收益较好，则播种面积就多。因此，我们可以用单产和种植规模作为某地区某种农产品生产比较优势的关键因子，计算各地区的效率优势系数（EAI）和规模优势系数（SAI）。

（一）效率优势指数（EAI）

效率优势指数主要是从生产力的角度出发，通过某一地区某种农作物的单产与该农作物的平均单产水平的差异反映农产品的比较优势。计算公式为

$$EAI_{ij} = \frac{AP_{ij}/AP_i}{AP_j/AP} \tag{1-2}$$

式（1-2）中，EAI_{ij} 为 i 省 j 种农作物的效率优势指数，AP_{ij}、AP_i、AP_j、AP 分别为 i 省份 j 种农作物的单产、i 省全部农作物的平均单产、全国 j 种农作物的平均单产和全国全部农作物的平均单产。但在具体计算中，i 省全部农作物的平均单产、全国全部农作物的平均单产较难计算，主要问题是无论是一个省还是全国，全部农产品的平均单产资料难以被全面收集，计算结果很不准确，因此用各省和全国的单位播种面积的产值计算。EAI>1，表明 i 省 j 种农作物的单产水平高于全国的平均水平，具有竞争优势，并且 EAI 值越大，表明该地区的 j 种农作物越具有竞争优势和效率优势；若 EAI<1，表明 i 地区 j 种农作物的单

产水平低于全国的平均水平，生产效率处于劣势。

（二）规模优势指数（SAI）

规模优势指数是从市场需求和经济效益的角度出发，如果本地市场和区外市场对该种农产品需求大，则该农产品在该地区的种植规模就大，因此通过某一地区的某种农作物的种植规模，可以反映市场对该种农作物的需求程度和经济效益情况。当此种农作物的种植规模越大，就说明市场需求量越大，进而会产生一定的经济效益。在一定程度上，规模优势系数可以反映农作物生产的比较优势状况，能很好地反映农作物生产的规模和专业化程度。规模优势系数的计算公式为

$$\text{ESI}_{ij} = \frac{\text{ES}_{ij}/\text{ES}_i}{\text{ES}_j/\text{ES}} \tag{1-3}$$

式（1-3）中，ESI_{ij} 为 i 省 j 种农作物的规模优势指数，ES_{ij}、ES_i、ES_j、ES 分别为 i 省 j 种农作物的播种面积、i 省全部农作物的播种面积、全国 j 种农作物的播种面积和全部农作物的播种总面积。

$\text{ESI}>1$，说明 i 省 j 种农作物的种植规模与全国整体平均水平相比具有规模优势；若 $\text{ESI}<1$，则说明 i 省 j 种农作物的种植规模与全国整体平均水平相比不具有规模优势，生产规模处于劣势。

二、各地不同农产品生产比较优势

（一）稻谷生产比较优势变化

根据式（1-2）计算的全国各省份在 1978—2017 年的稻谷生产规模优势指数如表 1-2 和表 1-3 所示。在计算时，产量很少的地区没有被纳入计算。1978—2017 年，河北、陕西、新疆、山东、河南、湖北、重庆、四川等规模优势变化不大；江苏、辽宁、吉林、黑龙江、安徽、江西和湖南等是提高的，其中提高最多的是黑龙江（1.34），其次为江西（0.77）、湖南和安徽；而浙江、福建、广东、广西、海南、贵州和云南等是下降的，其中下降较多的是广西（-0.72）和浙江（-0.71），其次为福建（-0.54）、贵州（-0.42）和云南（-0.41），如图 1-3、表 1-2 和表 1-3 所示。

从表 1-2 和表 1-3 的规模优势指数看，在已计算的 23 个省（自治区、直辖市）中，河北、辽宁、吉林、陕西、新疆、山东、河南等一直没有全国意义的规模优势；黑龙江到 2007 年在全国也没有规模优势，但之后则具有了全国性的规模优势；贵州在 1987 年之前、云南在 1991 年之前具有规模优势；但之后均失去了规模优势，其他地区均具有规模优势。与 1978 年相比，2017 年的

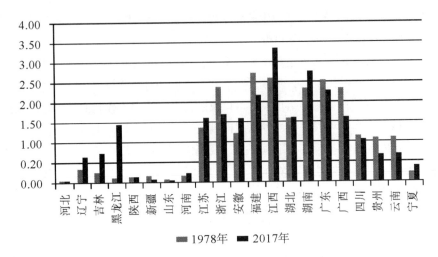

图 1-3　1978 年与 2017 年的稻谷主要产区规模优势指数比较

规模优势提高的省（自治区、直辖市）有 11 个，其中黑龙江提高了 1.34，江西提高了 0.77，吉林和湖南分别提高了 0.48 和 0.42，其他省（自治区、直辖市）提高的幅度很小，而下降的省（自治区、直辖市）有 11 个，其中广西、浙江、福建、贵州和云南等至少下降了 0.41 以上（见表 1-4）。从各地区的规模优势指数与稻谷产量的相关系数看，新疆、广西、海南、重庆、贵州和云南等为负相关关系；有的是规模优势变化不大，但产量下降；而贵州、云南则是规模优势下降，但产量是增加的；其他 16 个省（自治区、直辖市）均为正相关关系。其中，陕西、湖北、四川的相关性很小，原因是规模优势变化不大；但有的产量增加较多（如湖北），有的产量是先增加后又下降（如四川、陕西）。其他省（自治区、直辖市）的相关程度均较高，除浙江为规模优势、产量均下降而出现高度相关外，其他省（自治区、直辖市）的规模优势与产量是增加的（见表 1-5）。

表 1-2　1978—2017 年稻谷生产规模优势指数变化 I

年份	省（自治区、直辖市）							
	河北	辽宁	吉林	黑龙江	陕西	新疆	山东	河南
1978	0.05	0.34	0.25	0.11	0.13	0.15	0.06	0.17
1979	0.06	0.41	0.28	0.11	0.13	0.16	0.07	0.16
1980	0.07	0.43	0.27	0.10	0.14	0.14	0.07	0.17
1981	0.06	0.45	0.27	0.11	0.15	0.13	0.06	0.16

表1-2（续）

年份	省（自治区、直辖市）							
	河北	辽宁	吉林	黑龙江	陕西	新疆	山东	河南
1982	0.06	0.47	0.28	0.12	0.15	0.14	0.04	0.16
1983	0.06	0.47	0.28	0.12	0.15	0.14	0.04	0.16
1984	0.07	0.50	0.30	0.14	0.15	0.14	0.04	0.17
1985	0.07	0.58	0.36	0.20	0.15	0.12	0.05	0.17
1986	0.06	0.61	0.39	0.27	0.15	0.11	0.04	0.16
1987	0.06	0.66	0.41	0.31	0.15	0.12	0.04	0.16
1988	0.07	0.70	0.43	0.30	0.15	0.13	0.04	0.15
1989	0.07	0.69	0.43	0.32	0.15	0.13	0.04	0.16
1990	0.08	0.67	0.46	0.35	0.15	0.13	0.05	0.17
1991	0.08	0.69	0.49	0.40	0.15	0.12	0.06	0.18
1992	0.08	0.71	0.51	0.43	0.15	0.12	0.05	0.20
1993	0.07	0.65	0.51	0.41	0.16	0.11	0.05	0.18
1994	0.07	0.62	0.51	0.42	0.16	0.10	0.05	0.18
1995	0.07	0.64	0.52	0.47	0.15	0.12	0.05	0.18
1996	0.08	0.64	0.52	0.60	0.16	0.12	0.07	0.19
1997	0.09	0.66	0.54	0.75	0.17	0.12	0.07	0.19
1998	0.08	0.68	0.56	0.85	0.17	0.11	0.07	0.20
1999	0.09	0.69	0.57	0.87	0.16	0.11	0.09	0.20
2000	0.08	0.71	0.67	0.90	0.17	0.12	0.08	0.18
2001	0.06	0.70	0.76	0.85	0.18	0.12	0.08	0.17
2002	0.07	0.80	0.78	0.87	0.17	0.12	0.08	0.19
2003	0.05	0.77	0.66	0.76	0.20	0.11	0.06	0.21
2004	0.05	0.79	0.66	0.87	0.19	0.10	0.06	0.20
2005	0.05	0.81	0.71	0.88	0.19	0.10	0.06	0.20
2006	0.05	0.91	0.72	0.90	0.16	0.09	0.06	0.21
2007	0.05	0.93	0.70	0.98	0.15	0.09	0.06	0.22

表1-2(续)

年份	省（自治区、直辖市）							
	河北	辽宁	吉林	黑龙江	陕西	新疆	山东	河南
2008	0.05	0.93	0.69	1.04	0.16	0.08	0.06	0.22
2009	0.05	0.88	0.68	1.06	0.16	0.08	0.07	0.23
2010	0.05	0.87	0.67	1.19	0.15	0.07	0.06	0.23
2011	0.05	0.84	0.70	1.27	0.15	0.07	0.06	0.24
2012	0.05	0.83	0.70	1.33	0.15	0.07	0.06	0.24
2013	0.05	0.82	0.71	1.39	0.15	0.07	0.06	0.24
2014	0.05	0.72	0.71	1.41	0.16	0.07	0.06	0.24
2015	0.05	0.70	0.73	1.39	0.16	0.06	0.06	0.25
2016	0.05	0.75	0.75	1.40	0.16	0.06	0.05	0.25
2017	0.05	0.64	0.73	1.45	0.14	0.07	0.05	0.23
平均值	0.06	0.68	0.55	0.69	0.16	0.11	0.06	0.19

表1-3　1978—2017 年稻谷生产规模优势指数变化 Ⅱ

年份	省（自治区、直辖市）													
	江苏	浙江	安徽	福建	江西	湖北	湖南	广东	广西	海南	重庆	四川	贵州	云南
1978	1.35	2.4	1.22	2.73	2.59	1.59	2.34	2.56	2.35			1.14	1.09	1.10
1979	1.40	2.4	1.20	2.77	2.60	1.54	2.37	2.66	2.43			1.11	1.10	1.11
1980	1.37	2.35	1.25	2.83	2.63	1.56	2.41	2.72	2.45			1.11	1.18	1.11
1981	1.33	2.35	1.18	2.85	2.64	1.55	2.40	2.77	2.52			1.12	1.18	1.18
1982	1.27	2.37	1.15	2.86	2.64	1.53	2.41	2.74	2.52			1.13	1.17	1.22
1983	1.28	2.38	1.14	2.90	2.64	1.54	2.48	2.78	2.57			1.16	1.17	1.21
1984	1.27	2.4	1.18	2.89	2.65	1.54	2.50	2.73	2.56			1.17	1.13	1.23
1985	1.27	2.4	1.17	2.83	2.70	1.55	2.54	2.65	2.49			1.19	1.15	1.20
1986	1.27	2.41	1.20	2.76	2.67	1.54	2.57	2.64	2.48			1.17	1.05	1.17
1987	1.27	2.45	1.19	2.64	2.68	1.57	2.56	2.95	2.44			1.14	1.00	1.13
1988	1.29	2.48	1.21	2.59	2.69	1.58	2.59	2.63	2.36	2.27		1.15	0.99	1.08
1989	1.29	2.47	1.24	2.55	2.66	1.61	2.52	2.57	2.26	2.29		1.13	0.94	1.04
1990	1.33	2.44	1.25	2.47	2.57	1.61	2.47	2.51	2.22	2.26		1.12	0.93	1.02
1991	1.33	2.49	1.26	2.42	2.48	1.62	2.45	2.49	2.13	2.28		1.12	0.87	1.01
1992	1.38	2.52	1.28	2.38	2.37	1.64	2.44	2.43	2.13	2.21		1.14	0.89	0.98
1993	1.38	2.65	1.28	2.46	2.44	1.62	2.56	2.49	2.19	2.15		1.17	0.88	0.95
1994	1.35	2.68	1.25	2.46	2.51	1.62	2.57	2.52	2.15	2.28		1.16	0.89	0.95
1995	1.39	2.66	1.26	2.42	2.47	1.58	2.54	2.48	2.05	2.21		1.14	0.86	0.93
1996	1.43	2.62	1.30	2.35	2.46	1.57	2.49	2.42	1.96	2.13		1.13	0.83	0.89
1997	1.45	2.56	1.26	2.31	2.46	1.54	2.47	2.38	1.90	2.07	1.08	1.12	0.80	0.85

表1-3（续）

年份	省（自治区、直辖市）													
	江苏	浙江	安徽	福建	江西	湖北	湖南	广东	广西	海南	重庆	四川	贵州	云南
1998	1.47	2.56	1.26	2.37	2.49	1.45	2.50	2.42	1.93	2.07	1.10	1.11	0.83	0.88
1999	1.49	2.49	1.25	2.35	2.60	1.47	2.48	2.43	1.90	2.10	1.09	1.12	0.81	0.82
2000	1.45	2.35	1.30	2.28	2.61	1.37	2.54	2.50	1.92	2.12	1.13	1.15	0.83	0.97
2001	1.40	2.23	1.21	2.30	2.74	1.43	2.52	2.47	2.08	2.20	1.16	1.18	0.87	1.00
2002	1.39	2.1	1.25	2.23	2.85	1.44	2.49	2.44	2.10	2.19	1.19	1.19	0.87	1.02
2003	1.38	1.99	1.24	2.20	3.09	1.45	2.54	2.51	2.16	2.18	1.28	1.25	0.89	1.04
2004	1.49	2	1.25	2.12	3.16	1.50	2.55	2.41	2.00	2.19	1.18	1.19	0.83	1.00
2005	1.56	1.95	1.26	2.07	3.21	1.54	2.56	2.39	1.96	2.08	1.17	1.19	0.81	0.93
2006	1.58	2.08	1.32	2.09	3.23	1.50	2.84	2.33	2.12	2.23	1.15	1.17	0.80	0.94
2007	1.56	2.01	1.29	2.06	3.16	1.46	2.74	2.31	1.97	2.05	1.08	1.14	0.79	0.89
2008	1.56	1.98	1.29	2.03	3.20	1.42	2.73	2.31	1.95	2.00	1.10	1.13	0.78	0.88
2009	1.54	1.96	1.30	2.00	3.19	1.42	2.64	2.29	1.90	2.00	1.08	1.12	0.76	0.86
2010	1.53	1.94	1.29	1.96	3.17	1.33	2.56	2.25	1.85	2.03	1.06	1.10	0.74	0.83
2011	1.55	1.91	1.30	1.95	3.19	1.34	2.55	2.24	1.83	2.00	1.06	1.11	0.72	0.85
2012	1.56	1.9	1.31	1.94	3.20	1.33	2.55	2.24	1.80	2.02	1.05	1.10	0.70	0.83
2013	1.57	1.91	1.32	1.90	3.20	1.38	2.51	2.16	1.77	1.96	1.04	1.09	0.68	0.86
2014	1.59	1.94	1.33	1.87	3.21	1.42	2.52	2.14	1.83	1.95	1.04	1.06	0.66	0.85
2015	1.60	1.95	1.35	1.83	3.25	1.49	2.56	2.14	1.75	1.92	1.04	1.11	0.66	0.86
2016	1.62	1.95	1.38	1.79	3.24	1.48	2.52	2.12	1.73	1.91	1.04	1.10	0.65	0.86
2017	1.60	1.69	1.61	2.19	3.36	1.61	2.76	2.31	1.63	1.88	1.07	1.06	0.67	0.69
平均值	1.43	2.26	1.26	2.35	2.82	1.51	2.53	2.46	2.11	2.11	1.1	1.14	0.89	0.98

表1-4　1978—2017年各地区稻谷生产规模优势指数变化

河北	辽宁	吉林	黑龙江	陕西	新疆	山东	河南	江苏	浙江	安徽	福建
0.00	0.30	0.48	1.34	0.01	−0.08	−0.01	0.06	0.25	−0.71	0.39	−0.54
江西	湖北	湖南	广东	广西	海南	重庆	四川	贵州	云南	宁夏	
0.77	0.02	0.42	−0.25	−0.72	−0.39	−0.01	−0.08	−0.42	−0.41	0.10	

注：2017年的规模优势指数减1978年的规模优势指数。

表1-5　1978—2017年各地区稻谷生产规模优势指数与稻谷产量的相关关系

河北	辽宁	吉林	黑龙江	陕西	新疆	山东	河南	江苏	浙江	安徽	福建
0.759	0.705	0.900 3	0.978	0.108	−0.732	0.731	0.956	0.572	0.912	0.702	0.763
江西	湖北	湖南	广东	广西	海南	重庆	四川	贵州	云南	宁夏	
0.764	0.05	0.541	0.786	−0.418	−0.102	−0.203	0.085	−0.586	−0.681	0.888	

　　从表1-6和表1-7的效率优势指数看，在已计算的23个省（自治区、直辖市）中，1978年，浙江、福建、广东的指数低于1，表明这三个省份的稻谷生产不具有效率优势，而且浙江、福建、海南等省份一直没有全国意义的效率优势。到2017年，江苏、广东、广西、贵州、陕西也进入没有效率优势的行

列、四川、河北已经下降到1的临界点，而河北、辽宁、山东、新疆等省（自治区、直辖市）在有些年份也没有效率优势。从各地区的稻谷生产效率优势指数变化看，效率优势指数提高最多的是江西（2.38），其次是吉林（1.54），黑龙江、安徽、山东、河南、湖北等提高很少，而其他16个省（自治区、直辖市）均呈下降趋势（见图1-4和表1-8、表1-9）。

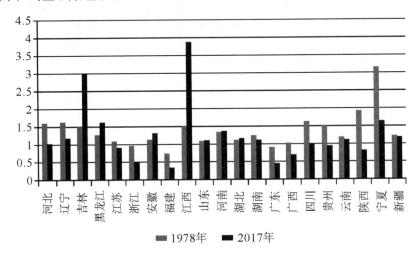

图1-4　1978年与2017年的稻谷主要产区效率优势指数比较

表1-6　1978—2017年稻谷生产效率优势指数变化Ⅰ

年份	省（自治区、直辖市）										
	河北	辽宁	吉林	黑龙江	江苏	浙江	安徽	福建	江西	山东	河南
1978	1.61	1.63	1.49	1.28	1.08	0.95	1.14	0.76	1.50	1.09	1.35
1979	1.42	1.2	1.05	1.19	0.83	0.79	1.12	0.81	1.38	0.83	1.04
1980	1.75	1.29	1.31	1.28	0.99	0.91	1.05	0.89	1.18	0.95	1.1
1981	1.75	1.32	1.2	0.93	1.06	0.94	1.06	0.82	1.29	0.93	1.3
1982	1.56	1.23	1.35	1.04	1	0.91	1.11	0.75	1.48	0.89	1.12
1983	1.56	1.18	1.15	1.23	1.1	0.92	1.07	0.83	1.29	0.92	1.18
1984	1.28	1.19	1.22	1.33	1	0.86	1.07	0.7	1.53	0.75	1.12
1985	1.51	1.13	1.33	1.56	1.05	0.84	1.12	0.67	1.67	0.9	1.18
1986	1.67	1.14	1.09	1.42	1.05	0.85	1.13	0.72	1.57	0.99	1.2
1987	1.71	1.11	1.23	1.48	1.06	0.82	1.12	0.79	1.42	0.92	1.04
1988	1.67	1.03	1.15	1.69	0.99	0.78	1.08	0.68	1.59	0.3	0.95
1989	1.56	1	1.26	1.66	1.16	0.8	1.21	0.74	1.64	1.08	1.19
1990	1.3	1.02	1.2	1.32	0.96	0.74	1.12	0.68	1.65	1.15	1.19
1991	1.33	1.09	1.4	1.38	1.05	0.8	1.24	0.68	1.82	1.12	1.06

表1-6（续）

年份	省（自治区、直辖市）										
	河北	辽宁	吉林	黑龙江	江苏	浙江	安徽	福建	江西	山东	河南
1992	1.48	1.17	1.45	1.53	1.08	0.81	1.29	0.73	1.77	1.18	1.24
1993	1.83	1.31	1.66	2.06	1.21	0.86	1.41	0.77	1.83	1.5	1.75
1994	1.72	1.25	1.45	1.72	1.03	0.82	1.26	0.74	1.70	1.62	1.64
1995	1.22	0.83	1.4	1.58	0.96	0.7	1.16	0.64	1.81	1.31	1.38
1996	1.05	0.9	1.31	1.34	0.87	0.67	1.06	0.59	1.80	1.1	1.08
1997	1.01	0.96	1.57	1.43	0.87	0.66	1.03	0.58	1.78	0.98	1.14
1998	0.95	0.74	1.23	1.49	0.92	0.64	1.16	0.53	2.19	1.24	1.14
1999	0.87	0.82	1.28	1.65	0.83	0.61	1.03	0.5	2.06	0.84	0.94
2000	0.72	0.89	1.34	2.16	0.87	0.62	1.07	0.51	2.10	0.79	1.06
2001	0.78	0.8	1.01	2.24	0.89	0.62	1.19	0.51	2.33	0.79	0.75
2002	0.76	0.8	0.96	1.85	0.9	0.59	1.27	0.48	2.65	0.85	1.09
2003	0.96	1.03	1.24	2.5	1.17	0.69	1.42	0.58	2.45	0.92	1.13
2004	0.88	0.91	1.49	2.3	0.99	0.63	1.34	0.54	2.48	0.83	1.23
2005	0.91	0.96	1.53	2.11	1.01	0.6	1.44	0.53	2.72	0.93	1.21
2006	0.93	0.89	1.56	2.5	1.07	0.64	1.5	0.53	2.83	0.99	1.26
2007	1.03	0.98	1.68	2.45	1.09	0.64	1.55	0.54	2.87	1	1.3
2008	1	0.98	1.82	2.17	1.02	0.65	1.45	0.53	2.74	0.94	1.21
2009	1.07	1.21	1.87	2.39	1.1	0.72	1.59	0.61	2.61	0.99	1.3
2010	0.94	1.01	2.19	2.41	1.07	0.67	1.48	0.59	2.51	0.98	1.2
2011	1.07	1.1	2.17	2.02	1.02	0.67	1.43	0.57	2.51	1.02	1.25
2012	0.84	1.03	1.77	1.65	0.98	0.63	1.41	0.55	2.56	1.06	1.24
2013	0.94	1.03	1.84	1.36	0.98	0.59	1.36	0.56	2.43	1.01	1.24
2014	0.93	1.05	1.9	1.3	0.94	0.59	1.34	0.53	2.53	0.96	1.28
2015	0.96	0.98	2.04	1.32	0.87	0.57	1.36	0.51	2.67	0.94	1.26
2016	1.07	1.12	2.54	1.39	0.89	0.57	1.31	0.49	2.67	1.06	1.36
2017	1.04	1.18	3.03	1.62	0.91	0.51	1.32	0.34	3.88	1.12	1.36

表1-7　1978—2017年稻谷生产效率优势指数变化Ⅱ

年份	省（自治区、直辖市）											
	湖北	湖南	广东	广西	海南	重庆	四川	贵州	云南	陕西	宁夏	新疆
1978	1.1	1.24	0.9	1.01			1.64	1.49	1.2	1.93	3.15	1.23
1979	1.49	1.3	0.87	1.03			1.45	1.19	1.05	1.54	2.51	1.05
1980	1.2	1.16	0.72	1.08			1.67	1.18	1.17	1.82	3.26	1.28
1981	1.21	1.25	0.7	1.00			1.8	1.11	1.18	1.21	3.15	0.98
1982	1.19	1.21	0.83	1.01			1.54	0.82	1.09	1.5	2.94	1.03
1983	1.29	1.39	0.76	1.13			1.65	1.1	1.13	1.64	2.94	1.14

表1-7（续）

年份	省（自治区、直辖市）											
	湖北	湖南	广东	广西	海南	重庆	四川	贵州	云南	陕西	宁夏	新疆
1984	1.16	1.33	0.66	0.97			1.61	1.03	1.03	1.53	2.62	0.94
1985	1.29	1.48	0.65	0.98			1.65	1.22	1.1	1.58	2.89	1
1986	1.32	1.66	0.64	1.03			1.86	1.01	1.12	1.7	2.63	1.08
1987	1.34	1.83	0.53	1.10			1.94	1.14	1.19	1.74	2.97	1.13
1988	1.39	2.13	0.49	1.03	0.36		1.94	1.07	1.18	1.59	2.87	0.98
1989	1.46	2.43	0.54	1.18	0.42		2.12	1.1	1.29	1.74	2.93	1.06
1990	1.2	1.13	0.51	0.98	0.54		1.76	1.08	0.99	1.49	2.78	0.84
1991	1.18	1.23	0.51	1.03	0.56		1.8	1.09	1.05	1.54	2.89	1
1992	1.42	1.41	0.53	1.1	0.57		1.94	1.54	1.11	1.59	2.28	0.99
1993	1.71	1.83	0.59	1.35	0.49		2.29	1.7	1.44	1.51	2.97	1.04
1994	1.46	2.38	0.58	1.17	0.48		2.16	1.6	1.56	1.4	3.27	1.11
1995	1.3	2.53	0.56	1.17	0.54		2.08	1.62	1.35	1.21	2.8	0.93
1996	1.16	2.47	0.55	1.01	0.50		1.83	1.37	1.15	1.44	2.48	0.89
1997	1.17	2.34	0.55	0.98	0.52	1.34	1.32	1.41	1.11	1.24	2.58	0.84
1998	1.16	2.24	0.55	1.00	0.48	1.31	1.27	1.46	1.14	1.24	2.51	0.98
1999	1.24	1.06	0.54	1.04	0.43	1.36	1.33	1.48	1.19	1.12	2.6	0.79
2000	1.36	1.14	0.54	1.18	0.36	1.49	1.39	1.52	1.09	1.34	2.6	1.07
2001	1.29	1.17	0.54	1.13	0.40	1.37	1.32	1.64	1.16	1.31	2.64	1.18
2002	1.3	1.09	0.5	1.06	0.36	1.32	1.33	1.59	1.02	1.14	2.94	1.18
2003	1.42	1.37	0.62	1.26	0.40	1.62	1.65	1.56	1.59	1.29	3.25	1.09
2004	1.19	1.12	0.53	0.99	0.40	1.42	1.42	1.91	1.36	1.2	2.68	0.83
2005	1.28	1.13	0.5	1.00	0.32	1.48	1.46	2.11	1.47	1.19	2.64	1.08
2006	1.29	1.1	0.47	0.9	0.33	1.25	1.42	2.14	1.44	1.15	2.72	1.42
2007	1.32	1.09	0.53	0.86	0.39	1.67	1.41	2.03	1.4	1.15	2.42	1.38
2008	1.21	1.05	0.48	0.80	0.38	1.62	1.28	1.96	1.4	1.05	2.29	0.98
2009	1.38	1.22	0.59	0.97	0.37	1.68	1.37	2.23	1.61	1.15	2.45	1.21
2010	1.27	1.08	0.58	0.93	0.37	1.67	1.36	2.12	1.67	0.99	2.15	1.18
2011	1.19	1.07	0.57	0.82	0.36	1.43	1.24	2.06	1.57	0.91	2.03	1.24
2012	1.22	1.08	0.58	0.87	0.37	1.4	1.2	1.19	1.34	0.89	2	1.16
2013	1.18	1.13	0.54	0.88	0.38	1.42	1.23	1.50	1.22	0.87	1.91	1.20
2014	1.19	1.16	0.56	0.83	0.38	1.37	1.16	1.06	1.14	0.82	1.8	1.36
2015	1.19	1.17	0.54	0.79	0.34	1.32	1.1	0.89	1.13	0.82	1.67	1.35
2016	1.13	1.14	0.51	0.77	0.3	1.2	1.04	0.92	1.14	0.81	1.81	1.17
2017	1.17	1.11	0.45	0.71	0.25	1.13	1.00	0.93	1.11	0.79	1.66	1.20

表1-8　1978—2017年各地区稻谷生产效率优势指数变化

河北	辽宁	吉林	黑龙江	江苏	浙江	安徽	福建	江西	山东	河南	湖北
-0.57	-0.45	1.54	0.34	-0.17	-0.44	0.18	-0.42	2.38	0.03	0.01	0.07

湖南	广东	广西	海南	重庆	四川	贵州	云南	陕西	宁夏	新疆
-0.13	-0.45	-0.3	-0.11	-0.21	-0.64	-0.56	-0.09	-1.14	-1.49	-0.03

注：2017年的效率优势指数减1978年的效率优势指数。

从各地区的效率优势指数与稻谷产量的相关系数看，辽宁、江苏、湖北、宁夏等为负相关关系，有的是效率优势变化不大，但产量下降；有的效率优势变化不大，但产量是增加的；其他 19 个省（自治区、直辖市）均为正相关关系。其中，陕西、湖南的相关程度很小，原因是产量变化不大或增加，而效率优势下降；其他省（自治区、直辖市）的相关程度均较高（见表 1-9）。

表 1-9　1978—2017 年各地区稻谷生产效率优势指数与稻谷产量的相关关系

河北	辽宁	吉林	黑龙江	陕西	新疆	山东	河南	江苏	浙江	安徽	福建
0.717	-0.427	0.789	0.342	0.152	0.426	0.277	0.319	-0.338	0.764	0.501	0.662
江西	湖北	湖南	广东	广西	海南	重庆	四川	贵州	云南	宁夏	
0.789	-0.04	0.029	0.427	0.235	0.532	0.291	0.752	0.396	0.446	-0.633	

（二）小麦生产比较优势变化

根据式（1-2）计算的全国各省份 1978—2017 年的小麦生产规模优势指数如表 1-10 和表 1-11 所示。在计算时，产量很少的地区没有被纳入计算。从小麦生产规模优势指数看，在计算的 19 个省（自治区、直辖市）中，1978 年有 11 个省（自治区、直辖市）具有小麦生产的规模优势。其中，新疆、甘肃的规模优势指数在 2 以上，其次是河南、山东、宁夏、河北、内蒙古和陕西的规模优势指数均在 1.5 以上，只有山西、黑龙江在 1.3 以下。2017 年还有 9 个省（自治区、直辖市）的小麦生产具有规模优势，其中指数在 2 以上的有河南、山东、安徽、江苏，河北的指数接近 2；甘肃、山西、新疆等都有所下降；而浙江、湖北、湖南、重庆、四川、云南等一直不具有小麦生产的规模优势；内蒙古、黑龙江在 20 世纪 80 年代具有规模优势，但在 20 世纪 90 年代就失去了规模优势（见图 1-5、表 1-12 和表 1-13）。

表 1-10　1978—2017 年小麦生产规模优势指数变化

年份	省（自治区、直辖市）										
	河北	山西	内蒙古	黑龙江	江苏	浙江	安徽	山东	河南	湖北	湖南
1978	1.67	1.29	1.62	1.14	0.85	0.29	1.11	1.78	1.81	0.73	0.19
1979	1.56	1.24	0.99	1.10	0.89	0.31	1.23	1.76	1.80	0.82	0.16
1980	1.55	1.18	1.01	1.22	0.90	0.36	1.26	1.76	1.85	0.88	0.14
1981	1.46	1.17	0.99	1.29	1.02	0.36	1.24	1.73	1.86	0.90	0.14
1982	1.35	1.17	0.98	1.16	1.12	0.39	1.27	1.68	1.93	0.93	0.14
1983	1.34	1.14	0.98	1.21	1.17	0.40	1.28	1.69	1.89	0.92	0.14
1984	1.33	1.13	0.98	1.27	1.39	0.39	1.26	1.72	1.90	0.91	0.13
1985	1.34	1.25	1.00	1.17	1.25	0.37	1.17	1.79	1.92	0.89	0.12
1986	1.38	1.29	1.00	1.13	1.30	0.34	1.17	1.86	1.91	0.86	0.11

表1-10（续）

年份	省（自治区、直辖市）										
	河北	山西	内蒙古	黑龙江	江苏	浙江	安徽	山东	河南	湖北	湖南
1987	1.36	1.27	1.04	0.94	1.31	0.33	1.19	1.85	1.97	0.93	0.12
1988	1.39	1.25	1.08	0.76	1.35	0.35	1.24	1.86	1.97	0.93	0.12
1989	1.37	1.24	1.08	0.98	1.38	0.35	1.21	1.82	1.94	0.91	0.13
1990	1.38	1.22	1.18	1.00	1.40	0.35	1.20	1.84	1.94	0.89	0.12
1991	1.39	1.25	1.21	0.97	1.41	0.35	1.22	1.84	1.93	0.88	0.13
1992	1.45	1.27	1.34	0.93	1.40	0.35	1.18	1.86	1.93	0.88	0.13
1993	1.42	1.25	1.19	0.76	1.39	0.31	1.23	1.89	1.96	0.87	0.11
1994	1.45	1.28	1.07	0.71	1.38	0.29	1.25	1.90	2.04	0.87	0.12
1995	1.49	1.22	1.04	0.67	1.41	0.28	1.24	1.92	2.06	0.83	0.11
1996	1.50	1.23	1.06	0.71	1.44	0.29	1.27	1.89	2.04	0.84	0.11
1997	1.57	1.27	1.02	0.61	1.51	0.32	1.29	1.88	2.06	0.84	0.10
1998	1.59	1.25	0.95	0.55	1.50	0.34	1.28	1.87	2.07	0.82	0.10
1999	1.63	1.25	0.84	0.56	1.52	0.36	1.30	1.93	2.09	0.75	0.09
2000	1.74	1.30	0.61	0.37	1.44	0.29	1.38	1.97	2.20	0.65	0.09
2001	1.81	1.41	0.57	0.27	1.39	0.24	1.42	1.99	2.31	0.62	0.09
2002	1.77	1.32	0.51	0.17	1.42	0.20	1.48	1.99	2.35	0.62	0.08
2003	1.76	1.35	0.38	0.16	1.46	0.17	1.53	1.98	2.43	0.59	0.08
2004	1.77	1.23	0.50	0.18	1.48	0.15	1.59	1.98	2.50	0.60	0.07
2005	1.85	1.30	0.51	0.17	1.50	0.16	1.57	2.08	2.43	0.67	0.06
2006	1.85	1.22	0.47	0.13	1.67	0.12	1.69	2.13	2.40	0.95	0.01
2007	1.76	1.23	0.50	0.12	1.74	0.13	1.67	2.08	2.34	0.99	0.01
2008	1.80	1.21	0.43	0.13	1.79	0.14	1.69	2.12	2.41	0.89	0.01
2009	1.76	1.25	0.49	0.15	1.75	0.15	1.66	2.09	2.36	0.84	0.02
2010	1.78	1.24	0.52	0.15	1.76	0.17	1.68	2.11	2.38	0.80	0.03
2011	1.78	1.22	0.52	0.16	1.80	0.19	1.72	2.16	2.43	0.82	0.03
2012	1.81	1.19	0.56	0.11	1.84	0.21	1.77	2.20	2.47	0.87	0.03
2013	1.82	1.20	0.53	0.07	1.87	0.22	1.82	2.24	2.50	0.90	0.02
2014	1.81	1.20	0.52	0.08	1.90	0.24	1.83	2.28	2.53	0.89	0.02
2015	1.80	1.22	0.51	0.04	1.91	0.27	1.86	2.34	2.55	0.93	0.02
2016	1.79	1.22	0.51	0.04	1.93	0.23	1.86	2.36	2.55	0.96	0.01
2017	1.92	1.06	0.51	0.05	2.17	0.36	2.20	2.50	2.63	0.98	0.02

表1-11 1978—2017年小麦生产规模优势指数变化

年份	省（自治区、直辖市）							
	重庆	四川	贵州	云南	陕西	甘肃	宁夏	新疆
1978	—	0.88	0.81	0.83	1.57	2.07	1.73	2.29
1979	—	0.98	0.75	0.82	1.58	2.01	1.67	2.26

表1-11（续）

年份	省（自治区、直辖市）							
	重庆	四川	贵州	云南	陕西	甘肃	宁夏	新疆
1980	—	0.91	0.60	0.75	1.59	2.00	1.65	2.30
1981	—	0.96	0.49	0.68	1.64	2.09	1.62	2.33
1982	—	0.96	0.45	0.61	1.77	2.29	1.85	2.30
1983	—	0.94	0.44	0.58	1.75	2.21	1.78	2.23
1984	—	0.91	0.42	0.56	1.75	2.11	1.79	2.29
1985	—	0.84	0.38	0.54	1.79	1.97	1.68	2.21
1986	—	0.82	0.40	0.52	1.77	1.93	1.72	2.08
1987	—	0.85	0.42	0.54	1.78	1.99	1.49	2.06
1988	—	0.86	0.48	0.57	1.79	2.01	1.67	1.98
1989	—	0.86	0.54	0.59	1.71	1.94	1.68	1.99
1990	—	0.86	0.59	0.61	1.68	1.89	1.67	1.91
1991	—	0.87	0.62	0.61	1.67	1.94	1.69	1.83
1992	—	0.88	0.64	0.61	1.66	1.97	1.18	1.79
1993	—	0.90	0.68	0.63	1.68	1.87	1.69	1.77
1994	—	0.93	0.71	0.66	1.73	1.87	1.62	1.45
1995	—	0.94	0.69	0.65	1.85	1.88	1.60	1.62
1996	—	0.94	0.70	0.67	1.72	1.92	1.65	1.65
1997	0.79	0.98	0.68	0.68	1.82	1.93	1.64	1.63
1998	0.81	1.00	0.69	0.70	1.86	1.97	1.67	1.67
1999	0.82	1.04	0.73	0.73	1.86	2.03	1.71	1.60
2000	0.86	1.10	0.76	0.78	1.97	1.88	1.52	1.54
2001	0.82	1.05	0.76	0.70	2.13	1.89	1.82	1.56
2002	0.77	1.01	0.72	0.70	2.13	1.91	1.92	1.41
2003	0.78	1.06	0.74	0.72	2.24	2.00	2.24	1.49
2004	0.68	1.00	0.73	0.70	2.16	1.63	2.01	1.33
2005	0.56	0.91	0.62	0.63	1.92	1.47	1.64	1.30
2006	0.52	0.86	0.55	0.57	1.86	1.31	1.62	1.27
2007	0.34	0.87	0.35	0.48	1.84	1.86	1.43	1.12
2008	0.41	0.92	0.35	0.48	1.83	1.93	1.27	0.93

表1-11（续）

年份	省（自治区、直辖市）							
	重庆	四川	贵州	云南	陕西	甘肃	宁夏	新疆
2009	0.37	0.87	0.36	0.45	1.74	1.29	1.08	1.04
2010	0.33	0.86	0.35	0.44	1.77	1.30	1.14	1.59
2011	0.29	0.87	0.35	0.43	1.79	1.20	1.10	1.53
2012	0.27	0.87	0.34	0.43	1.79	1.13	1.06	1.42
2013	0.24	0.85	0.33	0.43	1.78	1.14	0.96	1.41
2014	0.21	0.85	0.31	0.41	1.73	1.16	0.79	1.45
2015	0.17	0.82	0.31	0.41	1.72	1.09	0.69	1.40
2016	0.13	0.78	0.30	0.41	1.71	1.07	0.65	1.46
2017	0.11	0.76	0.29	0.41	1.72	1.04	0.67	1.49

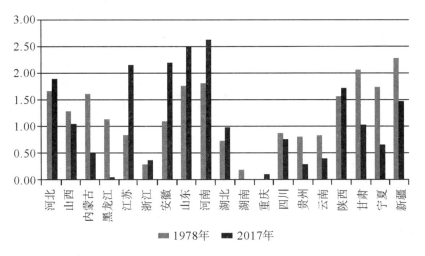

图 1-5　19 个小麦生产地区 1978 年和 2017 年规模优势比较

从图 1-5 和表 1-12 可知，与 1978 年比较，2017 年小麦规模指数提高的只有河北、江苏、浙江、安徽、山东、河南、湖北、陕西 8 个省份，提高最多的有江苏（1.32）、安徽（1.09）、河南（0.82）、山东（0.72），下降较多的为内蒙古（1.11）、黑龙江（1.09）、宁夏（1.06）、甘肃（1.03）。从规模优势指数与产量之间的相关关系看，除新疆、四川、陕西、山西外均具有较高的相关程度，其中黑龙江、江苏、浙江、安徽、河南、湖北、湖南、重庆等的相关系数在 0.8 以上，表明从小麦生产效率变化趋势看，我国小麦生产一直在向规模优势较高省份集聚（见表1-13）。

表1-12　1978—2017年各地区小麦生产规模优势指数变化

河北	山西	内蒙古	黑龙江	江苏	浙江	安徽	山东	河南	湖北
0.25	-0.23	-1.11	-1.09	1.32	0.07	1.09	0.72	0.82	0.25
湖南	重庆	四川	贵州	云南	陕西	甘肃	宁夏	新疆	
-0.17	-0.68	-0.12	-0.52	-0.42	0.15	-1.03	-1.06	-0.8	

注：2017年的规模优势指数减1978年的规模优势指数。

表1-13　1978—2017年各地区小麦生产规模优势指数与小麦产量的相关关系

河北	山西	内蒙古	黑龙江	江苏	浙江	安徽	山东	河南	湖北
0.735	0.08	0.284	0.923	0.832	0.934	0.911	0.785	0.941	0.805
湖南	重庆	四川	贵州	云南	陕西	甘肃	宁夏	新疆	
0.961	0.941	0.121	0.652	0.496	0.160	0.391	0.632	-0.630	

就效率优势指数来看，1978年，除内蒙古、浙江外，其他省（自治区、直辖市）的效率优势指数均在1以上，表明这些省（自治区、直辖市）都有小麦生产效率优势，但山西、黑龙江、安徽、湖北、湖南的效率优势指数不高，只有河北、河南、陕西、甘肃、宁夏的效率优势指数较高，在1.4以上。2017年，有8个省（自治区、直辖市）的效率优势指数在1以下，较1978年增加了6个省（自治区、直辖市），在1.4以上的只有河南和安徽，比1978年减少了3个，说明各省（自治区、直辖市）的效率优势均不高，而且很多省（自治区、直辖市）均为下降趋势（见表1-14和表1-15）。

表1-14　1978—2017年各地区小麦生产效率优势指数变化Ⅰ

| 年份 | 省（自治区、直辖市） | | | | | | | | | | |
	河北	山西	内蒙古	黑龙江	江苏	浙江	安徽	山东	河南	湖北	湖南
1978	1.48	1.03	0.45	1.19	1.33	0.97	1.04	1.31	1.45	1.13	1.13
1979	1.23	1.14	1.56	1.22	1.22	0.81	1.09	1.11	1.29	0.81	0.91
1980	0.92	1.04	1.33	1.37	1.75	1.02	1.17	1.00	1.26	0.82	0.84
1981	1.11	1.15	1.35	1.10	1.34	0.94	1.12	1.01	1.40	0.96	1.06
1982	1.04	1.22	1.42	1.02	1.32	0.89	1.26	0.87	1.49	1.10	1.06
1983	1.29	1.52	1.21	1.29	1.19	0.76	1.18	0.99	1.37	0.91	1.01
1984	1.22	1.49	1.22	1.04	1.05	0.71	1.16	0.86	1.41	1.08	1.24
1985	1.40	1.57	1.19	1.23	1.06	0.70	1.15	1.09	1.36	1.09	1.30

表1-14(续)

年份	省（自治区、直辖市）										
	河北	山西	内蒙古	黑龙江	江苏	浙江	安徽	山东	河南	湖北	湖南
1986	1.58	1.85	1.14	1.04	1.08	0.67	1.19	1.09	1.42	1.16	1.42
1987	1.56	1.72	1.15	1.30	1.13	0.59	1.37	1.08	1.37	1.01	1.50
1988	1.59	1.46	1.19	1.39	1.03	0.65	1.22	1.08	1.37	1.07	1.76
1989	1.61	1.55	1.49	1.71	1.02	0.64	1.13	1.22	1.42	0.97	1.93
1990	1.39	1.54	1.31	1.35	0.95	0.66	1.00	1.10	1.19	1.10	1.13
1991	1.46	1.94	1.47	1.30	0.99	0.55	0.73	1.21	1.23	1.05	1.07
1992	1.46	1.58	1.59	1.45	1.13	0.67	1.29	1.42	1.38	1.09	1.17
1993	1.59	2.12	1.70	1.65	1.13	0.70	1.40	1.68	1.78	1.08	1.25
1994	1.47	1.95	1.55	1.22	0.98	0.60	1.34	1.84	1.73	1.33	1.95
1995	1.25	1.44	1.61	1.16	0.85	0.54	1.17	1.52	1.30	1.16	2.33
1996	1.19	1.27	1.37	1.04	0.83	0.52	1.08	1.25	1.14	0.99	2.47
1997	1.16	1.39	1.23	1.09	0.75	0.51	1.20	1.23	1.21	1.02	2.40
1998	1.15	1.33	1.26	1.30	0.59	0.44	0.89	1.24	1.11	0.97	2.38
1999	1.09	1.25	1.25	1.35	0.78	0.47	1.13	1.06	1.08	0.85	1.07
2000	1.19	1.10	1.40	0.90	0.73	0.52	1.10	1.05	1.17	0.84	1.02
2001	1.10	1.34	1.15	1.24	0.70	0.47	1.21	0.95	1.19	0.87	1.05
2002	1.11	1.33	1.18	1.77	0.64	0.40	1.07	0.90	1.16	0.90	1.07
2003	1.27	1.60	1.29	1.02	0.89	0.47	1.43	1.04	1.74	1.24	1.18
2004	1.12	1.41	1.14	1.56	0.80	0.45	1.26	0.90	1.32	1.11	1.16
2005	1.09	1.22	1.32	1.72	0.83	0.46	1.39	0.94	1.31	1.00	1.08
2006	1.05	1.43	1.51	1.91	0.86	0.44	1.53	0.93	1.37	1.00	1.01
2007	1.04	1.18	1.43	1.61	0.92	0.50	1.67	0.94	1.43	1.02	1.00
2008	1.03	1.18	1.32	1.76	0.85	0.49	1.60	0.89	1.32	1.05	1.05
2009	1.13	0.95	1.47	2.06	0.92	0.54	1.76	0.96	1.43	1.00	1.08
2010	0.97	1.03	1.21	1.65	0.88	0.49	1.69	0.94	1.29	0.96	1.05
2011	1.09	1.05	1.15	1.39	0.82	0.47	1.63	0.99	1.37	1.12	1.13
2012	1.09	1.12	1.12	1.06	0.78	0.43	1.63	1.03	1.32	1.09	1.13
2013	1.08	0.96	1.04	0.76	0.79	0.41	1.60	0.96	1.31	1.11	1.22
2014	1.15	1.04	0.86	0.77	0.78	0.40	1.58	0.92	1.26	1.07	1.23
2015	1.19	1.11	0.89	0.74	0.70	0.40	1.53	0.90	1.28	1.08	1.26
2016	1.27	1.20	1.00	0.93	0.70	0.34	1.54	1.00	1.34	1.16	1.26
2017	1.24	1.16	1.19	1.07	0.73	0.36	1.53	1.04	1.41	1.20	1.19

表 1-15　1978—2017 年各地区小麦生产效率优势变化 Ⅱ

年份	省（自治区、直辖市）							
	重庆	四川	贵州	云南	陕西	甘肃	宁夏	新疆
1978		1.35	1.23	1.14	1.43	1.54	1.83	1.36
1979		0.94	0.88	0.89	0.94	1.43	1.33	1.43
1980		1.06	0.88	1.00	1.25	1.60	1.68	1.67
1981		1.32	1.01	1.12	1.41	1.55	1.70	1.13
1982		1.16	0.96	1.13	1.31	1.81	1.59	1.05
1983		1.09	1.00	1.12	1.27	1.46	1.62	1.07
1984		1.29	1.10	1.20	1.34	1.53	1.40	0.99
1985		1.29	1.13	1.18	1.35	1.40	1.27	1.07
1986		1.40	1.17	1.30	1.38	1.39	1.35	1.16
1987		1.39	1.14	1.24	1.34	1.42	1.22	1.29
1988		1.37	1.02	1.18	1.26	1.25	1.34	1.15
1989		1.41	1.11	1.24	1.24	1.51	1.49	1.19
1990		1.42	1.29	1.12	1.34	1.34	1.39	0.97
1991		1.34	1.13	1.04	1.22	1.44	1.47	0.98
1992		1.37	1.24	1.06	1.24	1.32	1.37	1.13
1993		1.38	1.33	1.13	1.13	1.73	1.94	1.38
1994		1.63	1.51	1.42	1.54	1.28	1.62	1.16
1995		1.64	1.55	1.37	1.44	0.90	1.50	1.02
1996		1.53	1.44	1.22	1.31	1.01	1.35	0.99
1997	0.70	1.09	1.43	1.21	1.29	0.94	1.17	0.83
1998	0.83	1.05	1.47	1.23	1.23	1.14	1.36	0.98
1999	0.65	1.02	1.37	1.15	1.20	0.92	1.32	1.08
2000	0.79	0.99	1.36	1.13	1.13	0.86	1.36	1.11
2001	0.78	1.09	1.46	1.21	1.13	0.96	1.44	1.22
2002	0.80	1.08	1.52	1.19	1.08	1.04	1.43	1.25
2003	0.98	1.20	1.73	1.36	1.25	1.13	1.50	1.15

表1-15（续）

年份	省（自治区、直辖市）							
	重庆	四川	贵州	云南	陕西	甘肃	宁夏	新疆
2004	0.87	1.22	1.90	1.47	1.28	0.97	1.41	1.08
2005	0.88	1.17	1.83	1.39	1.14	0.88	1.30	1.09
2006	0.96	1.25	1.84	1.37	1.10	0.88	1.43	1.20
2007	0.95	1.15	1.86	1.34	1.03	0.79	1.13	1.23
2008	0.87	1.11	1.89	1.46	1.00	0.93	1.19	1.29
2009	0.96	1.03	1.89	1.49	0.99	0.94	1.39	1.37
2010	0.93	1.08	1.96	1.66	0.90	0.98	1.17	1.04
2011	0.85	1.09	2.15	1.69	0.87	0.99	1.04	1.07
2012	0.81	1.04	1.79	1.51	0.84	1.07	1.11	0.98
2013	0.81	1.07	1.72	1.42	0.80	0.89	0.94	0.96
2014	0.76	1.03	1.36	1.33	0.75	1.00	0.94	0.98
2015	0.75	0.98	1.05	1.35	0.76	0.97	0.84	0.98
2016	0.69	0.94	1.05	1.35	0.76	0.99	0.90	0.98
2017	0.63	0.89	1.01	1.28	0.72	0.83	0.76	0.93

　　根据表1-16，1978—2017年各地区小麦生产效率优势指数变化较小，除山西、内蒙古、安徽、湖北、湖南、云南外，其余省（自治区、直辖市）的小麦生产效率优势指数都是下降的。其中宁夏下降了1.07，甘肃下降了0.71。从各省份的效率优势与小米产量的相关关系来看，相关程度都较低，而且河北、江苏、河南、云南、陕西、新疆等为负相关关系。这表明效率优势指数下降而产量是增长的，或产量与效率优势指数变动不大，也说明从效率方面看，小麦生产没有有效地发挥地区生产优势（见表1-17）。

表1-16　1978—2017年各地区小麦生产效率优势指数变化

河北	山西	内蒙古	黑龙江	江苏	浙江	安徽	山东	河南	湖北
-0.24	0.13	0.74	-0.12	-0.60	-0.61	0.49	-0.27	-0.04	0.07

湖南	重庆	四川	贵州	云南	陕西	甘肃	宁夏	新疆	
0.06	-0.07	-0.46	-0.22	0.14	-0.71	-0.71	-1.07	-0.43	

　　注：2017年的效率优势指数减1978年的效率优势指数。

表 1-17　1978—2017 年各地区小麦生产效率优势指数与小麦产量的相关关系

河北	山西	内蒙古	黑龙江	江苏	浙江	安徽	山东	河南	湖北
-0.315	0.593	0.459	0.025	-0.527	0.704	0.819	0.079	-0.104	0.332

湖南	重庆	四川	贵州	云南	陕西	甘肃	宁夏	新疆	
0.297	0.030	0.692	0.153	-0.136	-0.039	0.341	0.435	-0.471	

（三）玉米生产比较优势变化

根据式（1-2）计算的全国各省份在 1978—2017 年的玉米生产规模优势指数如表 1-18 和表 1-19 所示。在计算时，产量很少的地区没有被纳入计算。从玉米生产规模优势指数看，在被计算的 22 个省（自治区、直辖市）中，1978 年有 10 个省（自治区、直辖市）的规模优势指数在 1 以上，具有玉米生产的规模优势。其中，辽宁、吉林的规模优势指数在 2 以上，河北、黑龙江、贵州、云南、陕西、新疆的规模优势指数在 1.5 以上。2017 年，有 11 个省（自治区、直辖市）的规模优势指数在 1 以上，具有玉米生产的规模优势。其中辽宁、吉林的规模优势指数在 2 以上，河北、山西、内蒙古、黑龙江的规模优势指数在 1.5 以上，2017 年比 1978 年减少 2 个省（自治区、直辖市），河南、云南、陕西、甘肃的效率优势指数在 1 附近，山东为 1.41。1978—2017 年，江苏、浙江、安徽、福建、江西、湖北、湖南、广西、四川等均不具有效率优势。

表 1-18　1978—2017 年各地区玉米生产规模优势指数变化 I

年份	省（自治区、直辖市）										
	河北	山西	内蒙古	辽宁	吉林	黑龙江	江苏	浙江	安徽	福建	江西
1978	1.79	1.36	0.17	2.28	2.83	1.7	0.39	0.2	0.22	0.01	0.01
1979	1.84	1.31	1.01	2.59	2.9	1.7	0.36	0.16	0.18	0.01	0.01
1980	1.89	1.27	0.99	2.64	3.02	1.57	0.32	0.1	0.15	0	0.01
1981	1.93	1.16	0.95	2.46	2.84	1.35	0.39	0.1	0.14	0	0.01
1982	1.88	1.13	0.85	2.38	3.08	1.26	0.44	0.11	0.14	0	0.01
1983	1.77	1.08	0.82	2.5	3.22	1.46	0.41	0.09	0.13	0	0.01
1984	1.62	1.13	0.78	2.56	3.54	1.73	0.39	0.08	0.17	0.01	0.01
1985	1.64	1.01	0.77	2.62	3.35	1.49	0.44	0.08	0.22	0.01	0.01
1986	1.63	1.08	0.97	2.59	3.72	1.5	0.43	0.07	0.23	0.04	0.01
1987	1.64	1.11	1.06	2.66	3.77	1.66	0.42	0.07	0.25	0.04	0.01
1988	1.63	1.06	1.08	2.69	3.62	1.63	0.42	0.07	0.26	0.04	0.01
1989	1.64	1.09	1.09	2.63	3.55	1.62	0.43	0.08	0.29	0.05	0.01

表1-18（续）

年份	省（自治区、直辖市）										
	河北	山西	内蒙古	辽宁	吉林	黑龙江	江苏	浙江	安徽	福建	江西
1990	1.61	1.1	1.14	2.62	3.81	1.76	0.39	0.08	0.35	0.05	0.01
1991	1.62	1.11	1.18	2.62	3.89	1.79	0.37	0.08	0.36	0.05	0.04
1992	1.64	1.13	1.13	2.7	3.91	1.81	0.36	0.08	0.38	0.06	0.03
1993	1.75	1.16	1.12	2.79	3.59	1.47	0.42	0.07	0.4	0.07	0.02
1994	1.7	1.16	1.19	2.83	3.63	1.59	0.41	0.07	0.42	0.07	0.02
1995	1.73	1.3	1.29	2.76	3.8	1.84	0.38	0.07	0.44	0.07	0.05
1996	1.77	1.32	1.31	2.7	3.8	1.87	0.37	0.06	0.46	0.07	0.04
1997	1.77	1.39	1.42	2.81	3.91	1.82	0.36	0.07	0.39	0.07	0.03
1998	1.75	1.35	1.51	2.78	3.68	1.67	0.36	0.07	0.41	0.08	0.03
1999	1.78	1.4	1.56	2.78	3.53	1.73	0.34	0.07	0.41	0.08	0.03
2000	1.86	1.33	1.49	2.66	3.28	1.31	0.36	0.1	0.37	0.09	0.03
2001	1.81	1.46	1.71	2.53	3.42	1.37	0.35	0.1	0.43	0.08	0.02
2002	1.81	1.43	1.67	2.36	3.45	1.46	0.35	0.11	0.45	0.09	0.02
2003	1.82	1.56	1.75	2.44	3.53	1.33	0.37	0.12	0.44	0.09	0.02
2004	1.83	1.82	1.71	2.59	3.57	1.33	0.31	0.12	0.43	0.09	0.02
2005	1.8	1.84	1.71	2.79	3.3	1.3	0.29	0.13	0.43	0.09	0.02
2006	1.72	1.94	1.55	2.92	3.2	1.51	0.27	0.05	0.38	0.08	0.01
2007	1.66	1.74	1.49	2.7	2.89	1.63	0.26	0.05	0.4	0.08	0.01
2008	1.62	1.84	1.69	2.52	2.9	1.47	0.26	0.05	0.39	0.08	0.01
2009	1.6	1.86	1.67	2.37	2.75	1.56	0.25	0.05	0.38	0.08	0.01
2010	1.55	1.84	1.59	2.3	2.62	1.61	0.24	0.05	0.38	0.08	0.01
2011	1.5	1.89	1.63	2.24	2.61	1.63	0.24	0.05	0.39	0.08	0.02
2012	1.44	1.81	1.64	2.17	2.56	1.76	0.23	0.11	0.38	0.08	0.02
2013	1.41	1.75	1.74	2.11	2.56	1.77	0.22	0.11	0.37	0.08	0.02
2014	1.4	1.7	1.76	2.15	2.53	1.71	0.22	0.11	0.37	0.08	0.02
2015	1.38	1.65	1.67	2.12	2.48	1.76	0.22	0.11	0.37	0.08	0.02
2016	1.38	1.65	1.53	2.1	2.43	1.59	0.22	0.12	0.37	0.08	0.02
2017	1.66	1.98	1.62	2.53	2.68	1.56	0.28	0.1	0.52	0.07	0.02

表1-19　1978—2017年各地区玉米生产规模优势指数变化Ⅱ

年份	省（自治区、直辖市）											
	山东	河南	湖北	湖南	广西	四川	贵州	云南	陕西	甘肃	新疆	宁夏
1978	1.49	1.15	0.38	0.13	0.89	0.99	1.6	1.86	1.55	0.64	1.54	0.15
1979	1.48	1.15	0.39	0.14	0.82	1.02	1.69	1.9	1.5	0.66	1.46	0.17
1980	1.48	1.13	0.4	0.14	0.8	0.97	1.84	2.02	1.55	0.67	1.35	0.23
1981	1.58	1.15	0.43	0.12	0.88	1.1	1.79	2.04	1.55	0.66	1.26	0.21

表1-19（续）

年份	省（自治区、直辖市）											
	山东	河南	湖北	湖南	广西	四川	贵州	云南	陕西	甘肃	新疆	宁夏
1982	1.64	1.13	0.45	0.12	0.89	1.15	1.78	2.06	1.63	0.61	1.25	0.2
1983	1.6	1.19	0.43	0.11	0.86	1.11	1.77	1.97	1.52	0.53	1.24	0.19
1984	1.5	1.04	0.43	0.12	0.86	1.1	1.69	1.9	1.57	0.51	1.22	0.3
1985	1.56	1.16	0.41	0.11	0.87	1.09	1.59	1.87	1.66	0.51	1.19	0.35
1986	1.53	1.2	0.39	0.1	0.79	1.03	1.49	1.76	1.53	0.5	1.15	0.42
1987	1.52	1.16	0.38	0.11	0.78	0.99	1.35	1.68	1.52	0.51	1.03	0.54
1988	1.56	1.13	0.39	0.11	0.82	1.01	1.31	1.65	1.45	0.6	1.09	0.63
1989	1.6	1.22	0.39	0.11	0.78	0.97	1.24	1.62	1.48	0.58	1.06	0.61
1990	1.53	1.27	0.36	0.11	0.72	0.95	1.16	1.53	1.46	0.58	1.03	0.59
1991	1.51	1.21	0.37	0.12	0.7	0.95	1.13	1.47	1.46	0.62	1	0.61
1992	1.53	1.17	0.37	0.12	0.68	0.96	1.09	1.43	1.45	0.62	0.99	0.61
1993	1.62	1.16	0.37	0.12	0.7	0.96	1.09	1.4	1.49	0.61	0.95	0.6
1994	1.58	1.09	0.37	0.12	0.7	0.95	1.11	1.44	1.49	0.59	0.91	0.6
1995	1.64	1.06	0.35	0.12	0.63	0.88	1.01	1.31	1.32	0.6	0.95	0.65
1996	1.6	1.09	0.33	0.13	0.58	0.84	0.91	1.21	1.42	0.71	0.94	0.77
1997	1.55	1.03	0.33	0.14	0.59	0.88	0.91	1.21	1.32	0.84	0.89	0.87
1998	1.54	1.06	0.35	0.17	0.57	0.87	1	1.29	1.4	0.84	0.81	0.88
1999	1.49	1.05	0.36	0.21	0.57	0.84	0.95	1.28	1.43	0.84	0.77	0.95
2000	1.47	1.14	0.38	0.24	0.66	0.87	1.05	1.32	1.57	0.84	0.76	0.87
2001	1.43	1.07	0.34	0.22	0.57	0.8	1	1.23	1.49	0.81	0.77	0.94
2002	1.44	1.09	0.33	0.22	0.52	0.79	0.95	1.22	1.5	0.87	0.91	0.85
2003	1.4	1.1	0.3	0.24	0.54	0.78	0.94	1.17	1.48	0.86	0.84	0.99
2004	1.39	1.06	0.3	0.21	0.56	0.75	0.91	1.14	1.54	0.8	0.87	0.98
2005	1.5	1.06	0.32	0.21	0.52	0.74	0.88	1.15	1.54	0.77	0.83	0.96
2006	1.41	1.05	0.33	0.14	0.5	0.74	0.88	1.16	1.52	0.76	0.67	0.88
2007	1.33	0.99	0.31	0.15	0.44	0.72	0.82	1.11	1.43	0.66	0.63	0.87
2008	1.32	0.99	0.32	0.16	0.43	0.7	0.79	1.09	1.38	0.71	0.65	0.86
2009	1.28	0.96	0.32	0.17	0.43	0.66	0.74	1.01	1.32	0.79	0.61	0.83
2010	1.22	0.93	0.3	0.16	0.41	0.64	0.72	0.99	1.27	0.94	0.62	0.8
2011	1.2	0.92	0.3	0.17	0.41	0.62	0.68	0.92	1.22	0.89	0.64	0.8
2012	1.15	0.9	0.3	0.17	0.39	0.59	0.62	0.87	1.14	0.91	0.69	0.82
2013	1.1	0.89	0.28	0.16	0.38	0.56	0.57	0.83	1.08	0.93	0.7	0.82
2014	1.09	0.88	0.3	0.15	0.38	0.55	0.55	0.81	1.04	0.91	0.63	0.88
2015	1.07	0.86	0.32	0.15	0.38	0.54	0.51	0.78	1	0.89	0.62	0.89
2016	1.1	0.87	0.32	0.15	0.37	0.54	0.5	0.8	1.02	0.89	0.59	0.88
2017	1.41	1.06	0.39	0.17	0.39	0.76	0.7	1.02	1.16	1.09	0.68	1.06

　　1978—2017 年，玉米生产规模优势指数提高的有山西、内蒙古、辽宁、安徽、福建、江西、湖北、湖南、甘肃 9 个省（自治区、直辖市），提高最多的是内蒙古和山西，分别提高了 1.45 和 0.62；有 13 个省（自治区、直辖市）的规模优势指数下降，其中下降最多的是贵州和云南，分别下降了 0.9 和 0.8；

其他省（自治区、直辖市）的规模优势指数变化不大（见表 1-20）。由于各地区的规模优势指数变化不大或略呈下降趋势，而很多省（自治区、直辖市）的玉米产量又呈现增长趋势，因此很多地区的玉米生产规模优势指数与玉米产量之间呈现负相关关系。这表明玉米产量的增加主要来自单位产量的提高，不过内蒙古、山西、浙江、安徽、江西、甘肃、宁夏等省（自治区、直辖市）的相关系数比较高（见表 1-21）。

表 1-20　1978—2017 年各地区玉米生产规模优势指数变化

河北	山西	内蒙古	辽宁	吉林	黑龙江	江苏	浙江	安徽	福建	江西	
-0.13	0.62	1.45	0.25	-0.15	-0.14	-0.11	-0.1	0.3	0.06	0.01	
山东	河南	湖北	湖南	广西	四川	贵州	云南	陕西	甘肃	新疆	宁夏
-0.08	-0.09	0.01	0.04	-0.5	-0.23	-0.9	-0.84	-0.39	0.45	-0.86	0.91

表 1-21　1978—2017 年各地区玉米生产规模优势指数与玉米产量的相关关系

河北	山西	内蒙古	辽宁	吉林	黑龙江	江苏	浙江	安徽	福建	江西	
-0.612	0.891	0.769	-0.415	-0.472	0.319	-0.004	0.798	0.759	0.756	0.536	
山东	河南	湖北	湖南	广西	四川	贵州	云南	陕西	甘肃	新疆	宁夏
-0.707	-0.785	-0.664	0.645	-0.926	-0.416	-0.749	-0.853	-0.738	0.851	-0.805	0.797

从效率优势指数看，1978 年，河北、山西、内蒙古、辽宁、吉林、黑龙江、山东、河南、四川、贵州、陕西、甘肃、宁夏、新疆 14 个省（自治区、直辖市）均具有效率优势。其中，宁夏、甘肃的效率指数大于 2，效率指数为 1.5~2 的有山西（1.97）、辽宁（1.72）、黑龙江（1.7）、内蒙古（1.51）和吉林（1.51）。2017 年，具有效率优势的省（自治区、直辖市）有河北、山西、内蒙古、辽宁、吉林、黑龙江、安徽、山东、河南、湖南、云南、甘肃、宁夏、新疆 14 个省份。与 1978 年相比，安徽、湖南、云南代替了四川、贵州、陕西，其中吉林的效率优势指数高达 3.21，内蒙古也达到 2.55，效率指数为 1.5~2 的仅有黑龙江和新疆，较 1978 年减少了 3 个省（自治区、直辖市）（见表 1-22 和表 1-23）。

表 1-22　1978—2017 年各地区玉米生产效率优势指数变化 I

年份	省（自治区、直辖市）											
	河北	山西	内蒙古	辽宁	吉林	黑龙江	江苏	浙江	安徽	福建	江西	山东
1978	1.06	1.97	1.51	1.72	1.51	1.70	0.88	0.65	0.69	0.00	0.47	1.14
1979	1.08	1.80	2.47	1.36	1.27	1.44	0.79	0.58	0.90	0.00	0.66	1.06
1980	1.15	1.89	2.02	1.29	1.23	1.24	1.07	0.61	0.95	0.00	0.52	1.13
1981	1.31	1.75	2.03	1.38	1.30	1.49	1.17	0.70	0.90	0.00	0.64	1.02

表1-22（续）

年份	省（自治区、直辖市）											
	河北	山西	内蒙古	辽宁	吉林	黑龙江	江苏	浙江	安徽	福建	江西	山东
1982	1.37	1.58	1.56	1.42	1.34	1.26	1.05	0.70	0.75	0.00	0.58	1.03
1983	1.16	1.66	2.04	1.39	1.56	1.31	1.01	0.65	0.86	0.00	0.60	0.86
1984	1.06	1.44	1.90	1.22	1.46	1.35	0.94	0.60	0.78	0.00	0.45	0.93
1985	1.40	1.85	2.23	1.13	1.61	1.42	1.09	0.63	0.88	0.27	0.55	1.05
1986	1.42	1.76	2.19	1.24	1.60	1.76	1.07	0.55	0.93	0.28	0.49	1.10
1987	1.39	2.00	2.65	1.22	1.62	1.72	1.03	0.57	0.99	0.34	0.57	1.13
1988	1.39	2.03	2.44	1.16	1.70	1.71	0.99	0.50	0.59	0.32	0.64	1.09
1989	1.41	2.21	2.63	1.05	1.90	1.95	1.24	0.62	1.24	0.39	0.91	1.11
1990	1.07	1.66	2.07	1.11	1.52	1.66	0.87	0.35	0.87	0.30	0.56	0.92
1991	1.22	1.60	2.16	1.12	1.50	1.81	0.91	0.40	1.20	0.27	0.67	1.03
1992	1.25	2.05	2.65	1.24	1.61	1.95	1.02	0.54	1.16	0.35	1.07	1.12
1993	1.43	2.42	2.86	1.35	1.91	2.47	1.07	0.57	1.47	0.38	1.17	1.36
1994	1.44	2.19	2.88	1.00	1.76	2.27	0.82	0.60	0.74	0.40	1.06	1.54
1995	1.10	1.85	2.34	1.00	1.56	1.73	0.86	0.54	1.18	0.36	0.71	1.22
1996	0.90	1.56	2.28	0.93	1.38	1.51	0.72	0.47	0.92	0.33	0.61	1.00
1997	0.92	1.51	2.30	0.75	1.40	1.53	0.86	0.54	1.14	0.43	0.87	0.87
1998	0.81	1.49	1.95	0.80	1.41	1.47	0.76	0.44	0.86	0.34	0.73	0.95
1999	0.75	1.40	1.68	0.75	1.34	1.67	0.77	0.48	0.79	0.37	0.75	0.90
2000	0.86	1.67	1.87	0.61	1.29	1.99	0.82	0.53	1.21	0.40	0.99	1.05
2001	0.85	1.45	1.89	0.84	1.25	1.74	0.84	0.51	1.23	0.39	0.87	1.00
2002	0.76	1.64	1.82	0.83	1.30	1.85	0.78	0.48	1.35	0.36	0.82	0.79
2003	0.96	1.92	2.36	1.17	1.64	1.95	0.84	0.55	1.52	0.42	1.15	0.99
2004	0.84	1.80	2.03	1.03	1.57	1.71	0.86	0.48	1.32	0.40	0.88	0.86
2005	0.82	1.84	2.03	0.98	1.62	1.73	0.73	0.47	1.16	0.38	1.02	0.88
2006	0.92	1.89	2.16	0.94	1.75	1.98	0.82	0.47	1.25	0.37	1.18	0.87
2007	0.93	1.72	2.22	0.94	1.77	1.80	0.86	0.51	1.10	0.40	1.23	0.94
2008	0.88	1.39	2.01	0.95	1.75	2.05	0.77	0.46	1.12	0.39	1.13	0.87
2009	0.98	1.33	2.24	0.97	1.88	2.24	0.92	0.55	1.33	0.49	1.45	0.98
2010	0.84	1.39	2.13	0.99	2.05	2.31	0.86	0.51	1.19	0.45	1.47	0.93
2011	0.93	1.35	1.96	1.07	2.09	1.96	0.78	0.50	1.19	0.42	1.18	0.94
2012	0.90	1.37	1.93	1.00	2.11	1.50	0.74	0.47	1.34	0.41	1.25	0.97
2013	0.85	1.36	1.81	1.03	2.11	1.29	0.66	0.40	1.24	0.41	1.08	0.86
2014	0.90	1.37	1.85	0.77	2.10	1.33	0.72	0.43	1.36	0.41	1.10	0.87
2015	0.90	1.30	1.92	0.77	2.13	1.34	0.67	0.42	1.37	0.41	0.98	0.87
2016	1.01	1.44	2.08	0.97	2.70	1.36	0.64	0.40	1.28	0.38	0.97	0.94
2017	1.01	1.36	2.55	1.03	3.21	1.62	0.71	0.36	1.24	0.26	0.99	1.02

表 1-23 1978—2017 年各地区玉米生产效率优势指数变化 Ⅱ

年份	省（自治区、直辖市）										
	河南	湖北	湖南	广西	四川	贵州	云南	陕西	甘肃	新疆	宁夏
1978	1.18	0.96	0.64	0.74	1.42	1.12	0.98	1.14	2.07	1.45	2.53
1979	1.04	1.22	0.72	0.72	1.28	1.03	0.87	1.18	1.80	1.42	2.31
1980	1.08	0.88	0.51	0.82	1.68	0.93	0.98	0.95	1.59	1.49	1.85
1981	1.01	0.91	0.62	0.85	1.62	1.11	1.03	1.08	1.44	1.16	1.59
1982	1.03	0.87	0.58	0.80	1.42	0.88	1.03	0.85	1.46	1.15	1.51
1983	1.12	0.92	0.61	0.74	1.30	1.01	1.02	0.99	1.46	1.13	1.75
1984	0.98	0.82	0.68	0.68	1.28	0.90	0.89	1.01	1.52	1.02	1.53
1985	1.07	0.93	0.78	0.69	1.43	1.14	0.96	1.19	1.84	1.18	2.00
1986	0.80	0.90	0.85	0.71	1.49	0.92	1.06	0.87	1.74	1.26	1.72
1987	1.05	0.89	0.87	0.69	1.30	1.07	0.96	1.11	1.81	1.39	2.28
1988	1.04	0.72	0.90	0.47	1.44	0.98	0.93	1.05	1.50	1.13	1.99
1989	1.24	0.90	1.26	0.84	1.71	0.92	1.19	0.77	1.86	1.32	2.23
1990	1.08	0.71	0.51	0.59	1.33	0.92	0.70	1.31	1.46	0.94	1.92
1991	1.04	0.75	0.52	0.53	1.37	0.82	0.77	1.06	1.65	0.95	2.02
1992	1.19	0.92	0.71	0.66	1.33	1.21	0.80	1.51	2.03	1.13	2.73
1993	1.54	0.94	0.92	0.92	1.48	1.19	1.02	1.17	1.83	1.32	3.06
1994	1.37	0.91	1.39	0.78	1.39	1.38	1.19	1.16	1.57	1.21	3.17
1995	1.26	0.85	1.46	0.78	1.34	1.36	1.04	1.31	1.26	0.97	2.95
1996	0.95	0.81	1.43	0.63	1.23	1.05	0.90	1.17	1.40	0.97	2.31
1997	0.97	0.92	2.45	0.80	1.13	1.35	1.03	1.31	1.22	1.20	2.63
1998	0.95	0.81	1.70	0.61	0.93	1.18	0.90	1.31	1.29	0.93	2.23
1999	0.97	0.96	1.04	0.72	1.04	1.26	0.99	1.27	1.35	1.18	2.39
2000	1.02	1.27	1.14	0.91	1.09	1.56	1.17	1.33	1.43	1.33	2.72
2001	1.05	1.13	1.04	0.88	0.96	1.60	1.18	1.36	1.26	1.43	2.67
2002	0.98	1.03	1.00	0.82	1.01	1.44	1.04	1.38	1.21	1.24	2.85
2003	0.95	1.18	1.26	0.93	1.28	2.03	1.23	1.65	1.62	1.23	3.51
2004	0.93	0.97	1.03	0.77	1.13	1.72	1.09	1.58	1.39	1.21	2.54
2005	1.05	1.02	1.06	0.88	1.16	1.77	1.08	1.64	1.38	1.17	2.48
2006	1.18	0.99	1.08	0.80	1.12	1.85	1.09	1.70	1.18	1.37	2.57
2007	1.27	1.03	1.15	0.85	1.14	1.86	1.14	1.63	1.44	1.45	2.72
2008	1.12	0.89	1.03	0.76	0.99	1.70	1.08	1.57	1.28	1.45	2.35
2009	1.25	1.07	1.36	0.95	1.10	2.23	1.32	1.69	1.49	1.53	2.70
2010	1.06	0.98	1.20	0.80	1.07	2.12	1.43	1.48	1.40	1.04	2.27
2011	1.10	0.88	1.13	0.79	0.98	1.99	1.25	1.59	1.47	1.19	2.09
2012	1.06	0.82	1.12	0.78	0.92	0.95	1.25	0.76	1.53	1.08	2.12

表1-23（续）

年份	省（自治区、直辖市）										
	河南	湖北	湖南	广西	四川	贵州	云南	陕西	甘肃	新疆	宁夏
2013	1.03	0.78	1.09	0.78	0.98	1.26	1.14	1.11	1.50	1.09	2.00
2014	0.98	0.79	1.16	0.77	0.97	0.90	1.12	0.80	1.49	1.11	2.07
2015	1.01	0.81	1.15	0.73	0.90	0.70	1.12	0.63	1.43	1.17	1.79
2016	0.99	0.73	1.11	0.70	0.87	0.73	1.10	0.66	1.41	1.16	1.80
2017	1.06	0.73	1.05	0.65	0.83	0.72	1.07	0.67	1.18	1.17	1.55

　　1978—2017 年，效率优势提高的省（自治区、直辖市）有内蒙古、吉林、安徽、福建、江西、湖南、云南。其中，吉林提高幅度最大，提高了 1.7；内蒙古提高了 1.04。其他省（自治区、直辖市）均下降，下降最多的是甘肃，其次为辽宁、山西和四川（见表 1-24）。我们通过计算效率优势指数与产量之间的相关关系，可以看出，吉林、安徽、福建、江西、河南、湖南、广西、贵州、陕西、宁夏 10 省（自治区、直辖市）为正相关，其中吉林、安徽、福建、江西的正相关程度较高；另外 13 个省（自治区、直辖市）为负相关，主要原因是效率优势下降，而产量是缓慢增加的（见表 1-25）。

表 1-24　1978—2017 年各地区玉米生产效率优势指数变化

河北	山西	内蒙古	辽宁	吉林	黑龙江	江苏	浙江	安徽	福建	江西	山东
-0.05	-0.61	1.04	-0.69	1.70	-0.08	-0.17	-0.29	0.55	0.26	0.52	-0.12
河南	湖北	湖南	广西	四川	贵州	云南	陕西	甘肃	新疆	宁夏	
-0.12	-0.23	0.41	-0.09	-0.59	-0.40	0.09	-0.47	-0.89	-0.28	-0.98	

注：2017 年的效率优势指数减 1978 年的效率优势指数。

表 1-25　1978—2017 年各地区玉米生产效率优势指数与玉米产量的相关关系

河北	山西	内蒙古	辽宁	吉林	黑龙江	江苏	浙江	安徽	福建	江西	山东
-0.575	-0.579	-0.147	-0.384	0.782	-0.081	-0.171	-0.233	0.722	0.637	0.619	-0.325
河南	湖北	湖南	广西	四川	贵州	云南	陕西	甘肃	新疆	宁夏	
0.043	-0.122	0.370	0.304	-0.393	0.494	0.546	0.072	-0.364	-0.101	0.040	

（四）油菜籽生产比较优势变化

　　从被计算的 15 个油菜籽主要生产省份看，1978 年规模优势指数在 1 以上，即具有规模优势的省（自治区、直辖市）有浙江、江苏、安徽、江西、湖北、湖南、四川、贵州、云南、新疆 10 个。其中浙江的规模优势最大，为 2.23；其他省（自治区、直辖市）均不具有规模优势。2017 年，规模优势指数在 1 以上，即具有规模优势的省（自治区、直辖市）有浙江、安徽、江西、湖北、湖南、重庆、四川、陕西、甘肃9个。其中，湖南、四川、湖北、江西的规模优势在2以上。河北、山东等自1978年以来一直不具有规模优势，贵州、云南从20世纪80年代末期就失去了规模优势，而陕西、甘肃只在最近几年才具有规模优势，江苏仅在2017年失去规模优势（见表1-26）。

表1-26　1978—2017年各地区油菜籽生产规模优势指数变化

年份	省（自治区、直辖市）														
	河北	江苏	浙江	安徽	江西	山东	湖北	湖南	重庆	四川	贵州	云南	陕西	甘肃	新疆
1978	0.16	1.05	2.23	1.66	1.77	0.15	1.20	1.61		1.80	1.12	1.26	0.80	0.61	1.74
1979	0.10	1.26	2.18	1.73	2.02	0.09	1.31	1.98		1.82	0.92	1.11	0.80	0.54	1.69
1980	0.09	1.00	2.57	1.98	2.02	0.05	1.21	1.65		1.85	1.12	1.01	0.92	0.55	1.85
1981	0.07	1.28	2.34	2.39	1.74	0.06	1.36	1.77		1.81	1.03	0.93	0.98	0.46	1.29
1982	0.03	1.44	1.83	2.80	1.63	0.04	1.67	1.74		1.84	1.06	0.98	0.72	0.54	1.03
1983	0.07	1.44	1.96	2.77	1.77	0.03	1.77	1.81		1.81	1.00	1.01	0.88	0.63	0.96
1984	0.08	1.23	2.00	2.69	1.85	0.00	1.78	1.82		2.05	1.13	0.97	0.87	0.71	0.90
1985	0.08	1.65	1.97	3.04	1.45	0.00	1.58	1.46		2.28	1.56	0.70	0.78	0.60	1.01
1986	0.08	1.64	1.89	2.76	1.47	0.01	1.74	1.55		2.10	1.35	0.67	0.94	0.63	1.16
1987	0.09	1.61	1.66	3.13	1.52	0.03	1.62	1.53		1.92	1.26	0.62	0.88	0.63	1.19
1988	0.12	1.42	1.78	2.47	1.63	0.09	1.70	1.80		1.97	1.10	0.63	0.68	0.65	1.17
1989	0.09	1.61	1.83	2.64	1.90	0.02	1.83	1.99		1.91	0.96	0.50	0.73	0.65	1.01
1990	0.09	1.44	1.78	2.51	2.53	0.01	2.02	2.12		1.81	0.86	0.49	0.73	0.64	1.06
1991	0.09	1.46	1.64	2.67	2.75	0.00	2.00	2.18		1.73	0.79	0.50	0.73	0.63	1.01
1992	0.09	1.47	1.71	2.53	3.16	0.00	1.85	2.19		1.70	0.78	0.51	0.77	0.63	0.83
1993	0.10	1.59	1.59	2.53	3.16	0.01	2.04	2.13		1.56	0.73	0.42	0.81	0.71	0.92
1994	0.08	1.69	1.49	2.54	2.91	0.05	2.20	2.12		1.49	0.70	0.40	0.80	0.69	1.27
1995	0.07	1.46	1.64	2.57	3.15	0.05	2.46	2.11		1.44	0.68	0.42	0.82	0.70	0.93
1996	0.10	1.42	1.61	2.30	3.21	0.09	2.55	2.30		1.44	0.62	0.44	0.80	0.73	0.63
1997	0.09	1.41	1.58	2.35	3.16	0.04	2.55	2.44	1.00	1.60	0.66	0.41	0.85	0.75	0.53
1998	0.09	1.39	1.62	2.43	3.06	0.04	2.75	2.33	0.98	1.63	0.70	0.41	0.70	0.83	0.61
1999	0.08	1.47	1.58	2.46	2.65	0.04	2.92	2.23	0.95	1.61	0.72	0.41	0.74	0.81	0.72
2000	0.07	1.71	1.74	2.23	2.32	0.05	3.19	2.04	1.01	1.69	0.82	0.45	0.75	0.77	0.59
2001	0.06	1.92	1.94	2.39	2.17	0.05	3.28	2.10	1.04	1.79	0.85	0.47	0.85	0.83	0.47
2002	0.06	1.86	1.89	2.41	1.95	0.05	3.40	2.04	1.09	1.75	0.86	0.46	0.86	0.81	0.44
2003	0.07	1.88	1.71	2.35	1.81	0.04	3.47	1.94	1.11	1.81	0.93	0.49	0.86	0.90	0.45
2004	0.12	1.90	1.64	2.30	1.63	0.03	3.50	1.95	1.07	1.83	0.94	0.53	0.89	0.93	0.40
2005	0.09	1.85	1.71	2.22	1.67	0.03	3.46	2.01	1.16	1.84	0.91	0.60	0.91	0.90	0.34
2006	0.04	1.81	1.55	1.90	2.00	0.03	3.69	2.12	1.11	2.03	0.96	0.47	0.95	1.05	0.30
2007	0.04	1.44	1.28	1.72	1.88	0.02	3.23	2.02	1.06	1.97	0.98	0.36	0.94	0.95	0.28
2008	0.06	1.36	1.52	1.68	2.05	0.02	3.36	2.46	1.05	2.11	0.86	0.56	0.96	0.94	0.42
2009	0.06	1.37	1.61	1.73	2.17	0.02	3.36	2.75	1.14	2.15	0.78	0.87	1.02	1.04	0.36
2010	0.05	1.29	1.59	1.64	2.15	0.02	3.11	2.84	1.22	2.14	0.75	0.90	1.03	0.98	0.32
2011	0.05	1.28	1.55	1.58	2.20	0.02	3.17	3.09	1.28	2.24	0.73	0.91	1.08	1.00	0.29
2012	0.05	1.24	1.60	1.53	2.25	0.02	3.25	3.18	1.33	2.29	0.72	0.92	1.07	0.96	0.26
2013	0.06	1.22	1.57	1.44	2.24	0.02	3.44	3.31	1.39	2.34	0.71	0.94	1.09	0.93	0.19
2014	0.05	1.20	1.28	1.42	2.27	0.02	3.55	3.41	1.51	2.42	0.71	0.95	1.10	0.92	0.20
2015	0.05	1.15	1.27	1.41	2.32	0.02	3.68	3.58	1.61	2.52	0.70	0.97	1.13	0.91	0.18
2016	0.05	1.10	1.30	1.42	2.42	0.02	3.70	3.75	1.76	2.68	0.72	1.03	1.20	0.96	0.15
2017	0.07	0.58	1.21	1.02	2.26	0.02	3.05	3.57	1.83	3.15	0.88	0.86	1.11	1.32	0.22

从 1978—2017 年各地的规模优势变化趋势看，规模优势指数提高的仅有江西、湖北、湖南、重庆、四川、陕西、甘肃 7 个省（自治区、直辖市），湖北、湖南、重庆、四川等提高较多（见表 1-27）。我们计算规模优势指数与产量的相关系数，得到如表 1-28 所示的结果，除河北、安徽、贵州、新疆的相关系数为负值外，其他省份均为正值。其中，湖北、湖南、重庆、甘肃、四川、陕西、江西等的相关程度均较高，其规模优势指数都较大。

表 1-27　1978—2017 年各地区油菜籽生产规模优势指数变化

河北	江苏	浙江	安徽	江西	山东	湖北	湖南	重庆	四川	贵州	云南	陕西	甘肃	新疆
-0.08	-0.47	-1.02	-0.65	0.49	-0.13	1.85	1.97	1.83	1.35	-0.24	-0.40	0.30	0.71	-1.52

注：2017 年的规模优势指数减 1978 年的规模优势指数。重庆市的计算时期为 1997—2017 年。

表 1-28　1978—2017 年各地区油菜籽生产规模优势与产量的相关关系

河北	江苏	浙江	安徽	江西	山东	湖北	湖南	重庆	四川	贵州	云南	陕西	甘肃	新疆
-0.135	0.538	0.114	-0.062	0.609	0.348	0.967	0.943	0.959	0.728	-0.703	0.309	0.775	0.938	-0.686

注：重庆市的计算时期为 1997—2017 年。

从被计算的 15 个油菜籽主要生产省份看，1978 年效率优势指数在 1 以上，即具有效率优势的省（自治区、直辖市）有江苏、浙江、安徽、湖南、四川、陕西、甘肃 7 个。其中，四川的效率优势最大，为 2.36；其他省份均不具有规模优势。2017 年，效率优势指数在 1 以上，即具有效率优势的省有江苏、安徽、江西、山东、湖北、重庆、四川、云南、甘肃、新疆 10 个。其中，安徽、甘肃、新疆、山东的效率优势较大，河北自 1978 年以来一直不具有规模优势，其他省份则为波动性变动（见表 1-29）。

表 1-29　1978—2017 年各地区油菜籽生产效率优势指数变化

年份	省（自治区、直辖市）														
	河北	江苏	浙江	安徽	山东	江西	湖北	湖南	重庆	四川	贵州	云南	陕西	甘肃	新疆
1978	0.37	1.64	1.15	1.26	0.58	0.75	0.95	1.06		2.36	0.7	0.6	1.14	1.53	0.94
1979	1.02	1.09	0.89	1.14	1.05	0.63	1.24	1.07		1.94	0.67	0.45	1.4	1.33	1.13
1980	0.83	1.32	1.13	1.37	0.74	0.5	1.02	0.73		2.2	0.96	0.82	1.65	1.86	1.26
1981	0.84	1.29	1.09	1.27	0.83	0.59	0.91	0.92		2	1.19	0.88	1.62	1.41	0.73
1982	0.78	1.19	0.88	1.32	0.73	0.61	0.98	0.89		1.75	1.07	0.83	1.32	1.29	0.64
1983	0.95	1.22	0.98	1.34	0.81	0.74	1.02	0.94		2	1.02	1.25	1.58	1.52	0.78
1984	0.55	1.13	0.95	1.25	1.68	0.7	0.93	1.06		1.77	0.94	0.93	1.36	1.72	0.75
1985	0.69	1.08	0.97	1.21	0.99	0.73	0.99	1.15		1.65	0.87	0.83	1.69	1.69	0.83
1986	0.38	1.1	0.96	1.06	1.02	0.74	0.99	1.22		1.99	1.06	0.86	1.52	1.69	0.95
1987	0.56	1.16	0.89	1.09	1.4	0.7	1.03	1.45		2.06	1.07	1.25	1.6	1.75	1.08
1988	0.94	1.16	1.17	0.77	0.48	0.9	1.17	1.96		2.28	1.08	1.27	1.21	1.9	1.03
1989	0.25	1.18	1.01	1	0.83	0.86	1.31	2.08		2.25	1.01	1.27	2.34	2.4	0.9

表1-29（续）

年份	省（自治区、直辖市）														
	河北	江苏	浙江	安徽	山东	江西	湖北	湖南	重庆	四川	贵州	云南	陕西	甘肃	新疆
1990	0.79	1.15	0.97	1.07	0.85	0.72	1.03	0.89		1.74	1.13	1.06	1.56	1.85	0.77
1991	0.53	1.25	0.92	1.05	0.92	0.76	1.28	1.02		2.01	1.46	1.34	1.63	1.63	0.88
1992	0.62	1.38	1.08	1.36	1.01	0.8	1.25	1.11		1.95	1.48	1.55	1.59	2.09	1.05
1993	0.55	1.39	1.1	1.55	1.72	1.03	1.68	1.49		2.22	1.64	1.58	2.1	2.67	1.24
1994	0.95	1.06	0.91	1.28	1.9	0.95	1.47	2.19		2.33	1.64	1.58	1.69	2.26	1.01
1995	0.68	1.06	0.83	1.19	1.66	0.91	1.35	2.17		2.07	1.58	1.57	1.67	1.51	0.72
1996	0.78	1.06	0.89	1.13	1.32	0.76	1.18	2.19		1.73	1.33	1.27	1.12	1.59	0.73
1997	0.67	0.97	0.84	1.27	1.38	0.82	1.21	2.08	1.01	1.22	1.28	1.16	1.41	1.54	0.68
1998	0.88	0.72	0.65	0.84	1.42	0.73	1.39	2.32	1.3	1.42	1.59	1.3	1.26	1.76	0.88
1999	0.61	1.01	0.84	1.2	0.99	0.72	1.17	0.99	1	1.17	1.35	1.22	0.95	1.48	0.91
2000	0.53	0.97	0.61	1.32	1.02	0.74	1.29	1.07	1.17	1.32	1.48	1.29	1.16	1.54	0.9
2001	0.69	0.87	0.69	1.42	1.02	0.69	1.19	1.01	1.12	1.28	1.42	1.33	1.06	1.11	0.98
2002	0.74	0.86	0.59	1.25	1.13	0.66	0.94	0.9	1.28	1.45	1.54	1.42	1.14	1.38	1.15
2003	0.92	1.26	0.68	1.67	1.18	0.84	1.17	1.14	1.51	1.69	1.8	1.7	1.49	1.45	1.14
2004	0.73	1.06	0.66	1.47	0.93	0.74	1.08	0.93	1.29	1.36	1.6	1.43	1.19	1.24	0.88
2005	0.72	1.1	0.66	1.66	0.98	0.81	1.12	0.93	1.26	1.45	1.68	1.44	1.17	1.34	0.75
2006	0.75	1.12	0.63	1.68	1.03	0.85	1.17	0.92	1.47	1.61	1.77	1.54	1.12	1.34	1.1
2007	0.68	1.2	0.71	1.83	1.17	0.87	1.26	0.9	1.31	1.43	1.82	1.51	1.11	1.31	0.81
2008	0.78	1.15	0.7	1.76	1.14	0.88	1.12	0.78	1.31	1.35	1.57	1.37	1.06	1.45	0.78
2009	0.74	1.21	0.71	1.94	1.18	1.01	1.25	1.01	1.39	1.36	1.76	1.51	1.11	1.54	1.29
2010	0.68	1.22	0.64	1.75	1.24	1.16	1.26	1.01	1.47	1.47	1.33	1	1.04	1.7	1.09
2011	0.78	1.07	0.66	1.62	1.13	1.11	1.06	0.96	1.31	1.33	1.72	1.75	0.89	1.63	1.24
2012	0.82	1.09	0.61	1.79	1.2	1.1	1.07	0.91	1.3	1.28	1.52	1.55	0.9	1.67	0.92
2013	0.8	1.13	0.6	1.81	1.08	1.09	1.08	1	1.29	1.27	1.47	1.28	0.82	1.61	1.24
2014	0.82	1.08	0.59	1.73	1.04	1.06	1.07	0.99	1.24	1.22	1.18	1.27	0.8	1.63	1
2015	0.88	1.01	0.58	1.72	1.04	0.94	1.04	1.01	1.21	1.15	0.89	1.3	0.81	1.59	1.18
2016	0.91	1.03	0.53	1.71	1.13	0.92	1.03	1	1.09	1.08	0.88	1.33	0.78	1.59	1.29
2017	0.91	1.05	0.51	1.7	1.23	0.97	1.09	0.97	1.03	1.06	0.86	1.3	0.77	1.44	1.38

从1978—2017年各地的效率优势指数变化趋势看，提高的仅有河北、浙江、安徽、江西、山东、湖北、贵州、云南、新疆9个省（自治区、直辖市），重庆、云南、山东等提高较多（见表1-30）。我们计算效率优势指数与产量的相关系数，得到如表1-31所示的结果，除河北、江苏、湖南、重庆、陕西、甘肃的相关系数为负值外，其他省份均为正相关，除江西的相关系数为0.711外，其他省份的相关系数均不太高。

表1-30　1978—2017年各地区油菜籽生产效率优势指数变化

河北	江苏	浙江	安徽	山东	江西	湖北	湖南	重庆	四川	贵州	云南	陕西	甘肃	新疆
0.54	-0.59	-0.64	0.44	0.65	0.22	0.14	-0.09	1.03	-1.30	0.16	0.70	-0.37	-0.09	0.44

注：2017年的效率优势指数减1978年的效率优势指数。重庆市的计算时期为1997—2017年。

表 1-31　1978—2017 年各地区油菜籽生产效率优势与产量的相关关系

河北	江苏	浙江	安徽	江西	山东	湖北	湖南	重庆	四川	贵州	云南	陕西	甘肃	新疆
-0.120	-0.402	0.188	0.484	0.711	0.320	0.105	-0.164	-0.061	-0.769	0.452	0.443	-0.575	-0.200	0.459

注：重庆市的计算时期为 1997—2017 年。

（五）大豆生产比较优势

在被计算的 22 个省份中，1978 年，大豆生产的规模优势指数在 1 以上的有黑龙江（4.78）、吉林（2.63）、辽宁（2.43）、安徽（1.82）、河南（1.67）和山东（1.09）6 个。2017 年，规模优势指数在 1 以上的省份减少到3 个，其中，黑龙江最高，为 5.10，较 1978 年有所提高；而内蒙古（2.21）是新增加的省（自治区、直辖市）；安徽（1.43）有小幅下降（见图 1-6 和表1-32、表 1-33）。

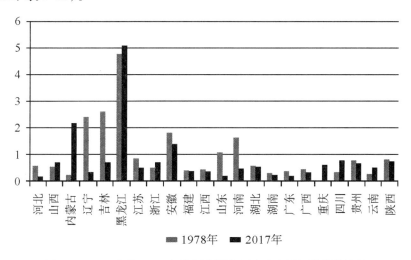

图 1-6　1978 年和 2017 年我国主要大豆生产省份规模优势比较

表 1-32　1978—2017 年我国主要省（自治区、直辖市）

大豆生产规模优势指数变化 Ⅰ

年份	省（自治区、直辖市）										
	河北	山西	内蒙古	辽宁	吉林	黑龙江	江苏	浙江	安徽	福建	江西
1978	0.58	0.55	0.25	2.43	2.63	3.74	0.85	0.51	1.82	0.42	0.44
1979	0.61	0.62	0.77	2.63	2.91	4	0.58	0.49	1.67	0.39	0.45
1980	0.59	0.66	0.72	2.45	2.78	3.78	0.64	0.51	1.6	0.45	0.42
1981	0.59	0.56	0.75	2.17	2.69	3.73	0.69	0.49	1.69	0.56	0.4
1982	0.54	0.67	0.87	2.08	2.48	4.33	0.67	0.51	1.68	0.58	0.43
1983	0.58	0.8	0.9	2.08	2.34	3.74	0.7	0.47	1.88	0.59	0.47

表1-32(续)

年份	省（自治区、直辖市）										
	河北	山西	内蒙古	辽宁	吉林	黑龙江	江苏	浙江	安徽	福建	江西
1984	0.61	0.77	0.82	1.97	1.93	4.12	0.66	0.48	1.86	0.63	0.48
1985	0.65	0.78	0.89	1.97	2.19	4.7	0.69	0.46	1.47	0.59	0.47
1986	0.73	0.88	1.01	1.95	2.11	4.51	0.71	0.46	1.5	0.57	0.44
1987	0.76	0.96	1.06	1.87	2.07	4.84	0.71	0.49	1.38	0.57	0.42
1988	0.79	0.99	1.22	1.89	2.41	5.26	0.68	0.51	1.25	0.59	0.43
1989	0.86	1.11	1.26	1.87	2.43	4.87	0.67	0.52	1.3	0.6	0.45
1990	0.9	1.23	1.25	1.89	2.25	4.77	0.58	0.53	1.23	0.64	0.47
1991	1.04	1.27	1.34	1.9	2.25	5.16	0.47	0.58	0.81	0.69	0.51
1992	1.01	1.21	1.52	1.72	2.23	5.26	0.48	0.53	1.07	0.68	0.52
1993	1.13	1.09	1.83	1.4	2.1	5.55	0.53	0.53	0.99	0.57	0.47
1994	1.07	1.13	1.97	1.41	2	5.17	0.52	0.64	0.98	0.59	0.46
1995	1.02	1.09	2.02	1.39	1.72	5.36	0.47	0.71	0.97	0.7	0.5
1996	1.09	1.17	2.14	1.35	1.49	4.94	0.46	0.77	0.97	0.77	0.55
1997	0.96	1.05	2.4	1.27	1.4	4.89	0.5	0.71	1.13	0.7	0.49
1998	1	1.2	2.34	1.26	1.37	4.9	0.5	0.79	1.06	0.69	0.5
1999	0.95	1.22	2.38	1.27	1.35	4.57	0.52	0.89	1.1	0.74	0.5
2000	0.79	1.13	2.25	1.4	1.99	5.16	0.53	0.98	1.27	0.63	0.45
2001	0.69	0.97	2.17	1.38	1.45	5.47	0.52	1	1.28	0.59	0.43
2002	0.66	1.12	1.8	1.33	1.57	5.27	0.55	1.02	1.47	0.63	0.44
2003	0.53	0.91	1.98	1.34	1.49	5.66	0.51	1.04	1.53	0.59	0.38
2004	0.51	0.9	2.04	1.27	1.72	5.76	0.45	0.88	1.55	0.56	0.31
2005	0.47	0.93	2.08	1.08	1.65	5.71	0.46	0.95	1.62	0.56	0.31
2006	0.4	1.04	2.33	0.58	0.82	5.95	0.47	0.37	1.81	0.39	0.28
2007	0.37	0.99	1.91	0.6	1.54	5.47	0.51	0.39	1.81	0.41	0.35
2008	0.36	0.92	1.62	0.81	1.52	5.56	0.52	0.41	1.83	0.42	0.32
2009	0.32	0.88	2.02	0.7	1.44	5.51	0.51	0.41	1.79	0.44	0.31
2010	0.31	0.93	2.09	0.55	1.3	5.26	0.54	0.42	1.87	0.49	0.33
2011	0.31	1.03	1.91	0.57	1.15	5.17	0.57	0.45	1.94	0.54	0.34
2012	0.32	1.15	1.88	0.6	0.95	4.76	0.6	0.86	2.14	0.62	0.39
2013	0.33	1.22	1.81	0.63	0.92	4.62	0.63	0.9	2.22	0.66	0.42
2014	0.33	1.18	1.59	0.59	0.88	4.9	0.62	0.91	2.21	0.67	0.42
2015	0.32	1.23	1.71	0.62	0.69	4.77	0.64	0.97	2.24	0.72	0.45
2016	0.27	1.13	1.71	0.72	0.77	5.1	0.58	0.85	2.05	0.65	0.41
2017	0.18	0.74	2.21	0.36	0.73	5.1	0.53	0.72	1.43	0.38	0.37

表 1-33 1978—2017 年我国主要省（自治区、直辖市）
大豆生产规模优势指数变化 Ⅱ

年份	省（自治区、直辖市）										
	山东	河南	湖北	湖南	广东	广西	重庆	四川	贵州	云南	陕西
1978	1.09	1.67	0.58	0.31	0.38	0.45		0.35	0.78	0.27	0.82
1979	1.22	1.61	0.59	0.32	0.38	0.61		0.33	0.74	0.24	0.78
1980	1.33	1.72	0.47	0.33	0.43	0.72		0.29	0.78	0.22	0.84
1981	1.25	1.96	0.4	0.31	0.4	0.82		0.26	0.75	0.22	0.75
1982	1.01	1.78	0.37	0.35	0.41	0.98		0.25	0.71	0.24	0.7
1983	0.93	1.75	0.4	0.39	0.42	1.06		0.28	0.78	0.31	0.86
1984	0.89	1.63	0.43	0.42	0.43	1.01		0.31	0.85	0.33	0.82
1985	0.88	1.4	0.43	0.41	0.38	0.88		0.31	0.75	0.3	0.81
1986	0.98	1.43	0.43	0.4	0.36	0.84		0.29	0.67	0.27	0.81
1987	0.92	1.31	0.4	0.41	0.39	0.75		0.29	0.7	0.27	0.9
1988	0.85	1.01	0.41	0.41	0.38	0.7		0.29	0.7	0.28	1.02
1989	0.82	1.02	0.44	0.43	0.38	0.75		0.28	0.68	0.3	1.05
1990	0.81	1.06	0.44	0.45	0.4	0.81		0.3	0.69	0.32	1.17
1991	0.78	0.91	0.43	0.49	0.41	0.82		0.32	0.71	0.36	1.25
1992	0.79	0.86	0.4	0.46	0.39	0.77		0.29	0.64	0.34	1.16
1993	0.87	0.80	0.4	0.41	0.32	0.65		0.23	0.5	0.27	0.98
1994	0.84	0.87	0.45	0.45	0.32	0.73		0.24	0.52	0.29	1.15
1995	0.88	0.85	0.47	0.51	0.36	0.81		0.27	0.57	0.33	0.99
1996	0.86	0.83	0.47	0.53	0.39	0.89		0.29	0.63	0.36	1.18
1997	0.89	0.92	0.43	0.47	0.33	0.8	1.86	0.24	0.91	0.34	1.05
1998	0.87	0.88	0.48	0.46	0.32	0.8	1.67	0.24	0.56	0.36	1.14
1999	0.86	0.88	0.52	0.51	0.36	0.86	1.65	0.28	0.61	0.4	1.14
2000	0.69	0.72	0.5	0.43	0.32	0.75	1.50	0.3	0.5	0.15	0.91
2001	0.58	0.70	0.48	0.42	0.28	0.65	1.35	0.32	0.49	0.35	0.87
2002	0.52	0.70	0.52	0.45	0.31	0.67	1.29	0.36	0.52	0.37	0.95
2003	0.43	0.6	0.45	0.42	0.26	0.67	1.49	0.35	0.45	0.32	1.24
2004	0.36	0.61	0.41	0.38	0.27	0.55	1.34	0.34	0.45	0.41	1.2
2005	0.36	0.62	0.4	0.38	0.29	0.54	1.35	0.36	0.44	0.33	1.24
2006	0.28	0.63	0.28	0.17	0.24	0.27	0.96	0.36	0.45	0.24	0.75
2007	0.27	0.57	0.28	0.2	0.24	0.27	0.96	0.39	0.46	0.24	0.76
2008	0.26	0.57	0.26	0.19	0.23	0.26	1.00	0.37	0.45	0.35	0.76
2009	0.25	0.55	0.23	0.19	0.22	0.29	1.26	0.39	0.46	0.34	0.75
2010	0.26	0.57	0.23	0.2	0.25	0.33	1.43	0.42	0.49	0.36	0.77

表1-33(续)

年份	省（自治区、直辖市）										
	山东	河南	湖北	湖南	广东	广西	重庆	四川	贵州	云南	陕西
2011	0.28	0.62	0.25	0.22	0.26	0.37	1.48	0.46	0.52	0.37	0.82
2012	0.29	0.71	0.26	0.23	0.29	0.34	1.31	0.5	0.56	0.4	0.86
2013	0.31	0.72	0.25	0.24	0.31	0.37	1.48	0.53	0.55	0.4	0.83
2014	0.31	0.65	0.28	0.25	0.31	0.39	1.39	0.54	0.55	0.4	0.61
2015	0.30	0.62	0.31	0.25	0.32	0.38	1.23	0.57	0.60	0.41	0.63
2016	0.27	0.56	0.38	0.23	0.29	0.35	0.92	0.52	0.55	0.38	0.57
2017	0.20	0.47	0.54	0.24	0.22	0.34	0.63	0.78	0.69	0.51	0.75

从大豆规模优势指数变化看，在被计算的22个省份中，与1978年比较，2017年有15个省（自治区、直辖市）的规模优势指数是下降的。其中，下降最多的省（自治区、直辖市）依次是辽宁、吉林、河南和山东，分别下降了2.07、1.90、1.20和0.89；其他省份变化较小。规模优势指数提高的省（自治区、直辖市）只有7个，其中提高最多的依次为内蒙古、黑龙江，分别提高了1.96和1.36，其他省（自治区、直辖市）提高的幅度都很小（见表1-34）。从表1-35可以看出，各省份的规模优势与大豆产量之间基本为正相关关系，表明无论是规模优势指数提高的省（自治区、直辖市），还是降低的省（自治区、直辖市）与产量的变化趋势一致，这与各地大豆播种面积减少、产量减少的变化基本一致，只有江苏、广东、重庆、贵州四个省份为负相关关系（见表1-35）。

表1-34 1978—2017年各地区大豆生产规模优势指数变化

河北	山西	内蒙古	辽宁	吉林	黑龙江	江苏	浙江	安徽	福建	江西
-0.4	0.19	1.96	-2.07	-1.9	1.36	-0.32	0.21	-0.39	-0.04	-0.07
山东	河南	湖北	湖南	广东	广西	重庆	四川	贵州	云南	陕西
-0.89	-1.2	-0.04	-0.07	-0.16	-0.11	0.63	0.43	-0.09	0.24	-0.07

注：规模优势变化为2017年规模优势指数减去1978年规模优势指数。

表1-35 1978—2017年各地区大豆生产规模优势与产量的相关关系

河北	山西	内蒙古	辽宁	吉林	黑龙江	江苏	浙江	安徽	福建	江西
0.006	0.504	0.797	0.676	0.271	0.771	-0.155	0.792	0.450	0.561	0.260
山东	河南	湖北	湖南	广东	广西	重庆	四川	贵州	云南	陕西
0.709	0.394	0.377	0.653	-0.188	0.314	-0.412	0.815	-0.294	0.597	0.155

从被计算的22个大豆生产省（自治区、直辖市）的生产效率优势指数

看，1978 年，大豆生产效率优势指数在 1 以上的有 13 个省（自治区、直辖市），效率指数最大值为云南省的 2.04，其次是黑龙江省的 1.95，在 1.5 以上的有 5 个省份，分别是云南、黑龙江、四川、山西和河北，最小值为安徽省的 0.60。到 2017 年，效率优势指数在 1 以上的有 11 个省（自治区、直辖市），效率指数最大值为江西省的 1.86，但效率指数在 1.5 以上的只有江西和黑龙江两个省份，最小值为贵州省的 0.54（见表 1-36 和表 1-37）。

表 1-36　1978—2017 年我国主要省（自治区、直辖市）
大豆生产效率优势指数变化 I

年份	省（自治区、直辖市）										
	河北	山西	内蒙古	辽宁	吉林	黑龙江	江苏	浙江	安徽	福建	江西
1978	1.53	1.78	0.86	1.13	0.76	1.95	0.89	1.38	0.6	0.75	1.19
1979	1.5	1.47	1.02	0.91	1.12	1.57	0.88	1	0.89	0.77	1.07
1980	1.3	1.42	0.92	0.9	1.02	1.72	1.07	1.25	0.93	1.02	1.18
1981	1.27	1.18	1.08	1.07	1.01	1.56	1.15	1.21	1.09	0.84	1.05
1982	1.32	1.4	0.94	1.13	0.83	1.94	1.13	1.28	0.82	0.98	1.4
1983	0.9	1.24	0.73	1.1	0.66	1.84	1.14	1.25	1.07	0.75	1.13
1984	0.92	1.24	0.74	1.07	0.69	1.94	0.87	1.13	0.75	0.77	1.09
1985	1.22	1.24	0.98	1.11	0.89	2.08	1.06	1.04	0.87	0.7	1.11
1986	1.16	1.22	0.95	1.05	0.91	2.15	1.16	1.02	0.89	0.73	1
1987	1.22	1.43	0.85	0.8	1.07	2.23	1.06	1.01	1	0.71	1.12
1988	1.21	1.55	0.78	0.72	1.08	2.35	1.07	0.95	0.83	0.6	1.24
1989	1.18	1.6	0.74	0.54	1.37	2.43	1.34	1.3	1.21	0.8	1.72
1990	1.09	1.29	0.84	0.72	1.17	1.74	1	0.9	0.8	0.69	1.1
1991	1.21	0.96	1.26	0.69	1.83	1.97	0.94	0.98	0.95	0.64	1.16
1992	0.99	1.34	0.74	0.68	1.09	2.08	1.26	1.12	1.3	0.82	1.64
1993	1.41	1.74	0.81	0.93	0.87	2.25	1.07	1.12	1.46	0.83	1.75
1994	1.32	1.36	0.97	0.98	0.99	1.93	0.9	1.02	1.18	0.78	1.61
1995	1.03	1.00	1.03	0.82	1.26	1.73	0.99	0.97	1.04	0.72	1.78
1996	0.88	1.15	0.77	0.75	1.02	1.57	0.91	0.9	0.87	0.66	1.52
1997	0.69	0.71	0.97	0.61	1.59	2.00	0.98	0.92	1.06	0.71	1.48
1998	0.8	1.09	0.73	0.68	1.08	1.63	1.09	0.85	1.15	0.68	1.49
1999	0.66	1.04	0.63	0.59	1.08	2.07	0.98	1	1.26	0.65	1.18
2000	0.88	1.37	0.64	0.7	0.92	1.97	1.09	0.84	1	0.72	1.38
2001	0.88	1.16	0.76	0.76	1.00	1.95	1.1	0.84	0.99	0.74	1.31
2002	0.74	1.06	0.70	0.67	1.04	1.95	0.98	0.67	1.2	0.61	1.08
2003	1.07	1.54	0.69	1.14	0.61	2.32	1.32	0.87	1.24	0.77	1.53
2004	0.87	1.32	0.66	0.75	0.88	2.02	1.14	0.75	0.97	0.7	1.3
2005	0.94	1.3	0.72	0.73	0.99	2.02	1.09	0.8	0.88	0.75	1.51
2006	1.17	1.44	0.81	1.48	0.55	2.18	1.29	0.83	1.24	0.79	1.94

表1-36（续）

年份	省（自治区、直辖市）										
	河北	山西	内蒙古	辽宁	吉林	黑龙江	江苏	浙江	安徽	福建	江西
2007	1.29	1.52	0.85	1.4	0.61	1.9	1.54	1	1.35	0.93	1.94
2008	1.15	1.02	1.13	1.32	0.85	2.02	1.28	0.85	1.16	0.81	1.65
2009	1.1	0.67	1.64	1.16	1.42	2.23	1.44	1	1.32	0.98	2.05
2010	0.93	0.66	1.41	1.43	0.99	2.26	1.32	0.9	1.12	0.93	1.87
2011	1.1	0.63	1.75	1.39	1.26	1.84	1.14	0.87	1.02	0.86	1.71
2012	1.1	0.75	1.47	1.35	1.09	1.52	1.14	0.92	1.08	0.84	1.96
2013	1.04	0.85	1.22	1.25	0.98	1.18	0.99	0.82	1.05	0.87	2.06
2014	1.13	0.86	1.31	1.05	1.25	1.26	0.99	0.85	1.1	0.84	2.02
2015	1.11	0.87	1.28	0.97	1.32	1.28	0.93	0.78	1.22	0.83	1.77
2016	1.42	1.09	1.30	1.06	1.23	1.32	0.95	0.73	1.22	0.82	1.79
2017	1.41	1.08	1.31	1.33	0.98	1.56	0.93	0.67	1.18	0.55	1.86

表1-37　1978—2017年我国主要省（自治区、直辖市）

大豆生产效率优势指数变化 II

年份	省（自治区、直辖市）										
	山东	河南	湖北	湖南	广东	广西	重庆	四川	贵州	云南	陕西
1978	1.09	0.89	1.36	1.18	0.63	0.74		1.81	1.24	2.04	1.38
1979	1.01	0.99	1.63	1.43	0.76	0.74		1.38	0.75	1.62	0.93
1980	1.01	0.97	0.78	1.03	0.57	0.65		1.49	0.76	1.85	1.25
1981	0.85	1.2	1.05	1.22	0.61	0.68		1.67	0.83	1.69	0.71
1982	0.98	0.75	1.03	1.39	0.82	0.86		1.8	0.83	1.84	0.95
1983	0.81	1.08	0.99	1.3	0.53	0.72		1.67	0.82	1.53	0.98
1984	0.74	0.87	1.08	1.36	0.51	0.68		1.78	0.91	1.42	0.89
1985	0.97	1.03	1.14	1.38	0.56	0.64		1.8	0.81	1.42	0.98
1986	0.98	0.7	1.25	1.57	0.58	0.64		1.93	1.06	1.52	1.05
1987	1.05	0.97	1.26	1.66	0.44	0.57		1.78	0.82	1.25	1.05
1988	1.16	0.9	1.21	1.91	0.41	0.57		1.87	0.83	1.34	1.1
1989	1.19	1.13	1.65	3.04	0.53	0.88		2.38	1.15	1.74	1.12
1990	1.16	1.03	1.11	1.1	0.46	0.49		1.78	0.91	1.04	0.95
1991	1.48	1.09	1.11	1.14	0.46	0.57		1.95	0.97	1.06	0.9
1992	1.32	1.14	1.48	1.41	0.53	0.71		2.12	0.75	1.01	1.01
1993	1.65	1.65	1.75	1.89	0.58	0.99		2.06	1.19	2.36	1.14
1994	1.8	1.52	1.45	2.32	0.56	0.89		2.46	1.2	1.29	1.11
1995	1.51	1.45	1.38	2.72	0.59	0.95		2.37	1.08	1.32	0.81
1996	1.27	1.05	1.11	2.36	0.57	0.79		1.59	0.96	0.95	1.09
1997	0.8	0.91	0.94	2.94	0.6	0.82	0.69	1.24	0.86	0.89	0.5
1998	1.3	1.03	1.15	2.53	0.58	0.79	0.62	1.19	1.06	0.88	0.99
1999	0.87	1.03	1.26	1.29	0.56	0.87	0.66	1.29	1.04	0.86	0.77

表1-37(续)

年份	省（自治区、直辖市）										
	山东	河南	湖北	湖南	广东	广西	重庆	四川	贵州	云南	陕西
2000	1.09	1.19	1.4	1.47	0.69	1.08	0.9	1.51	1.21	1.15	0.7
2001	1.09	1.11	1.32	1.56	0.74	1.16	0.63	1.51	1.18	1.02	0.65
2002	0.91	0.92	1.09	1.34	0.56	0.94	0.77	1.32	1.14	0.86	0.57
2003	1.19	0.97	1.61	1.66	0.8	1.26	1.1	1.92	1.67	1.25	0.45
2004	1.18	1.2	1.21	1.35	0.79	1.02	1.26	1.63	1.42	1.1	0.73
2005	1.17	0.69	1.54	1.46	0.79	1.09	1.39	1.84	1.44	1.23	0.55
2006	1.14	0.87	1.54	1.61	0.81	1.04	1.15	1.68	1.46	1.22	1
2007	1.27	1.44	1.73	1.82	0.96	1.15	1.79	1.96	1.77	2.3	1.1
2008	1.03	1.16	1.4	1.5	0.81	0.96	1.49	1.63	1.5	1.79	1.47
2009	1.18	1.32	1.74	1.87	1	1.2	1.79	1.68	1.62	2.37	1.59
2010	1.13	1.13	1.5	1.6	0.96	0.94	1.68	1.59	1.08	1.48	1.17
2011	1.18	1.18	1.16	1.51	0.88	1	1.44	1.33	0.84	2.06	0.96
2012	1.21	1.03	1.2	1.49	0.92	0.95	1.43	1.29	0.58	1.78	1.01
2013	1.12	1.03	1.28	1.54	0.97	0.83	1.43	1.41	0.61	2.04	0.74
2014	1.09	0.82	1.36	1.54	0.96	0.75	1.41	1.34	0.69	2.05	0.68
2015	1.11	0.8	1.16	1.57	0.93	0.78	1.36	1.25	0.54	1.87	0.46
2016	1.3	0.86	0.84	1.58	0.9	0.78	1.24	1.17	0.73	1.85	0.67
2017	1.35	0.94	0.86	1.49	0.79	0.76	1.15	1.11	0.54	1.71	0.61

从1978—2017年各省份的大豆生产效率优势指数的变化情况看，与1978年比较，2017年有10个省（自治区、直辖市）的效率优势指数是下降的，下降最多的为陕西省，下降了0.77；其次是浙江省，下降了0.71；山西、四川和贵州3个省份均下降了0.70；湖北省下降了0.50。而提高的省（自治区、直辖市）中，江西省提高得最多，提高了0.67；其次是安徽省的0.58和内蒙古的0.45；重庆由1997年的0.69提高到2017年的1.15（见图1-7和表1-38）。从各省（自治区、直辖市）的生产效率指数与大豆产量的相关关系来看，有6个省（自治区、直辖市）为负相关关系，除浙江省的负相关程度（-0.648）较高外，其他省（自治区、直辖市）均在-0.4以下。而16个正相关关系的省（自治区、直辖市）中，除重庆的相关程度（0.773）较高外，其他省份的相关程度均较小（见表1-39）。这表明，各省（自治区、直辖市）的大豆生产优势并没有被充分发挥，特别是东北三省，黑龙江的效率优势指数呈现较大幅度的波动，辽宁、黑龙江和吉林的波动振幅分别为0.98、1.17和1.28。在补贴的刺激下，2013年以后，黑龙江、辽宁的优势指数上升，但吉林省的变化不大（见图1-8）。

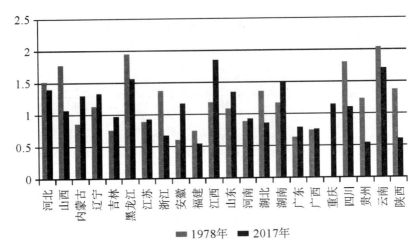

图 1-7　22 个大豆生产省（自治区、直辖市）
1978 年与 2017 年生产效率优势指数比较

表 1-38　1978—2017 年各地区大豆生产效率优势指数变化

河北	山西	内蒙古	辽宁	吉林	黑龙江	江苏	浙江	安徽	福建	江西
-0.12	-0.70	0.45	0.20	0.22	-0.39	0.04	-0.71	0.58	-0.20	0.67
山东	河南	湖北	湖南	广东	广西	重庆	四川	贵州	云南	陕西
0.26	0.05	-0.50	0.31	0.16	0.02	0.46	-0.70	-0.70	-0.33	-0.77

表 1-39　1978—2017 年各地区大豆生产效率优势与产量的相关关系

河北	山西	内蒙古	辽宁	吉林	黑龙江	江苏	浙江	安徽	福建	江西
-0.213	0.087	0.367	-0.219	-0.320	0.037	0.331	-0.648	0.397	-0.119	0.549
山东	河南	湖北	湖南	广东	广西	重庆	四川	贵州	云南	陕西
0.143	0.163	0.092	0.377	0.054	0.389	0.773	-0.357	0.176	0.415	0.256

（六）棉花生产比较优势

在被计算的 12 个棉花主产省（自治区、直辖市）中，1978 年的规模优势指数在 1 以上的有湖北（2.30）、江苏（2.12）、河北（1.90）、山东（1.80）、河南（1.72）、山西（1.67）、新疆（1.53）、陕西（1.48）和安徽（1.26）9 个。2017 年，规模优势指数在 1 以上的有新疆（19.61）、河北（1.37）和湖北（1.34）3 个，新疆的规模优势指数呈现稳步上升趋势，由 1978 年的 1.53 快速提高到 2017 年的 19.61，其他省（自治区、直辖市）主要表现为缓慢下降（见图 1-9 和表 1-40）。1978—2017 年，规模优势指数变化最大的是新疆；

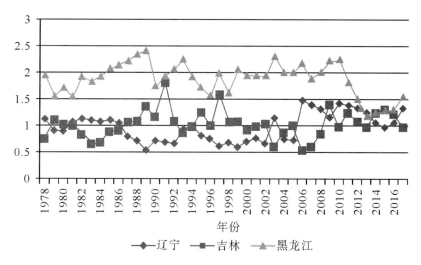

图 1-8　东北三省 1978—2017 年大豆生产效率优势指数变化

其次是山东，1987 年规模优势指数曾高达 3.36，2016 年为 2.21，但在 2017 年下降到 0.82；再次是江苏，规模优势指数由 1979 年的 2.28 一路走低，2017 年下降到 0.14（见表 1-41）。

表 1-40　1978—2017 年我国主要省（自治区、直辖市）

棉花生产规模优势指数变化

年份	省（自治区、直辖市）											
	河北	山西	江苏	安徽	江西	山东	河南	湖北	湖南	四川	陕西	新疆
1978	1.90	1.67	2.12	1.26	0.62	1.80	1.72	2.31	0.67	0.7	1.48	1.53
1979	1.98	1.69	2.28	1.23	0.57	1.68	1.67	2.45	0.63	0.7	1.61	1.76
1980	1.81	1.56	2.15	1.24	0.58	2.07	1.73	2.35	0.68	0.62	1.42	1.8
1981	1.68	1.37	2.18	1.17	0.53	2.52	1.63	2.23	0.6	0.55	1.5	2.18
1982	2.02	1.34	1.96	1.02	0.45	3.22	1.69	1.91	0.52	0.28	1.32	2.36
1983	2.26	1.31	1.88	0.97	0.36	3.39	1.66	1.79	0.4	0.27	1.25	2.26
1984	2.5	1.09	1.75	0.87	0.31	3.31	2.12	1.52	0.36	0.29	0.86	2.04
1985	2.74	0.85	1.93	0.8	0.34	3.01	1.95	1.77	0.38	0.3	0.57	2.49
1986	2.7	0.8	1.95	0.84	0.38	3.06	1.76	1.88	0.38	0.33	0.39	3.25
1987	2.84	0.74	1.92	0.8	0.34	3.36	1.8	1.75	0.26	0.29	0.37	3.65
1988	2.77	0.76	1.88	0.87	0.32	3.35	2.01	1.62	0.32	0.29	0.44	3.17
1989	2.82	0.84	1.8	0.86	0.34	3.45	1.96	1.62	0.34	0.27	0.48	3.52
1990	2.75	0.86	1.84	0.94	0.32	3.44	1.84	1.64	0.4	0.26	0.61	3.88
1991	2.48	0.85	1.56	1.13	0.45	3.25	2.27	1.42	0.38	0.26	0.63	4.12
1992	2.24	0.82	1.78	1.12	0.5	2.99	2.28	1.54	0.46	0.28	0.62	4.57
1993	1.78	0.69	1.91	1.27	0.78	2.1	2.39	2.02	0.67	0.31	0.56	6
1994	2.12	0.86	1.82	1.44	0.76	1.96	2.14	1.86	0.73	0.28	0.47	6.72
1995	2.22	0.9	1.97	1.47	0.61	1.7	2.28	1.87	0.65	0.3	0.45	6.73

表1-40(续)

年份	省（自治区、直辖市）											
	河北	山西	江苏	安徽	江西	山东	河南	湖北	湖南	四川	陕西	新疆
1996	1.56	0.76	1.98	1.6	0.58	1.42	2.46	2.02	0.71	0.38	0.4	8.37
1997	1.46	0.61	1.89	1.61	0.58	1.24	2.42	2.13	0.76	0.5	0.3	9.49
1998	1.21	0.57	1.8	1.61	0.65	1.3	2.22	1.96	0.87	0.5	0.26	10.64
1999	1.24	0.56	1.37	1.48	0.49	1.34	2.43	1.67	0.83	0.41	0.25	12.37
2000	1.32	0.41	1.44	1.32	0.47	1.97	2.29	1.62	0.71	0.28	0.26	11.54
2001	1.51	0.79	1.6	1.35	0.41	2.11	2.12	1.5	0.61	0.22	0.38	10.74
2002	1.69	0.69	1.48	1.32	0.38	2.22	2.19	1.47	0.61	0.13	0.38	10.03
2003	2.01	0.74	1.43	1.27	0.39	2.42	2.02	1.48	0.54	0.1	0.48	8.9
2004	2.08	0.83	1.44	1.17	0.33	2.69	1.86	1.54	0.57	0.1	0.53	8.54
2005	2.01	0.79	1.48	1.26	0.37	2.42	1.72	1.65	0.58	0.09	0.51	9.55
2006	1.99	0.9	1.17	1.07	0.39	2.17	1.4	1.88	0.57	0.07	0.56	10.55
2007	2.27	0.82	1.28	1.23	0.45	2.43	1.44	2.12	0.67	0.07	0.64	12.27
2008	2.31	0.7	1.16	1.27	0.36	2.4	1.25	2.17	0.71	0.06	0.6	11.15
2009	2.48	0.66	1.16	1.35	0.49	2.58	1.31	2.12	0.66	0.06	0.52	10.48
2010	2.4	0.56	1.11	1.37	0.52	2.54	1.18	2.16	0.76	0.06	0.44	11.02
2011	2.55	0.5	1.1	1.37	0.53	2.45	0.98	2.16	0.81	0.06	0.42	11.61
2012	2.44	0.36	0.83	1.26	0.57	2.36	0.67	2.17	0.75	0.06	0.42	12.47
2013	2.17	0.24	0.79	1.25	0.6	2.41	0.51	2.01	0.72	0.06	0.34	12.95
2014	1.86	0.2	0.68	1.17	0.6	2.12	0.42	1.68	0.59	0.05	0.29	13.98
2015	1.82	0.12	0.54	1.15	0.64	2.07	0.37	1.47	0.58	0.05	0.28	14.62
2016	1.73	0.1	0.43	1.08	0.46	2.21	0.36	1.35	0.61	0.05	0.29	16.06
2017	1.37	0.04	0.14	0.53	0.64	0.82	0.14	1.34	0.6	0.02	0.11	19.61

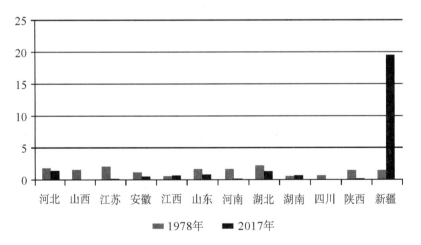

图1-9　1978年与2017年棉花生产规模优势指数比较

表 1-41　1978—2017 年各地区棉花生产规模优势指数变化

河北	山西	江苏	安徽	江西	山东	河南	湖北	湖南	四川	陕西	新疆
-0.53	-1.63	-1.98	-0.73	0.02	-0.98	-1.58	-0.97	-0.07	-0.68	-1.37	18.08

　　根据 1978—2017 年各地区棉花生产规模优势与产量的相关关系（见表 1-42），各省（自治区、直辖市）均为正相关关系，当然这种正相关关系所代表的情况是不一样的。其中，新疆的规模优势指数与产量同步增大，相关系数高达 0.931；而江苏、山东、河南、四川等省（自治区、直辖市）呈现较强的正相关关系，是规模优势指数与产量同步下降导致的。

表 1-42　1978—2017 年各地区棉花生产规模优势与产量的相关关系

河北	山西	江苏	安徽	江西	山东	河南	湖北	湖南	四川	陕西	新疆
0.666	0.581	0.879	0.501	0.535	0.841	0.776	0.348	0.665	0.762	0.628	0.931

　　各省（自治区、直辖市）棉花生产效率优势指数方面，在计算的 12 个棉花主产省（自治区、直辖市）中，1978 年的效率优势指数在 1 以上的有四川（1.75）、江苏（1.60）、新疆（1.55）、河北（1.51）、湖北（1.45）、陕西（1.42）、湖南（1.10）和山西（1.06）8 个。2017 年，效率优势指数在 1 以上的有山西（1.21）和新疆（1.09）2 个（见表 1-43）。1978—2017 年，总体上各省（自治区、直辖市）的效率优势指数大部分是下降的，只有江西和山西略有提高；从生产效率指数波动情况看，大部分省（自治区、直辖市）的波动都不大，但湖南的波动很大，1997 年湖南的效率优势指数曾高达 3.41，2017 年下降到 0.77（见表 1-43）。

表 1-43　1978—2017 年我国主要省（自治区、直辖市）
棉花生产效率优势指数变化

年份	省（自治区、直辖市）											
	新疆	陕西	四川	湖南	湖北	河南	山东	江西	安徽	江苏	山西	河北
1978	1.55	1.42	1.75	1.1	1.45	0.98	0.62	0.95	0.94	1.6	1.06	1.51
1979	1.32	1.08	1.17	1.49	2.16	0.81	0.58	1.05	0.77	1.34	0.84	1.60
1980	1.61	0.99	0.93	1.05	1.25	1.25	1.21	0.93	0.86	1.11	1.04	1.07
1981	1.24	0.67	0.93	1.14	1.2	1.05	1.08	1.07	0.85	1.35	0.8	1.69
1982	1.21	1.19	1.27	1.13	1.08	0.87	1	1.43	0.85	1.16	1.2	0.97
1983	1.1	0.33	1.44	1.25	1.13	1.18	0.89	1.15	0.91	1.12	0.9	1.24
1984	0.99	0.58	1.43	1.39	1.3	0.93	0.85	1.35	0.84	0.79	0.99	0.80
1985	1.19	0.82	1.57	1.74	1.44	1	0.96	1.65	0.95	0.82	1.18	0.69
1986	1.2	1.42	1.55	1.85	1.43	1	1.02	1.67	1.04	0.78	1.62	0.48
1987	1.16	1.68	1.62	1.7	1.35	1.07	1.02	1.71	1.06	0.77	1.98	0.39
1988	1.14	1.36	1.41	1.32	1.26	1.15	1.01	1.05	1.1	0.95	1.84	0.52

表1-43(续)

年份	省(自治区、直辖市)											
	新疆	陕西	四川	湖南	湖北	河南	山东	江西	安徽	江苏	山西	河北
1989	1.31	1.45	1.76	2.31	1.27	1.04	1.07	1.78	1.09	1.08	2.11	0.51
1990	1.25	1.16	1.65	1.45	1.43	1.13	0.77	1.31	1.11	0.79	1.66	0.48
1991	1.23	1.06	1.71	1.54	1.38	1.08	0.84	1.47	1.15	0.99	1.76	0.56
1992	1.63	0.9	2.32	2.59	2.19	1.05	0.72	2.56	1.31	1.05	1.9	0.55
1993	1.89	1.24	1.68	3	1.71	1.42	0.91	2.49	1.41	1.06	2.34	0.45
1994	1.54	1.16	1.27	3.37	1.38	1.32	1.19	2.27	0.97	0.88	1.89	0.47
1995	1.33	0.98	1.63	3.5	1.45	1.11	0.84	1.66	0.91	0.82	1.41	0.58
1996	1.11	0.79	1.41	3.11	1.05	0.9	0.79	1.82	0.82	0.84	1.31	0.64
1997	1	0.65	0.83	3.41	1.19	0.91	0.79	1.79	0.82	0.77	0.99	0.78
1998	1.06	0.8	0.77	2.32	0.76	0.89	0.89	1.01	0.83	0.73	1.24	0.59
1999	1.16	0.88	0.85	1.24	0.94	0.86	0.73	1.2	0.67	0.59	1.39	0.42
2000	1.15	1.07	0.87	1.16	1	0.79	0.75	1.22	1	0.65	1.63	0.40
2001	1.09	1.1	0.48	1.31	1.06	0.82	0.74	1.35	1.08	0.71	1.55	0.46
2002	1.23	0.98	0.69	1.13	0.99	0.78	0.69	1.27	1.08	0.64	1.45	0.44
2003	1.39	1.23	1.19	1.69	1.12	0.61	0.85	1.89	1.14	0.77	1.86	0.41
2004	1.26	1.17	1.01	1.26	0.86	0.69	0.67	1.65	1.3	0.87	1.55	0.56
2005	1.24	1.21	0.99	1.35	0.92	0.83	0.65	1.72	1.19	0.64	1.74	0.37
2006	1.36	0.98	0.69	1.25	0.96	0.93	0.67	1.7	1.18	0.7	1.59	0.44
2007	1.16	0.8	0.69	1.09	0.84	0.85	0.58	1.66	1.1	0.64	1.33	0.48
2008	1.43	0.89	0.7	1.06	0.71	0.85	0.63	1.83	1.04	0.67	1.36	0.49
2009	1.53	1.15	0.79	1.26	0.88	0.81	0.65	2.01	1.18	0.65	1.34	0.49
2010	1.13	1.01	0.79	1.12	0.81	0.76	0.55	2.15	1.09	0.73	1.37	0.53
2011	1.18	0.81	0.69	0.96	0.75	0.75	0.59	2	1.16	0.59	1.23	0.48
2012	1.24	0.78	0.64	1.1	0.77	0.73	0.57	1.93	0.97	0.67	1.23	0.54
2013	1.23	0.83	0.66	1	0.73	0.74	0.49	1.65	0.86	0.69	1.24	0.56
2014	1.14	0.68	0.65	0.81	0.7	0.68	0.59	1.63	0.95	0.61	1.19	0.51
2015	1.11	0.68	0.6	1.02	0.71	0.72	0.53	1.24	0.92	0.56	1.29	0.43
2016	1.1	0.63	0.53	0.87	0.54	0.66	0.61	1.2	0.87	0.51	1.38	0.37
2017	1.09	0.57	0.45	0.77	0.5	0.74	0.62	1.2	0.79	0.52	1.21	0.43

从1978—2017年各省（自治区、直辖市）的效率指数变化结果看，除江西、山西、安徽、山东、河南等变化较小外，其他省份的棉花生产效率指数下降幅度都较大。其中，四川下降最多，为1.30；江苏、河北均下降了1.08；即使是棉花第一产区的新疆也下降了0.46（见表1-44），特别是2011年以来，下降比较多，原因是2011年以来，棉花种植农户都处于亏损状态，因此产量较小。1978—2017年各省（自治区、直辖市）的效率指数与产量的相关分析结果表明，新疆和河北为负相关关系，是效率优势指数下降，而产量增加所致，表明这2个（自治区、直辖市）的生产效率较高，是我国目前最重要的棉花产区。其他省（自治区、直辖市）均为正相关关系，是由于这些省（自

治区、直辖市）的生产效率指数下降与产量减少趋势一致（见表1-45）。

表1-44　1978—2017年各地区棉花生产效率优势指数变化

新疆	陕西	四川	湖南	湖北	河南	山东	江西	安徽	江苏	山西	河北
-0.46	-0.85	-1.30	-0.33	-0.95	-0.24	0.00	0.25	-0.15	-1.08	0.15	-1.08

表1-45　1978—2017年各地区棉花生产效率优势与产量的相关关系

新疆	陕西	四川	湖南	湖北	河南	山东	江西	安徽	江苏	山西	河北
-0.20	0.33	0.81	0.28	0.37	0.38	0.23	0.76	0.53	0.67	0.25	-0.30

（七）基本结论

（1）稻谷的优势变化。1978—2017年，稻谷的规模优势除东北三省、江苏、安徽、湖南、湖北、宁夏外，均呈现下降趋势；而稻谷的效率优势除吉林、黑龙江、安徽、江西、河南和湖北外，均下降了。各省（自治区、直辖市）稻谷的规模优势与稻谷产量之间具有较高的相关系数（浙江除外），而大部分省（自治区、直辖市）的稻谷效率优势与产量之间呈现正相关关系，江苏、辽宁、湖北、宁夏的则为负相关关系。这表明各地的稻谷生产是建立在其规模优势和效率优势基础之上的，各地的稻谷生产体现了规模与效率两种优势的统一。

（2）小麦的优势变化。1978—2017年，小麦的规模优势除湖北、江苏、浙江、安徽、山东、河南、湖北和陕西外，均呈现下降趋势；而小麦的效率优势大部分省（自治区、直辖市）呈下降趋势，山西、内蒙古、安徽、湖北、湖南和云南的微弱上升。各省（自治区、直辖市）的小麦规模优势与小麦产量之间具有较高的相关系数（新疆除外），而大部分省（自治区、直辖市）的生产效率优势与产量之间呈现正相关关系，江苏、河北、河南、云南、陕西、新疆的为负相关关系。这表明小麦生产的集中趋势比较明显。

（3）玉米的优势变化。1978—2017年，玉米的规模优势仍然体现在北方省份，但有向西北转移的趋势。内蒙古、山西、甘肃、宁夏、陕西等的规模指数逐步提高，但这些省（自治区、直辖市）的效率优势除内蒙古、吉林外，均呈现下降趋势。这表明西北地区省份的玉米生产以规模扩大为主，而生产效率较低。

（4）油菜籽的优势变化。1978—2017年，油菜籽生产的规模优势在四川、江西、湖南、湖北、甘肃、重庆等得到了较大提高，而其他省（自治区、直辖市）都有不同程度的下降，表明油菜籽生产越来越集中的趋势；但效率优势仅在山东、安徽、云南、新疆、湖北等有所提高，而且优势不是很突出。

（5）大豆的优势变化。1978—2017年，大豆生产的规模优势除黑龙江、内蒙古有较大幅度提高外，其他省（自治区、直辖市）要么提高不多，要么下降；而生产效率优势指数除个别省份外，均为下降趋势。这表明我国的大豆生产除个别省（自治区、直辖市）外均失去了明显优势，与大豆的大量进口和高亏损有关。

（6）棉花的优势变化。1978—2017年，棉花的规模优势除新疆外均呈现下降趋势，棉花的效率优势除江西、山西和山东外均下降了；各地区棉花的规模优势与棉花产量之间具有较高的相关系数，而棉花的效率优势与产量之间呈现的是负相关关系。这表明棉花播种面积仍然是产量增加的重要因素，虽然单产有了一定的提高，但很多省（自治区、直辖市）从全国季度数据看，已不具有效率优势。

参考文献

[1] 刘宁宁，沈正平，简晓彬. 区域产业联动的主要机制研究 [J]. 商业时代，2008，(31)：91-92.

[2] 周留根. 农业生产力评价分析和优化系统研究 [D]. 南京：南京农业大学，2005.

[3] 陈栋生. 论区域经济：基本理论与操作运用 [J]. 财经问题研究，1990 (1).

[4] 马惠兰. 区域农产品比较优势理论研究与实证分析：以新疆种植业为例 [D]. 乌鲁木齐：新疆农业大学，2004.

[5] 石宏博. 区域经济优势与资源优化配置 [J]. 当代经济，2011，(16)：94-95.

[6] 日本"一村一品"经验借鉴 [EB/OL]. (2017-09-13) [2020-08-30]. http://www.mofcom.gov.cn/article/i/dxfw/cj/201709/20170902642905. shtml.

[7] 衣保中. 朝鲜移民与近代东北地区的水田技术 [J]. 中国农史，2002，21 (1)：37-46.

[8] 姚寿福. 专业化与农业发展 [M]. 成都：西南交通大学出版社，2011.

[9] 马克思. 资本论：第1卷 [M]. 2版. 北京：人民出版社，1973：509，552.

[10] 马克思，恩格斯. 马克思恩格斯全集：第25卷 [M]. 北京：人民出版社，1974.

[11] 马克思，恩格斯.马克思恩格斯选集：第1卷 [M].北京：人民出版社，1995.

[12] 列宁.俄国资本主义的发展 [M]//列宁.列宁全集：第3卷.北京：人民出版社，1972：276-278.

[13] 尼·米·安德烈耶娃.美国农业专业化 [M].北京：农业出版社，1979.

[14] 国务院办公厅.国务院关于印发全国主体功能区规划的通知（国发〔2010〕46号）[EB/OL].（2011-06-08）[2020-08-30]. http://www.gov.cn/zwgk/2011-06/08/content_1879180. htm.

[15] 约翰·冯·杜能.孤立国同农业和国民经济的关系 [M].吴衡康译.北京：商务印书馆，1986.

[16] 亚当·斯密.国富论 [M].杨敬年，译.西安：陕西人民出版社，2006.

[17] 阿林·杨格，贾根良.报酬递增与经济进步 [J].经济社会体制比较，1996（2）：52-57.

[18] 杨小凯.分工与专业化：文献综述 [M]//杨小凯.当代经济学与中国经济.北京：中国社会科学出版社，1997：62-84.

[19] 西奥多.W.舒尔茨.改造传统农业 [M].梁小民，译.北京：商务印书馆，1999.

[20] 西奥多·W.舒尔茨.报酬递增的源泉 [M].姚志勇，译.北京：北京大学出版社，2001.

[21] 西奥多·W.舒尔茨.论人力资本投资 [M].吴珠华，等译.北京：北京经济学院出版社，1990.

第二章　稻谷区域专业化发展与空间变化

　　中国是世界上最早进行人工栽培水稻的国家。从全球看，人工栽培稻有亚洲稻和非洲稻两种。但非洲稻的栽培时间比亚洲稻晚很多。目前已知的最早非洲栽培稻可追溯到 3 500 年前，考古学家认为起源于非洲西部的尼日利亚。亚洲栽培稻要比非洲稻历史更为久远。长期以来学术界大多认为印度是亚洲稻的起源中心。印度曾发现过公元前两千多年的人工栽培稻遗存，20 世纪 70 年代又发现公元前六千至公元前四千多年的人工稻遗址。而我国河姆渡遗址和浙江桐乡罗家角遗址出土的人工稻谷距今七千年左右。1988 年，我国考古工作者又在湖南澧县彭头山发现了更早的炭化稻谷遗迹，距今八千年至九千年。后来，考古工作者又在湖南道县发现了距今约一万年的玉蟾岩人工栽培水稻。因此，目前比较一致的看法是，我国是水稻的发源地，水稻在中国广为栽种后，逐渐向西传播到印度，中世纪引入欧洲南部。但也有一些学者认为，中国和印度都应是亚洲稻的主要起源中心之一。

　　中国水稻栽培历史已有 14 000~18 000 年。史记中记载大禹时期曾广泛种植水稻，在神农氏和黄帝氏族部落的原始社会就开始播种五谷，稻被列为五谷之一。《史记·夏本纪》："禹令益予众庶稻可种卑湿。"此为最早记载。大禹命令伯益给大家分发水稻种子，种在水田里，还命令后稷（周的先人）给大家分发食物，他还命令食物有多余的地方分给食物少的地方。

　　水稻在全球的分布范围很广。中国、日本、朝鲜半岛、东南亚、南亚、地中海沿岸、美国东南部、中美洲、大洋洲和非洲部分地区等均种植水稻。可以说，除了南极洲、北极洲之外，世界各地几乎都有水稻种植。

第一节　我国稻谷生产情况

一、我国稻谷生产历史

我国是世界上水稻起源的中心。在全国各地发现的新石器时期原始社会遗址中，所保存下来的炭化稻谷就足以证明。其中，很多炭化稻粒形态还保存得相当完好，给研究水稻的起源和进化程度提供了可靠的依据。历史学家认为，稻谷的栽培，大约开始于旧石器时期的晚期，即中石器时期，稻谷由野生到栽培的发展进程不少于 1 万年。考古发现，大约距今 7 000 年前，我国长江流域下游已经栽培着比较优良的水稻品种。

1921 年，考古工作者在河南渑地仰韶村新石器遗址发现稻遗存，C14 测定为距今 5 000 年前。1955 年，考古工作者在安徽大城墩新石器遗址烧土层中发现稻粒结块。1955 年，考古工作者在湖北省京山县屈家岭、天门县石家河及武昌洪山三处新石器遗址发现烧土中混合有大量稻壳，距今 4 000~5 000 年。1956 年，考古工作者在云南省剑川县海门口、宾川县白羊村和元谋县大墩子新石器遗址烧土层中发现炭化稻粒。其中，宾川遗址经 C14 测定为距今 3 700 多年。1957 年，考古工作者在安徽省境内的新石器遗址发现炭化稻谷，经 C14 测定为距今 5 700 多年。1956—1960 年，考古工作者在云南省昆明滇池周围十多处新石器遗址发现很多红陶片上存谷壳印痕。1956—1958 年，考古工作者发掘浙江省吴兴县钱山漾遗址，发现水稻种子，经鉴定有粳稻和籼稻，经 C14 测定年代，距今 4 700 多年。1974 年，考古工作者在浙江省余姚县河姆渡新石器遗址发现大量籼稻谷粒，经 C14 测定年代，距今 7 000 年。上述各遗址炭化稻谷年代为新石器早期到晚期，即距今 4 000~7 000 年。这些稻种的共同特点和现在的籼、粳稻品种很相似。由此说明我国稻种栽培有相当悠久的历史。

关于稻种的传播，我们可以追溯到 3 000 多年前的殷周时期。在河南渑池仰韶村遗址和淅川黄楝树遗址中出土的稻种，距今有 5 000 多年的历史。可见中国在夏商时代的黄河流域中下游一带已广泛种植水稻，至周代而益盛。这时中国与某些邻国已有往来，如周初"武王封箕子于朝鲜而不臣也"（《尚书·洪范》），又如"越裳氏重三译而来"（《通鉴辑览·周成王》）。这可能是中国与朝鲜、越南正式往来的开始。当时我国北方与朝鲜毗连地区和我国南方滇、桂等地与越南接壤地区，两地人民早有往来，在相互交流农作物种子的同时，把我国北方的粳稻传到朝鲜，把南方的籼稻传到越南。2 000 年前，我国水稻东传日本。1 000 年前，我国水稻传到菲律宾。公元前 15 世纪前后，定居在印度河盆地和恒河上游的居民还不知道水稻；公元前 1000 年，印度梨俱吠陀还未见有稻谷的记载；公元前 10 世纪初，印度开始在恒河流域栽培稻谷，其栽培稻谷的历史要比我国晚。

我国栽培水稻的历史悠久，稻谷的品种也最多。新中国成立后，政府组织农业科技人员开展全国性的农家水稻和野生稻品种调查，收集、保存、研究、利用的已编入《全国稻种资源目录》的资料达 29 939 份。1979 年以后，全国各地又进行补充，经几十年不断收集，其总数已相当可观。

我国稻种中，地方品种资源占 77%；优质稻米和香米、紫米等珍贵稀有品种约占 10%；还有一部分是新中国成立后培育的新品种和从国外引进的品种。我国的野生稻品种很多，分布在福建、广东、云南等 7 个省（自治区、直辖市）的 140 个县。多数野生稻米品质优良，有的可供食用，有的可供药用，并能抵抗白叶枯病和稻飞虱，是培育杂交品种的理想亲本。我国水稻种植类型及地区分布见表 2-1。

表 2-1　我国水稻种植类型及地区分布

稻作类型	地区范围
华南双季稻稻作区	位于南岭以南，我国最南部，包括闽、粤、桂、滇的南部及台湾地区、海南省和南海诸岛全部
华中双季稻稻作区	东起东海之滨，西至成都平原西缘，南接南岭，北毗秦岭、淮河，是我国最大的稻作区
西南高原单双季稻稻作区	位于云贵高原和青藏高原
华北单季稻稻作区	位于秦岭、淮河以北，长城以南，关中平原以东，包括京、津、冀、鲁和晋、陕、苏、皖的部分地区
东北早熟单季稻稻作区	位于辽东半岛和长城以北，大兴安岭以东，以及内蒙古东北部
西北干燥区单季稻稻作区	位于大兴安岭以西，长城、祁连山与青藏高原以北

2016 年，中国工程院院士袁隆平在海南省三亚市召开的首届国际海水稻学术论坛上宣布启动海水稻研究。2017 年我国利用培育出的耐盐碱杂交稻组合在不同盐碱度的土壤、不同生态区进行了栽培试验。例如，2017 年，我国在山东即墨区试种了 120 亩（1 亩约等于 666.67 平方米，下同）"湘两优 900"，土壤盐碱度在 0.6% 左右，验收亩产量达 396 千克；在青岛小面积试种杂交海水稻，初步测产每亩 620 千克，显示出了杂交海水稻在海水稻研究中的优势；

2018 年，湖南杂交水稻研究中心团队采用常规技术结合分子育种，获得了一批产量较高、抗性较好的耐盐新组合[1]。2010 年，在袁隆平院士亲自安排下，湖南杂交水稻研究中心团队已在内蒙古兴安盟、黑龙江肇源、吉林大安、辽宁盘锦等全国 10 个省（自治区、直辖市）部署耐盐碱新品种示范基地，部分示范基地现已完成播种[2]。我国有 15 亿亩盐碱地，是我国未来极为重要的后备耕地资源，如果能把其中的 1 亿亩改造成水稻田，按每亩产量 300 千克估算，则有望每年能增加养活 8 000 多万人口的粮食产量。这不仅是项功在当代、利在千秋的重大创新工程，也将改变我国的水稻空间分布。

全球现有 6% 以上陆地面积受盐碱危害。可耕地中，19.5% 的水田和 2.1% 的旱地已受盐碱危害。在东南亚国家，每年有上百万公顷的适宜水稻种植土地，因盐碱化而被弃种。由于气候变化、海平面提升、排灌系统不合理，以及底层岩石富含有害盐分，全球盐渍化土地面积仍将不断扩大[2]。因此，耐盐水稻的研发对全球的粮食安全具有重要意义。

二、1949 年以来我国稻谷生产情况

水稻是我国的主要粮食作物之一，在国民经济中占有极其重要的地位。我国历来重视水稻生产。1949 年以来，我国水稻生产得到了快速发展。1949 年，我国稻谷产量为 4 864.8 万吨，2018 年增加到 21 212.9 万吨，2018 年比 1949 年增长了 336.05%，年均增长 2.13%（见图 2-1）。从增长阶段看，1949—1957 年为增长时期，由 4 846.8 万吨增加到 8 678 万吨，增长了 79.05%，总产量增加了 3 831.2 万吨；1958—1961 年为下降阶段，到 1961 年下降到 5 364.8 万吨，比 1957 年下降了 38.18%，总产量减少了 3 313.2 万吨；1962 年后又进入增长阶段，到 1997 年增长到 20 073.48 万吨，增长了 274.17%，总产量增加了 14 708.68 万吨；1998 年后进入下降时期，到 2003 年下降到 16 065.56 万吨，比 1997 年减少了 19.97%，总产量减少 4 007.92 万吨；2004 年开始进入较长时期的增长阶段，由 2003 年的 16 065.56 万吨增加到 2017 年的 21 267.559 万吨，但 2018 年又略有下降，减少了 0.257%。1949—1977 年年均增长率为 3.41%，1978—2017 年年均增长率为 1.11%。

1949—2018 年的稻谷播种面积变化趋势比产量变化趋势平稳，产量和播种面积的变异系数分别为 0.08 和 0.36。1949—2018 年，2018 年的播种面积为 30 189.45 千公顷①，比 1949 年增加了 4 480.95 千公顷，仅增长了 17.43%，年

---

① 千公顷，即 10^3 公顷，千公顷单位多引自历年中国农业统计年鉴，下同。

均增长 0.23%。1949—1956 年，播种面积呈现不断增加趋势，1956 年较 1949 年增加了 7 603.3 千公顷，增长了 29.58%。但自 1957 年开始逐步减少，到 1962 年减少到 26 934.5 千公顷，减少了 6 377.3 千公顷。1963 年开始恢复增长，到 1976 年增加到 36 217.4 千公顷，达到历史新高，较 1962 年增加了 9 282.9千公顷。1977 年又呈现震荡减少趋势，到 2003 年减少到26 507.83千公顷，低于 1962 年的种植规模，比 1976 年减少了 9 709.57 千公顷。2004 年以来播种面积虽然有所增加，但幅度不大，到 2018 年增加到 30 189.45 千公顷，仅增加了 3 681.62 千公顷（见图 2-2）。

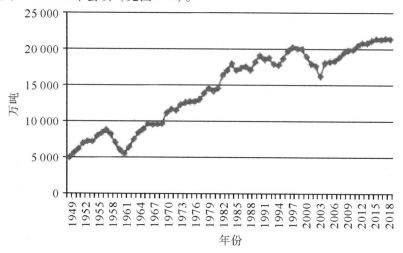

图 2-1　1949—2018 年我国稻谷产量变化趋势

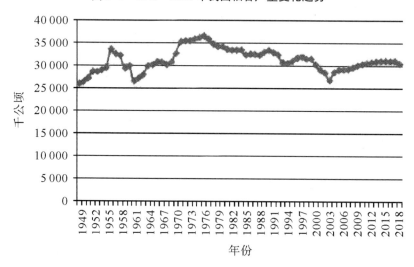

图 2-2　1949—2018 年我国稻谷播种面积变化趋势

1949—2018年，在稻谷播种面积仅增长17.43%的情况下，总产量增长了336.05%，即在增加播种面积4 480.95千公顷的情况下，稻谷产量增加了16 348.1万吨，增加的播种面积每公顷贡献36.48吨（见图2-3），或者说单位面积产量得到了很大的提高。从图2-1和图2-3的比较中可以看出，总产量的增长趋势与单位面积产量的增长趋势是一致的。稻谷的单位面积产量在1949—1957年呈现逐步提高趋势，由1 892.29千克/公顷提高到1957年的2 691.6千克/公顷，即与1949年比较，1957年的每公顷产量比1949年提高了799.31千克，单产增长了42.24%；到1960年虽然下降到2 017.52千克/公顷，但1961年后基本呈现提高趋势。与1949年比较，2018年每公顷的稻谷产量提高了5 134.3千克，较1949年增长了271.33%。单产水平的大幅度提高是水、肥、土、热、种子、管理技术等各类因素综合作用的结果。

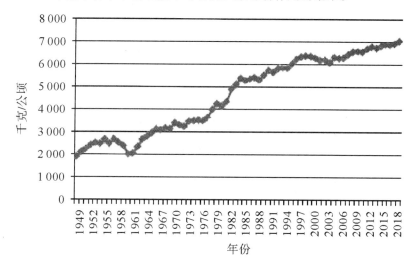

图2-3　1949—2018年我国稻谷单产变化趋势

三、我国稻谷生产在全球的地位

大米是我国居民的重要主食，我国的稻谷生产历史悠久，在世界稻谷生产中占有重要的地位。从稻谷产量来看，1949年我国稻谷产量占世界总产量的比重为31.80%，此后几年迅速提高，到1957年提高到70.96%，1958—1961年的稻谷产量虽大幅度下降了37.41个百分点，但到1961年仍然占世界总产量的33.55%。1962年之后的稻谷产量呈现震荡走高趋势，到1974年提高到60.47%，1975年以来则呈现单边下降趋势，到2017年下降到27.63%，达到1949年以来的最低点。我国稻谷单位面积产量和总产量虽然不断呈现增长趋势，但由于播种面积大幅度减少，稻谷生产不足以满足国内需求，2011 年之前的大米年进口量基本维持在 50 万吨左右，但 2012 年开始进口量大幅度增加，2012 年进口量猛增到 236.86 万吨，到 2018 年高达 307.7 万吨（见图 2-4）。

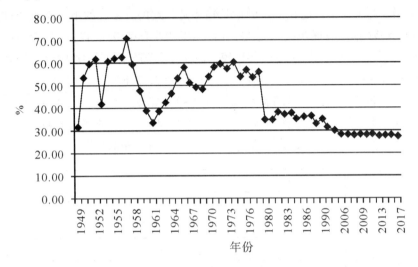

图 2-4 1949—2017 年我国稻谷产量占全球产量比重变化趋势

第二节 我国稻谷主产区的空间变化

一、改革开放之前中国稻谷生产布局变迁的特征

（一）稻谷产量集中度的变化

在 1978 年之前，我国 15 个主要稻谷生产省（自治区、直辖市）的产量占全国总产量的比重如表 2-2 所示。由表 2-2 可知，1950—1978 年，在 15 个主要稻谷生产省（自治区、直辖市）中，有 7 个省（自治区、直辖市）的稻谷产量占全国的比重是下降的。其中，四川的稻谷产量占全国的比重由 1950 年的 16.50% 下降到 1978 年的 10.45%，下降了 6.05 个百分点，陕西下降了 3.25 个百分点，贵州下降了 1.67 个百分点，云南下降了 1.26 个百分点，广东下降了 1.01 个百分点。有 8 个省（自治区、直辖市）的稻谷产量占全国的比重是上升的，湖南由 1950 年的 12.29% 提高到 1978 年的 13.70%，提高了 1.41 个百分点，辽宁提高了 1.40 个百分点，江苏提高了 1.39 个百分点。名列前 10

位的稻谷主产省（区）的合计集中度由 1950 年的 87.31% 下降到 1978 年的 86.62%，下降了 0.69 个百分点；但名列前 5 位的稻谷主产省（自治区、直辖市）的合计集中度由 1950 年的 56.99% 下降到 1978 年的 52.69%，下降了 4.30 个百分点。由此可以看出，在 1978 年之前，稻谷生产的集聚程度有所降低。

表 2-2　1950—1978 年 15 个主要稻谷生产
省（区）产量占全国比重变化　　　　　单位:%

1950 年		1955 年		1960 年		1970 年		1978 年		1978 年较 1950 年的变化	
四川	16.50	四川	15.24	广东	13.64	广东	12.04	湖南	13.70	湖南	1.41
湖南	12.29	湖南	12.69	湖南	11.96	湖南	11.99	四川	10.45	四川	-6.05
广东	11.37	广东	11.55	四川	11.74	四川	11.32	广东	10.36	广东	-1.01
湖北	8.86	湖北	7.88	江西	9.65	江西	9.94	江苏	9.36	江苏	1.39
江苏	7.97	江苏	7.54	浙江	8.56	浙江	8.34	湖北	8.82	湖北	-0.04
江西	7.61	浙江	7.52	湖北	8.10	湖北	8.27	浙江	8.70	浙江	1.09
浙江	7.44	江西	7.31	江苏	7.70	江苏	8.23	江西	7.88	江西	0.27
广西	5.78	安徽	6.96	广西	5.66	广西	6.24	广西	6.66	广西	-0.78
安徽	5.22	广西	5.82	安徽	5.08	安徽	5.72	安徽	6.26	安徽	0.48
福建	4.27	云南	3.99	福建	4.34	福建	4.24	福建	4.43	福建	-0.79
云南	4.11	福建	3.73	云南	4.15	云南	3.36	云南	3.01	云南	-1.26
贵州	3.85	贵州	3.72	贵州	3.00	贵州	2.61	贵州	2.44	贵州	-1.67
陕西	0.73	黑龙江	0.73	吉林	0.80	辽宁	1.36	辽宁	1.82	辽宁	1.40
河南	0.64	吉林	0.66	陕西	0.62	吉林	0.87	吉林	0.89	吉林	0.35
黑龙江	0.54	辽宁	0.64	黑龙江	0.61	陕西	0.61	陕西	0.60	陕西	-3.25

（二）稻谷播种面积集中度的变化

在 1978 年之前，我国 15 个主要稻谷生产省（区）的播种面积占全国稻谷播种面积的比重如表 2-3 所示。由表 2-3 可知，1950—1978 年，在 15 个主要稻谷生产省（自治区、直辖市）中，有 6 个省（自治区、直辖市）的稻谷播种面积占全国稻谷播种面积的比重是下降的。其中，广东的稻谷播种面积占全国的比重由 1950 年的 18.08% 下降到 1978 年的 12.57%，下降了 5.51 个百分点，四川下降了 3.85 个百分点，福建、贵州、云南、河南也有小幅度下降。有 9 个省（自治区、直辖市）的稻谷播种面积占全国稻谷播种面积的比重是上升的，湖南由 1950 年的 9.88% 提高到 1978 年的 13.14%，提高了 3.26 个百分点，湖北提高了 1.49 个百分点，浙江提高了 1.35 个百分点，江西提高了

1.09 个百分点，其他省（自治区、直辖市）提高幅度较小。名列前 10 位的稻谷主产省（自治区、直辖市）的合计播种面积集中度由 1950 年的 88.75% 下降到 1978 年的 87.86%，下降了 0.89 个百分点；但名列前 5 位的稻谷主产省（自治区、直辖市）的合计集中度由 1950 年的 57.30% 下降到 1978 年的 53.02%，下降了 4.28 个百分点。由此可以看出，在 1978 年之前，稻谷播种面积的集聚程度也有所降低。

表 2-3　1950—1978 年 15 个主要稻谷生产
省（自治区、直辖市）播种面积占全国比重变化　　　单位:%

1950 年		1955 年		1960 年		1970 年		1978 年		1978 年较 1950 年的变化	
广东	18.08	广东	16.75	广东	14.24	湖南	13.11	湖南	13.14	湖南	3.26
四川	12.93	湖南	11.77	湖南	13.02	广东	12.91	广东	12.57	广东	-5.51
湖南	9.88	四川	11.58	江西	10.85	江西	10.28	江西	9.82	江西	1.09
江西	8.73	江西	9.46	四川	9.45	四川	10.04	四川	9.08	四川	-3.85
广西	7.68	广西	7.55	浙江	7.50	广西	8.26	湖北	8.41	湖北	1.49
江苏	7.09	安徽	6.91	湖北	7.14	湖北	8.19	广西	8.40	广西	0.72
湖北	6.92	湖北	6.75	广西	6.88	浙江	7.58	江苏	7.73	江苏	0.64
安徽	6.04	江苏	6.67	安徽	6.73	江苏	6.31	浙江	7.27	浙江	1.35
浙江	5.92	浙江	5.9	江苏	6.61	安徽	6.04	安徽	6.53	安徽	0.49
福建	5.48	福建	4.65	福建	4.76	福建	4.53	福建	4.91	福建	-0.57
云南	3.25	云南	3.38	云南	3.03	云南	3.26	云南	3.02	云南	-0.23
贵州	3.10	贵州	2.97	贵州	2.22	贵州	2.37	贵州	2.31	贵州	-0.79
河南	1.39	河南	1.57	河南	1.54	河南	1.45	河南	1.25	河南	-0.14
上海	0.86	上海	0.75	黑龙江	1.04	辽宁	1.19	吉林	0.82	吉林	0.44
辽宁	0.47	辽宁	0.62	辽宁	0.95	上海	1.00	黑龙江	0.65	黑龙江	0.15

从前面的分析可以看出，我国的稻谷生产主要集中在南方地区，北方地区所占比例很小，而且在南方地区中，1970 年之前一直是广东名列第一，之后则是湖南名列第一。1950—1978 年，从产量看，变化最大的是四川、陕西和湖南；但从前五位的产量集中度看，几乎没有变化；从播种面积看，变化最大的是湖南、广东和四川；但从前五位的播种面积集中度看，变化很小。

二、改革开放以来中国稻谷生产布局变迁的特征

（一）稻谷产量集中度的变化

1978—2016 年，湖南的稻谷产量占全国的比重一直占据第一位，成为我国最重要的稻谷产区，但 2017 年被黑龙江超越。在 20 世纪六七十年代，一直占据第一位的广东到了 20 世纪 70 年代退居第二位，2000 年后又退居第九位。在 20 世纪 50 年代位居第一位的四川省，到 60 年代退居第三位，自 1980 年起退居第四位，2010 年后下降到第五位，目前位居第六位。在改革开放之前，一直在第三位、第六位徘徊的江西，在改革开放后一直位居第三位或第四位。改革开放之前波动幅度较大的江苏在改革开放后一直稳居第三位，目前位居第五位。湖北省的稻谷生产在改革开放前大致保持在第四到第六位，改革开放以来已由第七位升至第四位（见表 2-4）。前 10 个主产省（自治区、直辖市）的稻谷产量占全国总产量的比重在 1980 年为 84.77%，到 2017 年下降到 81.73%，下降了 3.04 个百分点；但前 5 个主产省（自治区、直辖市）的稻谷产量占全国总产量的比重由 1980 年的 51.40% 提高到了 54.11%，提高了 2.73 个百分点。由此可见，稻谷生产的地区专业化程度呈现上升趋势。

表 2-4　1980—2018 年 15 个主要稻谷生产
省（自治区、直辖市）产量占全国比重变化　　单位:%

1980 年		1985 年		1990 年		1995 年		2000 年		2005 年		2010 年		2013 年		2018 年	
湖南	13.88	湖南	13.87	湖南	13.04	湖南	13.16	湖南	12.73	湖南	12.72	湖南	12.80	湖南	12.58	黑龙江	12.66
广东	11.6	广东	9.26	广东	8.86	广东	7.94	广东	7.57	江苏	9.45	江西	9.49	黑龙江	10.91	湖南	12.61
江苏	8.78	江苏	9.72	江苏	9.02	江苏	9.71	江苏	9.59	江西	9.23	黑龙江	9.42	江西	9.84	江西	9.86
江西	8.49	江西	8.75	江西	8.39	江西	8.03	江西	7.94	湖北	8.50	江西	9.24	江苏	9.44	湖北	9.27
四川	8.63	四川	8.68	四川	8.98	四川	8.95	四川	8.70	四川	8.34	湖北	7.96	湖北	8.23	江苏	9.23
浙江	8.41	浙江	8.05	浙江	6.98	浙江	6.58	浙江	5.27	安徽	6.93	四川	7.72	四川	7.61	安徽	7.93
湖北	7.42	湖北	9.32	湖北	9.45	湖北	9.34	湖北	7.97	广西	6.47	安徽	7.07	安徽	6.69	四川	6.97
广西	7.2	广西	5.85	广西	6.34	广西	6.8	广西	6.53	黑龙江	6.21	广西	5.73	广西	5.68	广东	4.87
安徽	5.53	安徽	6.9	安徽	7.08	安徽	6.86	安徽	6.50	广东	6.19	广东	5.42	广东	5.13	广西	4.79
福建	4.83	福建	4.04	福建	3.86	福建	3.91	福建	3.37	云南	3.58	浙江	3.31	云南	3.28	吉林	3.05
云南	2.77	云南	2.87	云南	2.73	云南	2.76	云南	3.02	浙江	3.57	云南	3.15	浙江	2.85	云南	2.49
贵州	2.32	贵州	1.92	贵州	1.9	贵州	2.3	贵州	2.54	福建	2.92	吉林	2.90	吉林	2.77	重庆	2.30
辽宁	1.68	辽宁	1.56	辽宁	1.95	辽宁	1.41	辽宁	2.01	重庆	2.89	重庆	2.65	辽宁	2.49	河南	2.36
吉林	0.77	吉林	1.09	吉林	1.53	吉林	1.6	吉林	1.99	吉林	2.62	河南	2.39	重庆	2.44	浙江	2.25
黑龙江	0.57	黑龙江	0.97	黑龙江	1.66	黑龙江	2.54	河南	1.70	贵州	2.62	辽宁	2.32	河南	2.39	贵州	1.98

但从不同的省（自治区、直辖市）来看，1980—2018 年，黑龙江、江西、湖北、江苏、安徽、吉林、辽宁、河南的稻谷产量占全国的比重呈上升趋势。其中，黑龙江提高了 12.09 个百分点，成为我国第一大稻谷主产区；湖北提高

了 1.85 个百分点;江西提高了 1.37 个百分点;安徽提高了 2.40 个百分点;广东下降了 6.73 个百分点;浙江下降了 6.16 个百分点;福建下降了 2.95 个百分点;广西下降了 2.41 个百分点;四川下降了 1.66 个百分点(见表 2-5)。

表 2-5　2018 年较 1980 年各地区稻谷产量占全国比重变化　　单位:%

湖南	广东	江苏	江西	四川	浙江	湖北	广西	安徽	福建	云南	贵州	辽宁	吉林	河南	黑龙江
-1.27	-6.73	0.45	1.37	-1.66	-6.16	1.85	-2.41	2.40	-2.95	-0.28	-0.34	0.29	2.28	1.13	12.09

(二)稻谷播种面积集中度的变化

1980 年以来,各省(自治区、直辖市)稻谷播种面积占全国总播种面积比重的变化与稻谷产量的变化趋势基本一致。1980 年以来,湖南一直占据第一位,占全国的比重由 1980 年的 13.02% 提高到 2018 年的 13.28%;广东省 1985 年之后一直呈现下降趋势,由 1980 年的第二位下降到 2018 年的第八位;江西仍然位列第三位;四川由第四位下降到第七位;其他省份的变化不大。变化最大的是黑龙江,1980 年稻谷播种面积占全国的比重为 0.62%,到 2000 年提高到 5.36%,到 2017 年则提高到了 12.84%,2018 年略有下降,但仍然高达 12.53%(见表 2-6)。与 1980 年比较,到 2018 年,黑龙江提高了 12.38 个百分点,江西、安徽、吉林都提高了 1 个多百分点。下降最多的是广东,下降了 6.37 个百分点;其次是浙江,下降了 5.26 个百分点;四川和福建分别下降了 2.89 和 2.93 个百分点(见表 2-7)。

表 2-6　1980—2018 年 15 个主要稻谷生产

省(自治区、直辖市)播种面积占全国比重变化　　单位:%

1980 年		1985 年		1990 年		1995 年		2000 年		2005 年		2010 年		2015 年		2018 年	
湖南	13.02	湖南	13.24	湖南	13.22	湖南	13.28	湖南	13.00	湖南	13.16	湖南	13.39	湖南	13.36	湖南	13.28
广东	12.29	广东	11.24	江西	9.96	江西	9.81	江西	9.45	江西	10.85	江西	11.03	江西	10.86	黑龙江	12.53
江西	9.99	江西	10.18	广东	9.61	四川	9.77	广东	8.24	广西	8.18	黑龙江	9.20	黑龙江	10.23	江西	11.38
四川	9.10	四川	9.76	四川	9.45	广东	8.78	广西	7.68	江苏	7.66	安徽	7.46	江苏	7.44	安徽	8.43
江苏	8.20	湖北	7.92	湖北	7.97	广西	7.87	安徽	7.47	广东	7.41	江苏	7.42	安徽	7.26	湖北	7.92
广西	8.16	广西	7.71	广西	7.69	湖北	7.83	江苏	7.35	安徽	7.45	广西	6.96	湖北	7.11	江苏	7.34
湖北	7.99	江苏	7.58	江苏	7.42	江西	7.32	四川	7.09	四川	7.24	湖北	6.77	四川	6.47	四川	6.21
浙江	7.42	浙江	7.45	浙江	7.21	安徽	7.01	湖北	6.66	湖北	7.20	四川	6.66	广西	6.13	广东	5.92
安徽	6.61	安徽	6.67	安徽	6.99	浙江	6.95	黑龙江	5.36	黑龙江	5.72	广东	6.49	广东	6.13	广西	5.81
福建	4.98	福建	4.61	福建	4.57	福建	4.57	浙江	5.33	云南	3.64	云南	3.39	浙江	3.69	云南	2.81
云南	3.03	云南	3.35	云南	3.10	云南	3.06	福建	4.08	浙江	3.57	浙江	3.07	云南	2.67	吉林	2.78
贵州	2.29	贵州	2.41	贵州	2.24	黑龙江	2.72	云南	3.58	福建	3.30	福建	2.84	福建	2.56	贵州	2.23
河南	1.23	辽宁	1.50	黑龙江	2.04	贵州	2.41	重庆	2.59	吉林	2.27	重庆	2.27	吉林	2.47	重庆	2.17
辽宁	1.14	河南	1.36	辽宁	1.64	辽宁	1.54	贵州	2.50	贵州	2.50	辽宁	2.25	重庆	2.24	浙江	2.16
吉林	0.75	黑龙江	1.22	河南	1.33	河南	1.47	吉林	1.95	辽宁	1.97	吉林	2.24	贵州	2.19	河南	2.06

表 2-7　2018 年较 1980 年各地区稻谷播种面积占全国比重变化

单位:%

黑龙江	湖南	广东	江西	四川	江苏	广西	湖北	浙江	安徽	福建	云南	贵州	河南	辽宁	吉林
12.38	0.26	-6.37	1.39	-2.89	-0.86	-2.35	-0.07	-5.26	1.82	-2.93	-0.22	-0.06	0.83	0.48	2.03

第三节　我国稻谷主产区空间变化的影响因素

一、全国稻谷产量与有关影响因素的关系

(一) 稻谷产量与有关影响因素的相关性

从稻谷产量与有关影响因素的相关关系看，1978—2017 年，稻谷产量与有关影响因素的相关程度都不太高，其中稻谷产量与第一产业就业人数呈较强的负相关关系。这表明农村剩余劳动力较多，与受灾面积和成灾面积具有较强的负相关关系，意味着在稻谷产量增加的情况下，自然灾害所造成的受灾和成灾面积在减少，主要得益于农田基本建设的成果。稻谷产量与其他因素均具有正相关关系，与农业技术人数的相关程度较低（见表 2-8）。

1978—1990 年，由于稻谷生产的机械化程度很低，劳动力的多少对稻谷生产影响较大，因此稻谷产量与第一产业就业人数（以下简称"一产就业"）呈较强的正相关关系，与农机动力、用电量呈较强的正相关关系。稻谷产量与化肥的相关系数高达 0.924，表明化肥在这一时期对产量增加具有重要的作用。稻谷产量与人均地区生产总值的相关系数达 0.808，表明经济增长对稻谷生产具有反哺作用，即经济增长，农户收入增加，有条件增加农机动力、电力和化肥的投入稻谷产量与交通条件也呈较强的正相关关系。但在这一时期，稻谷产量与播种面积呈负相关关系，与该时期的播种面积逐年下降有关，由于单产的提高，由 1978 年的每公顷 3 798.11 千克提高到 1990 年的 5 726.12 千克，提高了 1 748.01 千克，加上这一时期的自然灾害不太严重，因此虽然播种面积减少了，但总产量仍然增加了很多。另外从相关系数可以看出，农业技术人员数量对稻谷产量虽然具有正向影响，但相关性不强（见表 2-9）。

1991—2000 年，稻谷产量与第一产业劳动力呈较强的负相关关系，表明随着水稻种植机械化水平的不断提高，农业劳动力剩余较多，与农业技术人数、有效灌面等的相关性较前一个时期有所增强。稻谷产量与播种面积呈现较强的正相关关系，这一时期，单位面积的产量的提高幅度不大，因此需要增加

播种面积，进一步提高产量。稻谷产量与农机动力、化肥、用电量等的相关程度较前一个时期有所降低（见表2-10）。

2001—2010年，稻谷产量与第一产业劳动力呈更强的负相关关系，表明机械化程度提高后，劳动力剩余情况更为严重了，与播种面积的相关程度进一步提高，因为这一时期的单产仅提高了389.63千克，因此需要进一步增加播种面积来增加产量；与有效灌面、农机动力、化肥、用电量、塑料薄膜、柴油、农药等的相关关系较前一个时期有所增强；与受灾面积和成灾面积呈现较强的负相关关系，表明该时期的自然灾害较为严重，但与农业技术人数的相关性降低了（见表2-11）。

2011—2017年，稻谷产量与第一产业劳动力的负相关关系进一步增强，达到了-0.960；与有效灌面、塑料薄膜、农业投资等的正相关性进一步增强；因此也与经济增长的关系进一步增强；与播种面积、化肥、农业技术人数、柴油特别是农机动力的相关性较前期有所减弱，特别是与农药的关系转为负相关，表明农药的作用在降低；与受灾面积呈现很强的负相关关系，表明这一时期的自然灾害较为严重（见表2-12）。

表2-8　1978—2017年全国稻谷产量与有关因素的相关系数

播种面积	一产就业	农机动力	有效灌面	化肥	用电量	水库数	塑料薄膜	柴油
0.761	-0.809	0.642	0.721	0.667	0.691	0.757	0.633	0.518
农药	受灾面积	成灾面积	农技人员	农固投资	铁路里程	公路里程	人均地区生产总值	
0.626	-0.713	-0.712	0.322	0.744	0.739	0.631	0.759	

注：为表达方便，第一产业就业人数简称"一产就业"，农业技术人员简称"农技人员"，农业固定资产投资简称"农固投资"，化肥施用量简称"化肥"，农药施用量简称"农药"，下同。

表2-9　1978—1990年全国稻谷产量与有关因素的相关系数

播种面积	一产就业	农机动力	有效灌面	化肥	用电量
-0.693	0.810	0.879	0.247	0.924	0.866
受灾面积	成灾面积	农技人员	铁路里程	公路里程	人均地区生产总值
-0.294	-0.248	0.159	0.895	0.837	0.808

表2-10　1991—2000年全国稻谷产量与有关因素的相关系数

播种面积	一产就业	农机动力	有效灌面	化肥	用电量	水库数	塑料薄膜	柴油
0.843	-0.831	0.628	0.667	0.854	0.692	0.331	0.748	0.705

表2-10（续）

播种面积	一产就业	农机动力	有效灌面	化肥	用电量	水库数	塑料薄膜	柴油
农药	受灾面积	成灾面积	农技人员	农固投资	铁路里程	公路里程	人均地区生产总值	
0.807	-0.099	-0.056	0.753	0.531	0.814	0.308	0.763	

表 2-11　2001—2010 年全国稻谷产量与有关因素的相关系数

播种面积	一产就业	农机动力	有效灌面	化肥	用电量	水库数	塑料薄膜	柴油
0.964	-0.899	0.876	0.900	0.883	0.848	0.802	0.856	0.753
农药	受灾面积	成灾面积	农技人员	农固投资	铁路里程	公路里程	人均地区生产总值	
0.884	-0.526	-0.648	0.561	0.841	0.821	0.828	0.882	

表 2-12　2011—2017 年全国稻谷产量与有关因素的相关系数

播种面积	一产就业	农机动力	有效灌面	化肥	用电量	水库数	塑料薄膜	柴油
0.856	-0.960	0.281	0.938	0.737	0.920	0.778	0.875	0.484
农药	受灾面积	成灾面积	农技人员	农固投资	铁路里程	公路里程	人均地区生产总值	
-0.588	-0.867	-0.343	0.481	0.934	0.964	0.951	0.930	

（二）稻谷产量与有关影响因素的回归分析

由于播种面积、第一产业就业人数、农机动力、有效灌面、化肥、用电量、水库数、塑料薄膜、农药、受灾面积、成灾面积、农业技术人数、农业固定资产投资、铁路里程、公路里程及人均地区生产总值与稻谷产量有较强的相关关系，经过多元回归，我们只确定了 1978—2017 年全国稻谷产量与播种面积、受灾面积的回归结果（见表 2-13）。由回归结果可知，播种面积、受灾面积对稻谷产量的影响均显著，但受灾面积的边际影响较小。

为进一步了解各因素对稻谷产量的影响，我们进行了简单的回归分析。由表 2-14 的回归结果可知，各因素对稻谷产量影响的显著性（检验的显著性水平为 0.05）由强到弱依次为播种面积、受灾面积、成灾面积、有效灌面、化肥、人均地区生产总值、农业固定资产投资、铁路里程、用电量、农机动力、水库数，其他因素均不具有统计上的显著性。检验的显著性水平为 0.1 时，农药的影响在统计上显著。各因素对稻谷产量的边际影响由大到小依次为农药、柴油、化肥、播种面积、用电量、有效灌面、水库数、农业固定资产投资、人均地区生产总值、农机动力，而受灾面积、成灾面积的边际影响都比较小。

表 2-13　1978—2017 年全国稻谷产量与播种面积、受灾面积的回归结果

截距项	播种面积	受灾面积	R^2	R^2	F	D. W
−1 417.57（−0.531）	0.769（9.367）	−0.035（−4.49）	0.974	0.972	438.74	1.77

注：括号内为 t 统计量，检验的显著性水平为 0.05。

表 2-14　1978—2017 年全国稻谷产量与有关因素的回归结果

解释变量	回归结果			
	截距项	变量	R^2	D. W
播种面积	−5 989.08（−1.933）	0.887（9.231）	0.959	2.126
一产就业	22 128.10（8.996）	−0.086（−1.089）	0.867	1.880
农机动力	16 912.63（14.79）	0.036（2.32）	0.872	1.780
有效灌面	9 502.83（3.115）	0.174（3.200）	0.883	1.789
化肥	15 177.79（10.688）	0.918（2.923）	0.879	1.769
用电量	17 611.16（20.852）	0.352（2.422）	0.873	1.813
水库数	7 955.33（1.488）	0.128（2.152）	0.787	1.731
塑料薄膜	14 943.21（4.700）	0.002（1.616）	0.788	1.668
柴油	15 072.84（3.389）	2.538（1.190）	0.787	1.540
农药	9 255.59（1.512）	64.777（1.854）	0.808	1.713
受灾面积	−21 864.95（19.093）	−0.055（−4.295）	0.910	1.518
成灾面积	21 172.27（18.053）	−0.066（−4.015）	0.906	1.672
农业技术人员	19 778.57（14.630）	0.000 049（0.320）	0.864	1.846
农业固定资产投资	18 541.63（36.155）	0.107（2.602）	0.796	1.720
铁路里程	15 173.75（9.150）	488.077（2.568）	0.876	1.824
公路里程	18 183.99（14.245）	4.312（1.270）	0.866	1.921
人均 GDP	17 865.08（25.196）	0.060（2.716）	0.878	1.847

注：括号内为 t 统计量。

二、最重要稻谷主产区：黑龙江

史料记载，黑龙江水稻生产的最早记载大约出现在 1 300 多年前的唐朝渤海国，虽然比长江、黄河流域的水稻栽培历史短，但却后发至上，逐步成为我国最重要的稻谷主产区。建立在良种化、机械化和全程标准化基础上的黑龙江

粳稻生产创造了全国最高的水稻生产力水平。

（一）稻谷生产优势

黑龙江以其优越的自然条件成为我国的重要粮仓和稻谷主产区。除了优越的自然条件外，不断强化科技支撑，优化生产布局，完善市场服务，有力地促进了水稻产业的大发展、快发展。

1. 优越的自然条件

黑龙江太阳辐射资源比较丰富，尤其是农作物生长季节，与长江中下游相当。黑龙江年日照总时数为 2 400~2 800 小时。其中，黑龙江的生长季日照时数占总时数的近50%，生长旺季6月至8月的平均日照时数为 11~13 小时，北部最长 17 小时。而三亚年日照时数也只有 2 500 小时，平均每天 6.8 小时。

水稻种植需要有丰富的水资源。据测算，每获得 1 千克大米，需要耗费两吨以上水。黑龙江省拥有黑龙江、松花江、乌苏里江、绥芬河四大水系，流域面积 50 平方千米以上的河流有 1 900 多条，加之众多湖泊、湿地，每年有 800 多亿立方米的地表径流汇成江河，流经黑龙江大地。黑龙江省丰富的水资源且雨热同季，非常适宜水稻生长。黑龙江东部有三江平原，中西部有松嫩平原，两大平原在黑龙江省境内的面积达 17.5 万平方千米，占全省总面积的37%。两大平原特有的黑土的微量元素和有机质含量高，成就了高品质的稻谷。

黑龙江土壤条件好、日照时间长、昼夜温差大，独特的气候条件和生态优势构成了黑龙江水稻生产的特有优势，使得在这里生长的水稻不仅开花、授精情况好，而且灌浆结实多。漫长的冬季则阻止了病虫越冬，降低了病虫害的发生概率和农药使用量。这使得黑龙江省水稻生产所用的化肥、农药、除草剂剂量不足南方省份的20%，产品安全性最高。黑龙江一年一季的生产有长达五个月的生长周期，即使土壤得以充分修复，又让水稻积累了更多的干物质，富含大量维生素、微量元素、矿物质、蛋白质、氨基酸和支链淀粉。四大水系的昼夜奔腾和富含有机质与微量元素的肥沃黑土，赋予黑龙江粳稻超乎寻常的优异品质。在首届中国大米品牌大会评选中，黑龙江 3 个大米区域公共品牌、5 家品牌核心企业的好吃米饭、6 家大米区域公用品牌核心企业榜上有名，分别占"2016 中国十大大米区域公用品牌""中国十大好吃米饭"和"2016 中国大米区域公用品牌核心企业"数量的三成、一半和三分之一。"五常大米"品牌价值达 670 亿元，位列大米类第一位，靠"五常大米"品牌价值提升拉动，稻农收入显著提高。

2. 不断强化科技支撑

黑龙江在稻作技术、良种培育等方面不断进行创新和强化。黑龙江稻作技术的不断创新体现在三个方面：一是在种植方法上，从直播栽培走向了以育苗插秧为主的精耕细作高产栽培新阶段，并演进到寒地水稻旱育稀植栽培技术，使黑龙江稻作种植发生了划时代的重大变革。目前，三膜覆盖、两段式和隔离层增温等超早育苗高效利用积温的育苗方式已在部分地区被推广应用。二是在栽培技术上，20世纪50年代开始逐步采用机械耕翻整地，选用良种，改进播种方法，进行合理密植；20世纪60年代推广水稻大垄栽培和畜力中耕除草、塑料薄膜保温育苗和拖拉机水耙地3项新技术；20世纪70年代积极进行灌区整理和方田、条田建设，广泛应用化学除草、增加化肥施用量及改进施肥方法和灌溉技术等；20世纪80年代积极示范和推广盘育苗机械插秧、旱育苗稀植栽培等技术；20世纪90年代以后插秧方式主要有机械插秧、人工手插秧、钵育摆栽和人工抛秧等。三是在栽培方式上，先后采用了旱育稀植三化栽培技术、超稀植栽培技术、叶龄诊断栽培技术、"三化一管"栽培技术、抗病保优栽培技术、稳健高产栽培技术、绿色稻米标准化生产技术、精确定量栽培技术等。

在优良品种培育推广方面，截至2018年，黑龙江审定推广的水稻品种168个。其中，粳稻157个，杂交稻11个，香稻24个，软米3个，糯稻10个，香糯1个。黑龙江有国标一级米1个（龙稻18），二级米131个，三级米26个，从日本引进品种有富士光、上育397、莎莎妮、空育131、藤系138等；先后培育龙粳14、龙稻5、松粳9、龙粳31等10个品种。其中，五优稻4号（稻花香2号）大米适口性非常好、米质优、享誉国内外；龙稻18是黑龙江培育出的首个国家优质1级米，结束了黑龙江没有1级米品种的历史；龙粳31单年种植面积达到1 692万亩，为目前国内单年种植面积最大的粳稻品种。

3. 不断优化生产布局

黑龙江的水稻种植区域已覆盖全省各地，一、二、三、四积温带均有水稻种植，100万亩以上的有11个县，50万亩以上的有29个县，已形成稻谷的集中产区。水稻优质区域重点分布在嫩江、松花江沿岸和三江平原的21个县（市、区、局）和农垦4个管理局所属农场。

近年来，黑龙江还选择五常、庆安、桦川、富锦等9个县整县开展水稻绿色高产高效建设，集成推广抗逆品种+智能浸种催芽+大棚旱育稀植+测深施肥+钵育摆栽+全程机械化的技术模式，集成推广优质高产水稻良种、新基质旱育苗示范及"减肥、减药、减除草剂"三减技术示范、测土配方施肥、秸秆还田、病虫草害综合防治等技术。全省建设612个"互联网+"绿色（有机）高标准示范基地，面积为198.2万亩，按欧盟有机标准建设示范基地7个，面积达

1.02万亩，实现了生产全程可视。通过产品质量可追溯，示范带动全省绿色有机水稻种植面积达3 000多万亩，确保了产品外观与内在质量的一致性，实现了黑龙江大米"外在有颜值、内在有品质"的目标。全省共设立水稻绿色防控示范县25个，建设核心示范区2 500亩，辐射带动12.5万亩，通过集成应用生态、物理、生物等绿色防控技术，最大限度减少化肥、农药的使用。黑龙江在兰西、桦川等20个县（市、区）示范推广稻鱼共作、稻鳅共作、稻蟹共作等"一水两用，一地双收，一季双赢"稻田综合种养技术，建设核心示范区24个，示范区面积18 270亩，辐射面积44万亩。

4. 不断夯实水稻生产基础设施

黑龙江先后建成大型水利工程30余处，中型300余处，小型8 000余处，数不清的配套工程和干支斗毛渠如蛛网般遍布各灌区、涝区，为优质稻生产保驾护航。黑龙江大力推广灌区渠道防渗、管道输水灌溉和水稻节水控制灌溉技术，提高水资源利用率。全省实施高效节水灌溉的面积达96万亩，推广水稻节水控制灌溉面积达1 288万亩。黑龙江全面实施水稻智能催芽和大中棚育苗。截至2017年年底，全省水稻育秧大棚数量已达到97万栋34 281万平方米，大棚化育秧比例达到80.8%；耕种收机械化水平达到98.6%，其中机耕、机种植和机收水平分别为99.8%、98.0%和97.6%。

（二）1949年以来的水稻生产发展

1949年以来，特别是改革开放以来，黑龙江的稻谷生产获得了快速发展。从发展历史阶段看，黑龙江的水稻生产可以分为两个时期，第一个时期为1949—1982年的缓慢发展时期（见图2-5和图2-6），稻谷产量由1949年的22.6万吨增加到1982年的71万吨，期间最高产量为1980年的79.5万吨，虽然总产量增长了2.14倍，但年均增长率仅为3.42%；播种面积由1949年的127.5千公顷增加到1982年的239.3千公顷，期间最大播种面积为1958年的332.9千公顷，期间播种面积增长了87.69%，年均增加1.67%，单产仅增长了67.41%。这一时期黑龙江的水稻生产经历了4个阶段：恢复建设阶段（1949—1955年），黑龙江水稻种植面积由127.5千公顷发展到176.5千公顷，单产由1 772.6千克/公顷升到3 223.8千克/公顷。扩大发展阶段（1956—1960年），黑龙江通过大力兴修水利工程，1956年一年就扩大到296.4千公顷，1958年急剧扩大到332.9千公顷，但水稻产量不高，1958年单产为2 267.95千克/公顷，1960年单产仅为1 183.91千克/公顷。下降徘徊阶段（1961—1975年），1962年种植面积下降到132.5千公顷，直到1975年长达14年种植面积为123.3千公顷～193.1千公顷，单产忽高忽低，最低为1972年的

1 167.54 千克/公顷，最高为 1975 年的 3 858.1 千克/公顷，因此总产量波动也较大。恢复上升阶段（1976—1982 年），黑龙江采取有计划稳步发展的方针，进行灌区整顿和推广一批先进增产技术，促使水稻生产恢复和发展，到 1982 年播种面积恢复到 239.3 千公顷，产量也逐步上升，1980 年单产达到 3 778.5 千克/公顷。第二个时期为 1983—2018 年（见图 2-5 和图 2-6），是快速发展时期。总产量由 1983 年的 91.5 万吨增加到 2018 年的 2 685.54 万吨，增长了 28.35 倍；期间最大产量为 2017 年的 2 819.33 万吨，年均增长 9.84%；播种面积由 1983 年的 245.5 千公顷增加到 3 783.1 千公顷，增长了 14.41 倍；期间最大播种面积为 2014 年的 3 968.48 千公顷，年均增长 7.89%；这一时期单产由 1983 年的 3 727.6 千克/公顷提高到 2018 年的 7 098.79 千克/公顷，提高了 90.44%，年均增长 1.81%。这一时期可分为 3 个阶段。迅速发展阶段（1983—1990 年），黑龙江依靠旱育苗稀植、化学除草等新技术，种稻经济效益显著提高，激发起农民"种稻热"，使水稻生产进入面积迅速扩大，产量稳定增长的新阶段，到 1990 年产量上到 300 万吨台阶，达到 314.4 万吨，播种面积超过 600 千公顷，达到 673.5 千公顷，单产每公顷达到 4 668.4 千克。高速发展阶段（1991—2010 年），随着我国经济结构的调整和种植结构调整，特别是旱育稀植技术的大面积推广，超稀植、钵体摆栽的应用，以及优质高产新品种的推广，水稻机械化生产的大规模推广，水稻面积成倍增加。2010 年全省水稻种植面积已达到 3 131.44 千公顷，总产量达到 2 277.47 万吨，单产也达到 7 254.4 千克/公顷，分别比 1991 年增长了 3.20 倍、6.20 倍和 71.35%。稳步发展阶段（2011 年—2017 年），稻谷最低保护价格政策保护了农民的种稻积极性，水稻种植面积一直稳定在 3 600 千公顷以上，单产 7 000 千克/公顷以上，总产量维持在 2 600 万吨以上。2018 年黑龙江水稻播种面积为 3 783.1 千公顷，占全省粮食播种面积的 26.61%，占全省农作物总播种面积的 25.78%，占全国稻谷播种面积的 12.53%，约占全国粳稻总面积的 50%；黑龙江 2018 年稻谷总产量 2 685.54 万吨，占全国水稻总产量的 12.66%。

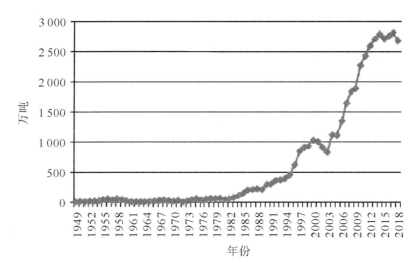

图 2-5　1949—2018 年黑龙江稻谷总产量变化

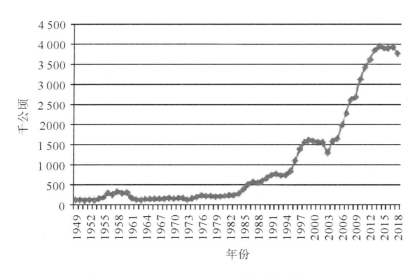

图 2-6　1949—2018 年黑龙江稻谷播种面积变化

从黑龙江的稻谷生产在全国的地位看，稻谷产量和播种面积占全国的比重趋势完全一致。1986 年之前，稻谷产量占全国的比重不到 1％，播种面积占全国的比重只有几年超过 1％，但此后在全国的地位逐年提高。2000 年之前，黑龙江播种面积占比略高于产量占比，2000 年开始，则是产量占比略高于播种面积占比，这表明产量的增加主要来源于单产的提高（见图 2-7）。从稻谷单产来看，2000 年之前，全国单产水平一般高于黑龙江单产水平，而 2000 年开始，黑龙江的单产水平高于全国平均水平（见图2-8）。

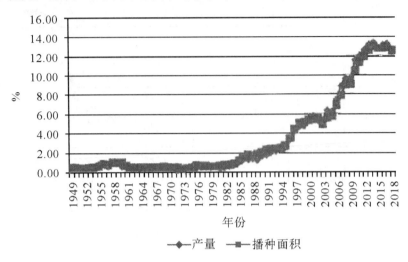

图2-7　1949—2018年黑龙江稻谷产量和播种面积占全国比重

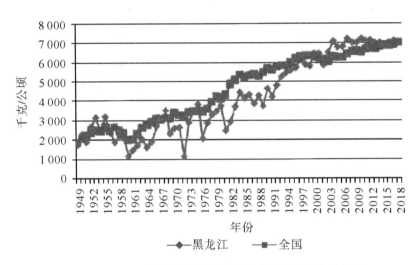

图2-8　1949—2018年黑龙江稻谷单产与全国平均水平比较

　　目前，黑龙江不仅成为全国水稻种植面积第一大省、产量第一大省，完成了由旱作农业向稻作农业的华丽转身；还创造了高纬度种稻的世界奇迹——在黑龙江，水稻最北可以种到北纬52度的大兴安岭呼玛区，创出世界水稻种植的最北界。

　　（三）稻谷生产的影响因素

　　从黑龙江的稻谷产量与有关影响因素的相关关系分析结果看，1978—2017

年，稻谷产量与播种面积、单产、人均地区生产总值、农机动力、有效灌面、化肥、用电量、柴油、农药、农技人员、农业固定资产投资和耕地面积均具有很强的相关关系，相关系数在 0.83 以上，特别是与播种面积几乎为完全正相关；与农业从业人员、农技人员、塑料薄膜的相关关系很弱；与受灾面积、成灾面积的负相关关系也较弱，表明受灾害影响较小（见表 2-15）。

1978—1990 年，稻谷产量与播种面积、人均地区生产总值、农机动力、化肥、柴油、农业从业人员均具有很强的相关关系，相关系数在 0.86 以上；与单产、有效灌面和耕地面积的相关关系较强；与用电量的相关关系仅为 0.441。与受灾面积、成灾面积的负相关程度较弱，表明受自然灾害影响较小（见表 2-16）。

1991—2000 年，稻谷产量与播种面积、单产、人均地区生产总值、农业从业人员、农机动力、有效灌面、化肥、用电量、柴油、农药、耕地面积均具有很强的相关关系，相关系数在 0.88 以上，特别是与播种面积几乎为完全正相关；与塑料薄膜、农业固定资产投资的相关关系较强；而与农技人员的相关关系很弱；与受灾面积、成灾面积的负相关程度较弱，表明受自然灾害影响较小（见表 2-17）。

表 2-15　1978—2017 年黑龙江稻谷产量与有关因素的相关系数

播种面积	单产	人均地区生产总值	农业人员	农机动力	有效灌面	化肥	用电量	柴油
0.996	0.837	0.977	0.172	0.972	0.981	0.975	0.974	0.978
农药	塑料薄膜	农技人员	受灾面积	成灾面积	铁路里程	公路里程	农固投资	耕地面积
0.942	0.155	0.888	-0.346	-0.289	0.895	0.914	0.940	0.951

表 2-16　1978—1990 年黑龙江稻谷产量与有关因素的相关系数

播种面积	单产	人均地区生产总值	农业人员	农机动力	有效灌面	化肥
0.980	0.724	0.949	0.864	0.891	0.794	0.887
用电量	受灾面积	成灾面积	铁路里程	公路里程	耕地面积	
0.441	-0.082	-0.147	0.814	0.802	0.605	

表 2-17　1991—2000 年黑龙江稻谷产量与有关因素的相关系数

播种面积	单产	人均地区生产总值	农业人员	农机动力	有效灌面	化肥	用电量	柴油
0.993	0.883	0.958	0.920	0.904	0.975	0.934	0.979	0.987

表2-17（续）

播种面积	单产	人均地区生产总值	农业人员	农机动力	有效灌面	化肥	用电量	柴油
农药	塑料薄膜	农技人员	受灾面积	成灾面积	铁路里程	公路里程	农固投资	耕地面积
0.998	0.734	0.145	-0.357	0.107	-0.392	0.980	0.695	0.917

2001—2010 年，稻谷产量与播种面积、人均地区生产总值、农机动力、有效灌面、化肥、用电量、柴油、农药、塑料薄膜、农技人员、农业固定资产投资、耕地面积均具有很强的相关关系，相关系数在 0.77 以上，特别是与播种面积几乎为完全正相关；但与农业产业人员为较强的负相关关系，表明这一时期机械得到大规模推广，但农业劳动力并没有同步实现转移；与受灾面积、成灾面积的负相关程度较弱，表明自然灾害影响较小；与单产的相关系数仅为0.097，非常弱（见表 2-18）。

表 2-18　2001—2010 年黑龙江稻谷产量与有关因素的相关系数

播种面积	单产	人均地区生产总值	农业人员	农机动力	有效灌面	化肥	用电量	柴油
0.983	0.097	0.972	-0.867	0.971	0.972	0.978	0.968	0.967
农药	塑料薄膜	农技人员	受灾面积	成灾面积	铁路里程	公路里程	农固投资	耕地面积
0.874	0.970	0.776	-0.244	-0.292	0.904	0.913	0.938	0.881

2011—2017 年，稻谷产量与播种面积、单产、农业固定资产投资具有较强的相关关系；而与人均地区生产总值、农机动力、有效灌面、农技人员、用电量等的相关关系较前一个时期有所降低，特别是与化肥、柴油、农药的相关系数较小；与播种面积仍然几乎为完全正相关；与农业从业人员也具有较高的负相关关系，表明随着稻谷生产的机械化程度的提高，农业劳动力还没有实现有效转移；与受灾面积、成灾面积的负相关程度较弱，表明受自然灾害影响较小（见表 2-19）。

表 2-19　2011—2017 年黑龙江稻谷产量与有关因素的相关系数

播种面积	单产	人均地区生产总值	农业人员	农机动力	有效灌面	化肥	用电量	柴油
0.999	0.828	0.726	-0.782	0.701	0.701	0.447	0.747	0.633
农药	塑料薄膜	农技人员	受灾面积	成灾面积	铁路里程	公路里程	农固投资	耕地面积
0.277	-0.688	0.748	-0.109	-0.235	0.581	0.730	0.844	-0.091

从前面不同时期稻谷产量与有关因素的相关关系分析可以看出，不同时期

的相关关系不太一样，但稻谷产量与播种面积的相关系数一直很高；与单产的相关系数仅在2001—2010年没有明显关系外，均具有较强的相关关系；与农业从业人员的关系在2001年之前具有较强的正相关，但之后转为负相关关系；与农业固定资产投资、农技人员的正相关关系一直较强；与农机动力、有效灌面、化肥、用电量、柴油、农药、塑料薄膜等均具有较强的正相关关系，但2011年后下降幅度较大。

根据稻谷产量与有关影响因素的多元回归分析，由于很多因素之间具有加强的相关关系，我们最后只确定播种面积和单产两个因素具有统计显著性（显著性水平为0.05）。其中播种面积的显著性强于单产，播种面积的边际效应也高于单产（见表2-20）。

表2-20　1978—2017年黑龙江稻谷产量与有关因素的回归分析

截距项	播种面积	单产	R^2	$\overline{R}^2$	F	DW
−600.40（−4.618）	0.702（25.236）	0.083（6.716）	0.998	0.998	7 610.08	1.74

注：括号内为 t 统计量。

为了大致了解各因素对稻谷产量的影响情况，我们对稻谷产量与各因素进行了简单的回归分析（见表2-21）。从回归结果看，对稻谷产量影响的统计显著性（显著性水平为0.05）由大到小依次为：播种面积、有效灌面、用电量、化肥、柴油、人均地区生产总值、农机动力、农业固定资产投资、成灾面积和受灾面积，其他因素均不显著；对稻谷产量影响的边际效应由大到小依次为：用电量、农药、柴油、化肥、农业固定资产投资、播种面积、农机动力、有效灌面、人均地区生产总值、成灾面积和受灾面积。

表2-21　1978—2017年黑龙江稻谷产量与有关因素的回归结果

解释变量	截距项	变量	R^2	DW
播种面积	−150.63（−5.05）	0.747（55.22）	0.998	2.095
单产	86 023.8（0.004）	0.060（1.538）	0.988	1.282
人均地区生产总值	298.56（1.662）	0.062（9.281）	0.993	1.939
农业就业人数	−446.73（−0.856）	0.466（1.342）	0.980	1.644
农机动力	−60.203（−0.312）	0.480（8.190）	0.979	1.651
有效灌面	−37.723（−0.342）	0.450（13.085）	0.982	1.641
化肥	−446.39（−2.782）	11.11（10.300）	0.977	1.289

表2-21（续）

解释变量	截距项	变量	R^2	DW
用电量	−268.08（−1.688）	37.256（10.771）	0.980	1.685
柴油	−954.15（−3.704）	22.945（9.493）	0.962	1.281
农药	−675.78（−0.325）	31.076（0.705）	0.959	1.594
塑料薄膜	−189.23（−0.178）	0.002（1.312）	0.961	1.657
农业技术人员	169 739.4（0.012）	0.008（0.335）	0.958	1.358
受灾面积	−343.90（−0.477）	−0.020（−2.498）	0.982	1.645
成灾面积	−418.35（−0.524）	−0.038（−2.912）	0.983	1.641
铁路里程	187.461（0.183）	−1 319.24（−0.916）	0.979	1.646
公路里程	−423.143（−0.547）	19.969（1.236）	0.979	1.563
农业固定资产投资	1 258.922（2.551）	1.045（3.492）	0.966	1.887

注：括号内为 t 统计量。

三、双季稻最集中地区：湖南

我国水稻栽培历史可追溯到公元前 12 000—公元前 16 000 年。北魏贾思勰的《齐民要术》中记载了浏阳稻的种植。稻作历史悠久，经验丰富。湖南是我国九大商品粮基地之一，适宜种植水稻，并且水稻的产量长期稳居全国第一，只是 2013 年之后才被黑龙江超越而屈居第二位。加上洞庭湖附近有淡水养殖基地，淡水鱼产量大，自古就有"鱼米之乡"之称。

（一）优越的自然条件，强大的技术支撑

湖南是我国的水稻生产区之一，也是全国双季稻最集中的地区。根据水稻生产习惯，湖南可分成湘东湘西单季稻区、湘南双季稻区、湘北单双季稻区和湘中双季稻区 4 个水稻种植亚区。不同亚区的水稻品种、田间管理、栽培方式都存在差异。

1. 优越的自然条件

从地理条件和气候条件讲，湖南是非常适合种植水稻的优质适宜地区之一。湖南为大陆性亚热带季风湿润气候，其中大部分属北亚热带，小部分属中亚热带北缘。湖南的光、热、水资源丰富，三者的高值又基本同步；气候年内变化较大；年平均气温为 16~19℃，日平均气温在 0℃ 以下的天数平均每年不到 10 天。湖南热量充足，大部分地区日平均气温稳定在 0℃ 以上的活动积温为 5 600~6 800℃，10℃ 以上的活动积温为 5 000~5 840℃，可持续 238~256

天；15℃以上的活动积温为 4 100~5 100℃，可持续 180~208 天；无霜期 253~311 天。湖南的热量条件在国内仅次于海南、广东、广西、福建，与江西接近，比其他诸省（自治区、直辖市）都好。湖南年降水量 1 000~1 400 毫米，集中于春、夏两季。

湖南河网密布，水资源丰富。河流长度 5 千米以上的河流有 5 341 条，总长度 90 000 千米，其中流域面积在 5 000 平方千米以上的大河 17 条。省内除少数属珠江水系和赣江水系外，主要为湘江、资江、沅江、澧水及其支流，顺着地势由南向北汇入洞庭湖、长江，形成一个比较完整的洞庭湖水系。湘江是湖南最大的河流，也是长江七大支流之一；洞庭湖是湖南省最大的湖泊，跨湘、鄂两省[3]。按成因划分，湖南的地貌主要是流水地貌，占湖南总面积的 64.76%，拥有洞庭湖平原。按海拔高度（含水域）划分，湖南以 300 米以下地貌为主，占湖南总面积约 44.27%；300~500 米地貌次之，占 22.58%。因此湖南地形平坦，便于机械化作业。湖南的带性土壤仅见于低丘缓冈，主要是黄棕壤或黄褐土。湖南的南缘为红壤，平原大部为水稻土。

2. 强大的技术支撑

湖南是我国水稻研发力量最密集的地区。省内拥有以袁隆平为代表的国家杂交水稻工程技术研究中心暨湖南杂交水稻研究中心、湖南农业大学等。国家杂交水稻工程技术研究中心成立以来，取得科研成果 100 多项，其中育成杂交水稻组合及骨干亲本 112 个，获技术专利和植物新品种权 60 多项，获国家科技进步奖和发明奖 13 项，获省部级科技进步奖和发明奖 60 余项。十多年来，袁隆平院士领衔的杂交水稻创新团队在超级杂交稻研究方面取得重大进展，于 2000 年、2004 年、2012 年、2014 分别实现了亩产 700 千克、800 千克、900 千克、1 000 千克的中国超级稻育种第一期、第二期、第三期、第四期目标。目前已启动超级杂交稻第五期研究，目标是每公顷产量达到 16 吨[4]。

湖南农业大学科研团队经过 7 年技术攻关，于 2018 年突破了杂交水稻机插秧栽培技术，形成了"杂交水稻印刷播种、场地育秧、大苗机插栽培技术"新模式，解决了杂交水稻稻种成本高、机插秧比例低、稻种用量大、生产成本居高不下问题，使机插杂交稻种子用量减少 60% 以上，秧龄可延长 10~15 天，增加了秧苗生长时间，秧苗素质显著提高，也缓解了机插双季稻的季节矛盾。目前，该技术已在湖南、安徽、湖北等省（自治区、直辖市）126 个点进行示范，亩均增产 9.5%。其中，湖南安仁县进行的三熟制双季稻大面积示范，亩产达 1 193.7 千克，创造了高产纪录[5]。

在水稻新品种研发方面，自 2005 年以来，湖南开展了高档优质稻新品种选育协作攻关，先后研发了数十个水稻品种，在 2018 年国家举办的首届全国优质籼稻品种食味品质鉴评会上，湖南有"玉针香""桃优香占""玉晶 91"3 个品种获金奖，2019 年又有 5 个品种获奖，湖南省共有 8 个次品种获奖，占全国总数的 32%。这些品种已成为"湘米工程"高档优质稻主导品种和水稻产业升级的重要支撑品种[6]。

3. 稻作机械化程度提升

2011 年，湖南水稻耕种收综合机械化水平为 56.7%，其中水稻机械化栽插率仅 4.77%；近几年，湖南农机部门同心协力主攻机插、植保、烘干这三个瓶颈环节，补齐短板，使水稻生产全程机械化水平得到快速提升。2016 年，湖南水稻耕种收综合机械化水平和机械化栽插率分别提高到 70.6% 和 26.98%，年均增长幅度连续四年高居全国第一。湖南大力推广植保无人机，不仅节约了农药，还提高了效率。据统计，用植保无人机喷洒农药，每亩双季稻可节约2.34 千克，而且一架植保无人机一天能给 400 亩地喷药，一个虫期能管 1 200~2 000 亩水稻的植保喷药，比人背着喷雾器打药的效率提高了几十倍[7]。2019年湖南水稻耕种收综合机械化水平已达 76.1%，比 2018 年提高 1.5 个百分点[8]。

(二) 1949 年以来的水稻生产发展

湖南的"鱼米之乡"美誉由来已久。长期以来，湖南都是我国最重要的稻谷主产区，播种面积较大，产量较多，1949 年的稻谷产量和播种面积分别高达 567.2 万吨和 2 326.8 千公顷，单产 2 437.68 千克/公顷，比全国水平高出 545.39 千克/公顷。到 2018 年，稻谷产量达 2 674.01 万吨，较 1949 年增长3.71 倍，年均增长 2.24%；播种面积为 2 326.8 千公顷，较 1949 年增长72.30%，年均增长 0.78%；单产每公为 6 670.02 千克，较 1949 年增长 1.74倍，年均增长 1.45%。1979 年之前，湖南稻谷产量为稳步发展阶段，除 1960年和 1961 年外，增长态势较明显。1949—978 年，稻谷产量增长了 2.31 倍，播种面积增长了 94.45%，单产增长了 70.05%。1978 年以来，总产量虽然有增长，但增幅不大。其中，1979—2003 年为振荡式增长，2003 年之后才开始快速增长，到 2015 年达到最大产量，为 2 756.75 万吨（见图 2-9）。而播种面积自 1974 年以来呈现逐步减少趋势，由 1974 年的 4 612.6 千公顷，减少到2003 年的 3 409.98 千公顷，减少了 1 202.62 千公顷，2004 年开始有所增加，但还没有达到 1974 年的水平，最大播种面积的 2015 年也仅有 4 287.76 千公顷（见图 2-10）。

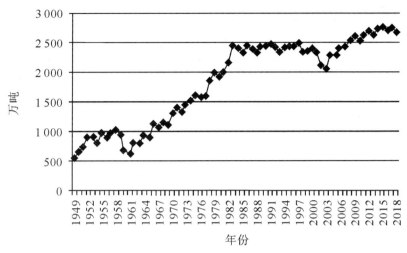

图 2-9 1949—2018 年湖南稻谷产量增长趋势

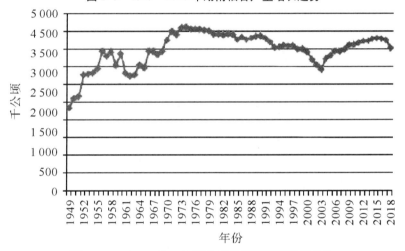

图 2-10 1949—2018 年湖南稻谷播种面积增长趋势

从湖南的稻谷生产在全国的地位来看,无论是总产量还是播种面积,在全国所占比重均比较高(见图 2-11)。湖南稻谷总产量在 1949—1971 年保持在全国第二大主产区地位,1972—2012 年则保持全国第一大主产区地位。播种面积方面,湖南在 1949—1969 年保持在全国第二的地位,1970—2018 年则保持全国第一的地位。

从单产水平看,1949—1959 年和 1978—1989 年这两个时期,湖南的单产水平高于全国平均水平;1960—1977 年和 1990—2018 年湖南的单产水平低于全国平均水平,特别是 1990—2018 年的单产差异有扩大趋势(见图 2-12)。

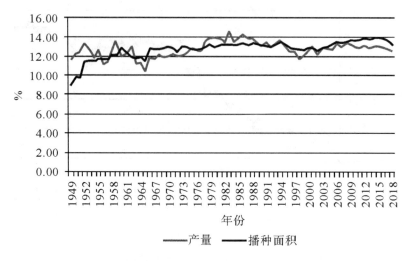

图 2-11　1949—2018 年湖南稻谷产量和播种面积占全国比重变化

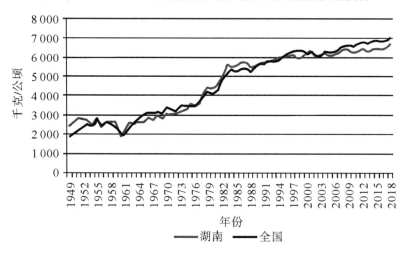

图 2-12　1949—2018 年湖南稻谷单产水平与全国比较

（三）稻谷生产影响因素

从湖南的稻谷产量与有关影响因素的相关关系分析结果看，1978—2017年，稻谷产量与播种面积、化肥、农机动力、用电量、单产、人均地区生产总值呈现高度相关关系，相关系数在 0.86 以上，特别是与播种面积几乎为完全正相关；与农业固定资产投资、有效灌面、塑料薄膜、库容量也有较强相关关系，相关系数在 0.62 以上；与柴油、农药、农技人员等虽然呈正相关关系，但相关性较弱；与农业从业人员具有较强的负相关关系；与受灾面积、成灾面积的负相关关系也较弱，表明受农业灾害影响较小（见表 2-22）。

表 2-22　1978—2017 年湖南稻谷产量与有关影响因素的相关系数

播种面积	人均地区 生产总值	农业劳力	农机动力	有效灌面	化肥	用电量	柴油	农药
0.982	0.868	-0.862	0.907	0.666	0.926	0.898	0.404	0.401
塑料薄膜	农技人数	受灾	成灾	铁路	公路	农固投资	库容量	单产
0.625	0.169	-0.298	-0.410	0.806	0.908	0.738	0.777	0.892

　　1978—1990 年，稻谷产量与单产具有近似完全的相关关系；与农技人数、有效灌面、用电量具有较强相关关系；与人均地区生产总值、农机动力、化肥、农业劳动力等也有较明显的相关关系；但与播种面积为负相关关系，是产量增加而播种面积减少所致；与受灾面积、成灾面积为正相关关系，主要是产量与受灾面积、成灾面积同步增加，表明受自然灾害影响较大（见表 2-23）。

表 2-23　1978—1990 年湖南稻谷产量与有关影响因素的相关系数

播种面积	人均地区 生产总值	农业劳力	农机动力	有效灌面	化肥	单产
-0.268	0.550	0.470	0.676	0.847	0.533	0.992
用电量	农技人数	受灾	成灾	铁路	公路	
0.656	0.869	0.351	0.247	0.844	0.635	

　　1991—2000 年，稻谷产量与播种面积、塑料薄膜具有明显的正相关性，但与其他因素的相关关系均不强；与柴油、农机动力、农技人数为负相关关系；与农业从业人员的负相关关系很弱，表明农业劳动力剩余现象显现；与受灾面积、成灾面积的负相关程度较弱，表明受自然灾害影响较小（见表 2-24）。

表 2-24　1991—2000 年湖南稻谷产量与有关影响因素的相关系数

播种面积	人均地区 生产总值	农业劳力	农机动力	有效灌面	化肥	用电量	柴油	单产
0.608	0.056	-0.190	-0.183	0.165	0.067	0.134	-0.188	0.228
农药	塑料薄膜	农技人数	受灾	成灾	铁路	公路	库容量	
0.037	0.575	-0.386	-0.199	-0.010	-0.318	-0.061	-0.550	

　　2001—2010 年，稻谷产量与播种面积几乎为完全正相关，这一段时期，播种面积增加较多；与人均地区生产总值、农机动力、化肥、有效灌面、用电量、柴油、库容量、单产、农药、农业固定资产投资等也有较显著的相关关系；与塑料薄膜、农技人数的正相关性较弱；与农业从业人员的负相关关系很显著，表明农业劳动力剩余情况较严重，农村劳动力转移较多；与受灾面积为

弱正相关；与成灾面积的负相关程度较弱，表明受自然灾害影响较小（见表 2-25）。

表 2-25 2001—2010 年湖南稻谷产量与有关影响因素的相关系数

播种面积	人均地区生产总值	农业劳力	农机动力	有效灌面	化肥	用电量	柴油	农药
0.967	0.834	-0.806	0.852	0.829	0.875	0.831	0.835	0.720
塑料薄膜	农技人数	受灾	成灾	铁路	公路	农固投资	库容量	单产
0.107	0.450	0.148	-0.054	0.587	0.826	0.716	0.802	0.803

2011—2017 年，稻谷产量与播种面积、单产有很强的相关关系，这一段时期，播种面积和单产增加较多；与人均地区生产总值、农机动力、用电量、柴油、农药、塑料薄膜、农业固定资产投资等也有较明显的相关关系；与有效灌面、农技人数和库容量的正相关性较弱；与农业从业人员的负相关关系较明显，表明农业劳动力剩余较严重，农村劳动力转移较多；与受灾面积、受灾面积为弱正相关，表明受自然灾害影响较小；但与化肥为较弱的负相关关系，主要是近几年化肥施用量在减少（见表 2-26）。

表 2-26 2011—2017 年湖南稻谷产量与有关影响因素的相关系数

播种面积	人均地区生产总值	农业劳力	农机动力	有效灌面	化肥	用电量	柴油	农药
0.942	0.699	-0.622	0.651	0.327	-0.027	0.552	0.517	0.504
塑料薄膜	农技人数	受灾	成灾	铁路	公路	农固投资	库容量	单产
0.591	0.032	-0.544	-0.453	0.577	0.683	0.714	0.360	0.890

为了大致了解各因素对稻谷产量的影响情况，我们对稻谷产量与各因素进行了简单的回归分析（见表 2-27）。从回归结果看，对稻谷产量影响的统计显著性（显著性水平为 0.05）由大到小依次为：单产、播种面积、塑料薄膜、化肥、人均地区生产总值、农机动力、有效灌面、农药、用电量、柴油，其他因素均不显著。对稻谷产量影响的边际效应由大到小依次为：用电量、化肥、播种面积、单产、有效灌面、农机动力、塑料薄膜、人均地区生产总值、农药、柴油。成灾面积和受灾面积对稻谷产量的影响显著，成灾面积和受灾面积增加 1 000 公顷，稻谷产量平均减少 0.055 万吨和 0.034 万吨。

表 2-27　1978—2017 年湖南稻谷产量与有关因素的回归结果

解释变量	截距项	变量	R^2	DW
播种面积	−469.43（−1.07）	0.74（6.92）	0.893	2.06
单产	−577.35（−1.43）	0.49（8.15）	0.910	1.56
人均地区生产总值	2 344.02（36.15）	0.007（2.71）	0.781	1.83
农业就业人数	2 915.14（4.77）	−0.22（−0.70）	0.753	1.81
农机动力	2 276.58（23.98）	0.06（2.33）	0.774	1.78
有效灌面	1 397.39（2.99）	0.38（2.32）	0.778	1.92
用电量	2 287.80（24.76）	2.73（2.26）	0.771	1.81
化肥	2 133.19（24.12）	1.46（3.02）	0.193	序列相关Neway-west估计
柴油	2 427.81（77.83）	0.000 6（2.21）	0.175	
农药	2 429.53（84.40）	0.002（2.28）	0.172	
塑料薄膜	2 040.78（15.28）	0.007（3.10）	0.278	
农业技术人员	2 179.70（9.24）	0.012（1.34）	0.619	1.604
受灾面积	2 584.57（23.45）	−0.034（−2.48）	0.787	1.651
成灾面积	2 578.80（23.57）	−0.055（−2.63）	0.791	1.647
铁路里程	2 105.85（14.80）	0.116（2.65）	0.779	1.836
公路里程	2 306.17（25.46）	0.001（2.14）	0.769	1.802
农业固定资产投资	2 382.99（17.62）	0.223（1.63）	0.758	1.543
库容量	2 290.45（7.50）	0.481（0.69）	0.666	1.845

注：括号内为 t 统计量。

第四节　结论、讨论与建议

一、结论

从全国及各省（自治区、直辖市）稻谷生产的分析中，我们可以得到以下结论。

第一，从稻谷生产的区域分布看，我国一直保持以南方省（自治区、直辖市）为主的生产格局。1978 年之前，虽然河南、陕西、东北三省有水稻种植，但数量很少。位于前 10 位的主产省（自治区、直辖市）均为南方省（自治区、直辖市）。改革开放后，黑龙江的水稻生产规模逐步扩大，产量逐年增加，2014 年黑龙江的稻谷产量超过湖南，成为我国最大的稻谷产地。2018 年，10 个主产省（自治区、直辖市）中的 8 个仍然为南方省（自治区、直辖市）。与 1980 年比较，在 10 个主产省（自治区、直辖市）中，除福建、浙江被黑龙江、吉林替代外，基本维持相同的生产格局，只是 10 个主产省（自治区、直辖市）内部的位次有一些变化，广东、江苏的集中度下降较多。

第二，稻谷是我国重要的主食，因此只要是适宜水稻种植的地方，都有水稻种植，集中度变化不太大。从稻谷产量集中度的变化看，改革开放之前，名列前 5 位主产省（自治区、直辖市）的集中度呈现下降趋势，由 1950 年的 56.99% 逐步下降到 1978 年的 52.69%；但名列前 10 位主产省（自治区、直辖市）的集中度是上升趋势，由 1950 年的 83.04% 逐步提高到 1978 年的 86.62%；而且主产省（自治区、直辖市）基本没有变化。1950—1978 年，集中度变化最大是四川和陕西，分别下降了 6.05 个百分点和 3.25 个百分点。

改革开放后，集中度有所下降，其中名列前 5 位主产省（自治区、直辖市）的集中度由 1978 年的 52.69% 下降到 2000 年的 46.53%，此后有所提高，但到 2018 年仍只有 53.63%；名列前 10 位主产省（自治区、直辖市）的集中度由 1978 年的 86.62% 下降到 2000 年的 76.17%，此后缓慢提高到 2018 年的 81.24%。1980—2018 年，集中度变化最大是黑龙江、广东和浙江，黑龙江提高了 12.09 个百分点，广东下降了 6.73 个百分点，浙江下降了 6.16 个百分点。

第三，从全国来看，1978—2018 年的 41 年间，稻谷产量与各影响因素的相关性都不是非常强，相关系数在 0.7 左右。通过回归分析，我们得到对稻谷产量有显著影响的因素为播种面积、有效灌面、化肥、人均地区生产总值、农业固定资产投资，其他因素均不具有统计上的显著性。受灾面积、成灾面积的影响也显著。农药的影响在显著性水平为 0.1 时显著。对稻谷产量的边际影响大的因素为农药、柴油、化肥、播种面积。

第四，从各地区的稻谷生产情况看，由于各地的光、热、水、土等自然条件和其他资源禀赋不同，对稻谷的影响因素有所差异，但播种面积、有效灌面、化肥、用电量是比较重要的四个因素，其次是农机动力、农药、柴油、塑料薄膜等。农机动力、用电量、柴油三个要素又是相互关联的，这些投入的增加、农业投资的增加需要经济支持，因此人均地区生产总值对农产品增加产量有重要影响。

二、讨论

1. 单产水平有待进一步提高

作为主粮，我国水稻单产从 1950 年的 2 107.4 千克/公顷增长至 2018 年的 7 026.59 千克/公顷，增产幅度远大于人口增长幅度，有效保障了我国的粮食安全。新中国成立以来，特别是改革开放以来，我国的单产水平得到了快速提高，在水稻播种面积减少的情况下，产量仍然有大幅度增加。从国际水稻市场情况看，2017 年，我国水稻单产已经高于印度的 79.8%，也高于日本的 3.68%，成为世界水稻研究和生产的领先国。但与美国、法国、英国、埃及等国家的单产比较，我国水稻单产仍然有较大的提升空间。例如，我国稻谷单产仅为美国的 82.20%，仅为埃及的 74.36%，每公顷产量分别比美国、埃及的低 1 498 千克和 2 385 千克。

2. 优质耕地较少，不利于稻谷生产

在其他影响因素因一定的情况下，单产的提高依赖于优良的稻田；在单产一定的情况下，增加稻谷产量的途径是扩大水稻播种面积。但改革开放以来，随着工业的发展和公路等基础设施建设进程加快，特别是进入 21 世纪以来，随着城镇化进程加快和工业更大规模的发展，优质耕地资源日益减少，特别是经济发达的南方地区，经济发达意味着工业、建筑业及其他产业的发展程度高，因此南方优质耕地的减少更为明显。据统计，1996—2015 年，全国城镇用地增加了 6 200 多万亩，且占用的大多是优质耕地，城镇化率每提高 1 个百分点，需要耕地 600 多万亩。2007 年的第二次全国土地调查结果表明，我国有耕地 20.27 亿亩，比 1996 年第一次调查增加了 7 600 多万亩，但实际上减少的趋势没有被改变。其中，长江中下游地区仅湖北耕地略有增加，江苏、浙江、安徽耕地面积分别减少 720 万亩、220 万亩和 133 万亩。江苏、浙江、广东等省稻谷产量占全国比重大幅度下降，与水稻播种面积减少有很大关系。

3. 水资源污染严重，北方淡水资源贫乏

我国的水体污染范围比较广，程度比较重。由于水稻作业过程中化肥和农药的施用量有增无减，极易产生化肥和农药流失情况，在降雨和排水时对下游水体造成污染。同时不合理地使用未经处理的污水作为稻田灌溉用水，会造成稻田水体中铅、镉等重金属含量超标，严重威胁水稻生产安全[9]。例如，汉川部分区域水污染严重，沟渠沿线村民不敢种水稻[10]；山东省滨州市曾发生万亩稻田疑遭水污染绝收问题[11]。《全国土壤污染状况调查公报》显示，我国耕地污染超标点位约占全部点位的 16.1%，其中无机污染物超标点位数占全部超

标点位的82.8%，主要重金属污染物包括 Cd、Pb、Hg 和 As[12]。另外，我国不仅水资源较少，而且分布不均。从总量上看，我国淡水资源总量2.8万亿立方米，人均占有量2 240立方米，约为世界1/4，每年农业生产缺水超过300亿立方米。从分布上看，北方耕地占全国3/5，但水资源不足全国的1/5。黑龙江是我国重要的稻谷生产基地之一，但水稻种植的"井灌稻"占70%以上，持续发展存在较大隐患。有效灌面、水库库容量等因素对稻谷产量均为显著影响，因此水资源短缺将制约我国稻谷产量的增加。

4. 化肥农药施用量大，影响稻谷品质

化肥是提高农作物产量的重要因素。为了提高水稻产量，很多农户在种植水稻时不断增加化肥施用量，2000年每亩稻田施用化肥20.6千克，2018年增加到了22.55千克，化肥施用过多导致土壤质量下降，增加种植成本，肥施用过多，大米中蛋白质含量增加，导致品质不好且口感差。特别是生长期氮素过多，水稻植株生长茂盛但软弱，株形相对增高，造成早期下部荫蔽，下部湿度和温度相对提高，通风不好，给病虫害提供条件，易发病虫害。一些地区意识到问题的严重性，增加了绿色肥料——农家肥的使用量，但这样效果缓慢，施加量过少，无法满足水稻生长的需求；用量过大，导致水稻品质下降，增加了水稻中的有害物质含量，从而造成环境污染。

近年来，水稻种植中病虫害发生的频率增加，其主要原因是大量使用农药，农药在杀死害虫的同时，也杀死了害虫的天敌，进而促使害虫的大量繁殖。另外，农药增强了害虫的抗性，也增加了水稻中农药的残留，造成人类健康的安全隐患。

5. 稻谷生产成本不断提高

近年来，包括稻谷在内的各类农产品生产成本不断提高，农民收入减少，已成为影响农产品增加产量的重要因素。1978年以来，稻谷的生产成本不断提高（见图2-13）。2018年稻谷每亩总成本为1 223.64元，比1978年增加了17.55倍。其中每亩人工成本由1978年的30.48元提高到2018年的473.85元，提高了14.55倍；土地成本由2.69元提高到235.12元，提高了86.41倍。2000—2018年，每亩总成本、人工成本也增加了2倍左右，而土地成本增加了3.71倍；机械作业费由2000年的21.30元提高到2018年的190.86元，提高了7.96倍。

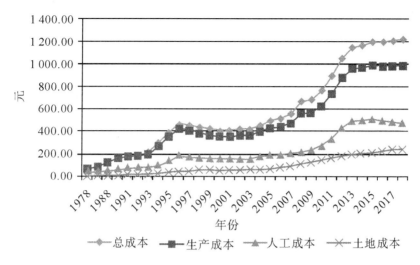

图 2-13　1978—2018 年我国稻谷生产成本情况

资料来源：全国农产品成本收益资料汇编。

6. 稻种培育技术有待突破

从资源及其利用情况看，我国不仅缺乏优质种质资源，而且种质资源利用率低。全球约有 14 万份不重复稻种资源，但研究缺乏系统性，育种利用率仅为 3%~5%，野生稻有利基因利用进程缓慢。从育种新技术及其育成品种看，功能基因组研究与育种实践相脱节。目前我国已经完成 400 多个水稻基因的克隆工作，但很少在育种中应用[13]。

在稻种培育方面，我国缺乏产量与品质、适应性等有机结合的品种。另外，由于稻种培育、稻作农艺、田间管理、稻作机械等方面的研发缺乏协同性，不同科研部分的研发缺乏合作，现有生产技术往往只是单项技术的突破。从栽培技术及其配套看，现有的品种还不能很好适应机插、直播、抛秧等轻简栽培耕作制度变化的需求[13]。

从技术推广应用看，由于大量青壮年劳动力外出务工，稻农老龄化状况日益突出，一些先进实用的技术普及应用推广难度大，稻农很难接受，而且一般农户规模小，采用新技术的效益不够明显。种粮大户缺乏技术人才，目前的生产仍以粗放式生产为主，依靠扩大规模增加收入。

我国水稻种植品种多，目前中国水稻种植 10 万亩以上的品种从 "八五" 期间不到 300 个增加到 2017 年的 831 个，但种植 1 000 万亩以上的品种数量急剧减少，2017 年没有 1 000 万亩以上品种。单一品种种植规模小，制约了水稻产业化发展。当然，水稻产业化发展水平低，还有以下几个原因：一是产业链分离，涉及多部门，不分品种类型；二是调质技术、抛光色选技术等加工技术落后；三是产后转化落后，花色少，转化产品少；四是品牌战略滞后，国际著名品牌缺乏。

另外，杂交水稻种子价格高，不利于推广。2017年杂交水稻种子平均零售价格高达57.59元/千克，比2009年的27.36元/千克增加一倍多。大面积推广的杂交稻品种面积比重正在下降，2017年，10万亩以上杂交稻品种推广面积1.77亿亩，比最多的2008年减少了6 194万亩，占全国比重为52.4%，比最高的2003年下降了13.4个百分点。目前，我国杂交水稻种子主要销往越南、巴基斯坦、印度尼西亚、孟加拉国、菲律宾等国，年出口量为2万吨左右，如果按亩用种1.5~2.0千克算，也就是1 000多万亩水稻的用种量。

7. 稻作机械化水平较低

推进水稻生产全程机械化是确保我国粮食安全的战略选择，也是促进稻农增收、产业振兴、乡村美丽的关键举措。近10多年来，从中央到地方都在大力推进农业生产各环节的机械化，取得了巨大的成绩。截至2018年年底，全国水稻耕、种、收及综合机械化率分别为98.00%、50.86%、91.52%及81.91%。水稻生产全程机械化发展正稳步推进，新技术、新装备被不断应用，全程机械化生产对水稻产业发展的支撑作用愈加凸显。近几年的实践表明，水稻全程机械化生产能够带来很多效益，与传统的人工栽植方式相比，水稻全程机械化生产能够有效降低人工劳动强度（50%~70%）；同时还能够减少收获时粮食作物的损失（约4%）；机械化的低温干燥方法，能够避免水稻出现霉变等问题（减损约4%）；机械化的秧田育苗，能够提高秧田利用率，相较于传统的育苗方法，效率约提高了9倍，能够解决农民增收、减负的现实需求。

但我国水稻种植的机械化水平仍然较低，劳动效率低，成本高，商品化程度低，特别是水稻机械化直播方面。水稻机械化直播是一种高效轻简栽培方式，被美国等发达国家广泛采用。近年来，我国超过30%的水稻种植面积采用直播方式，但人工撒播仍占主要方式；人工撒播的稻种在田间无序分布，水稻生长疏密不均，通风、透气、采光差，易感染病虫害，易倒伏，而且不太利于收获。

水稻机械化水平不太高，有几个方面的原因：农民对机械化种植水稻的认可度不高，使用机械作业的成本比较高；薄弱的农业基础设施严重限制了水稻机械化种植，如田块面积小，田面平整度高低不平，整地质量粗糙，地表面根茬多，沉淀时间把握不准，耙地过细腻，渗水速度慢，延迟栽秧时间，高差大与灌溉都不同程度影响插秧作业质量。

水稻机械化生产虽有政策、资金的支持，但由于科研与生产、农机与农艺的不协调，而且理论研究与实践应用脱节，研发的农业机械地域性不明显，尤其是对一些特殊地域，不具有适用性。另外，农机推广人员专业化水平较低，特别是乡镇农机推广人员老龄化情况严重，新老替换缓慢，人员配置不合理，高学历人员少，专业知识支撑力度降低，影响了农机推广效果。

三、建议

要保障我国居民未来对水稻数量、质量和安全的需求，以及应对国际竞争，创新是唯一出路，我们要不断提高我国水稻种子的研发能力和核心竞争力，加快水稻产业的集约化、机械化、市场化和国际化发展。

1. 加强农田保护和环境治理，稳定水稻播种面积

单产的提高需要各种因素的促成，特别是种子的改良及水、肥、土、热等各种因素的配合，因此单产的提高需要经历一个长期的过程。在单产一定的情况下，我们只有通过维持适量的播种面积才能获得总产量的增加，因此在近期稳定播种面积非常重要。如果我国的稻谷单产达到埃及 2017 年的 9 300 千克/公顷，则以 2018 年的 30 189.45 千公顷的播种面积计算，就可以多生产 6 800 万吨稻谷，不仅可以完全可以满足国内消费需要，还可以出口稻谷。当然，这需要做出艰苦的努力。因此，我们应切实加强稻田在内的农田保护，切实贯彻绿色发展理念，加强环境治理力度，进一步稳定和扩大水稻播种面积。

2. 加强化肥、农药研发和科学施用

化肥是作物生长不可缺少的基本原料，在减少施肥量的大背景下，我们需要考虑不同的作物需要不同的养分，不同的地区需要补充不同的养分。德国化学家李比希曾推出一个最小养分率，即作物生长不是由养分的总量决定的，而是由最缺乏的那种养分决定的。水稻生长所需要的养分与其他作物应该有区别，各地区的最小养分是什么，需要进行土壤化验分析。因此各地区需要加强最小养分的分析，加强水稻生长所需肥料的研发，并加强测土施肥工作和田间施肥的指导，通过精准施肥、有机肥替代化肥、采用高效新型肥料、秸秆还田等减肥增效技术，在减少化肥使用量最大限度地发挥所施化肥的作用，减少对土地、环境的负面影响。同时，我们要加强新型低毒、低残留、高效农药的研发，加强农药施用的科学指导，充分发挥所施用农药的效果。我们要进一步加大统防统治等农药减量控害技术推广应用面积，加强再生稻、稻田综合种养等绿色生产模式的试验和推广，进一步提高绿色发展水平。

3. 加快新稻种研发，提高稻谷单产水平

我国一直重视农作物的育种工作。特别值得指出的是，2014 年中央和国务院颁发的《关于全面深化农村改革加快推进农业现代化的若干意见》指出，需要发展现代种业，构建以企业为主体的育种创新体系，促进种植人才及技术持续向企业流动，强化育—繁—推一体化种子企业研发，推广高产、优质的新品种。根据我国的稻种育种现状，我们需要转变育种思路，加强对现代技术的应用，通过参考发达国家的成功经验，制定未来育种目标。未来我们应加强育种管理，不断研发新型育种技术，培育高产、优质的水稻品种，强化水稻种子企业管理，对种子企业生产技术、培育技术等进行规范和优化，严格把关水稻种子质量，加强水稻新品种的试验研究，探索可以适用不同地区、不同时间、不同种植方式和不同用途的新品种。我们要加快培育适宜机插、直播等轻简化栽培、肥料高效利用、耐高低温和盐碱等抗逆能力强的品种；加强农田水利基础设施建设；加强灌溉技术的研发，以节约用水；加强植保技术的研发，以提高稻谷单产和产品质量。

4. 加快农机研发，推进稻谷全程机械化

水稻实现全程机械化生产是农业实现现代化发展、集约化生产、标准化生产的必然要求，也是提高产量和减少收获损失的重要途径，也是适应老龄化社会的需要。加强稻谷生产机械技术研发，我们需要从以下几个方面进行密切配合。一是农田基本建设的配合，如扩大田块面积及提高田面平整度和整地质量；二是加强科研与生产的配合，研发适应不同地区、不同稻田情况的耕、种、收机械，研发与农艺相适应的水稻生产机械，针对产后的加工业需要，研发用于不同品种类型、不同花色、质量需要的加工机械，提高加工水平；三是农机推广与培训的配合，增加基础农机推广与培训的待遇，吸引高学历人员从事基层工作，切实提高农机推广和培训人员的技术水平。此外，我们还要通过农机研发和政策切实降低农机使用的费用，使稻农降低稻谷生产成本。

参考文献

[1] 俞慧友. 袁隆平团队绘就杂交海水稻研究路线图[EB/OL].(2018-06-05)[2020-08-30].http://news.china.com.cn/2018-06/05/content_51666619.htm.

[2] 俞慧友. 袁隆平提发展耐盐碱水稻方案 拓展"红线"外耕种面积[EB/OL].(2020-04-17)[2020-04-17].http://finance.sina.com.cn/china/gncj/2020-04-17/doc-iirczymi6769318.shtml.

[3] 湖南省人民政府门户网站. 自然资源[EB/OL].(2020-05-28)[2020-

08-30].hunan.gov.cn/hnszf/jxxx/hngk/zrdl/202005/t20200528_4977107.html.

[4] 湖南省农业科学院. 国家杂交水稻工程技术研究中心暨湖南杂交水稻研究中心简介[EB/OL].(2015-04-27)[2020-08-30].http://www.hhrrc.ac.cn/PageView.asp? MenuID=1.

[5] 谢樱. 湖南农业大学科研团队：突破杂交水稻机插秧栽培技术[EB/OL].(2018-12-02)[2020-08-30]http://www.xinhuanet.com/politics/2018-12/02/c_1123795483.htm.

[6] 张尚武, 王伟成. 湖南籼米"香"起来 5 个优质品种获全国金奖[EB/OL].(2019-04-16)[2020-08-30].https://gov.rednet.cn/content/2019/04/16/5322012.html.

[7] 水稻信息网. 湖南：水稻生产全程机械化水平得到快速提升[EB/OL].(2017-04-28)[2020-08-30].http://www.cnjidan.com/news/959748/.

[8] 中商产业研究院. 2019 年湖南省农村经济运行情况分析：农产品加工收入大幅提高[EB/OL].(2020-02-14)[2020-08-30].https://baijiahao.baidu.com/s? id=1658564194184174806.

[9] 张亚莉. 稻田水体污染现状调查研究：中国农业工程学会 2011 年学术年会[C].[出版地不详][出版者不详],2011.

[10] 中国养鸡网. 汉川部分区域水污染严重, 沟渠沿线村民不敢种水稻.[EB/OL].(2020-04-19)[2020-08-30].http://www.moeeom.com/mm9603531ee9113.html.

[11] 刘言, 何林璘. 万亩稻田疑遭水污染绝收, 山东 11 农户状告省政府.[EB/OL].(2020-12-20)[2020-08-30].http://news.youth.cn/gn/201612/t20161220_8964505.htm.

[12] 环境保护部, 国土资源部. 全国土壤污染状况调查公报[EB/OL].(2014-04-17)[2020-08-30].http://www.mee.gov.cn/gkml/sthjbgw/qt/201404/t20140417_270670.htm.

[13] 程式华. 水稻产业现存五大难题! 如何突破? 程式华全面解析[EB/OL].(2019-04-13)[2020-08-30].http://www.nfncb.cn/content-1169-1176849-1.html.

第三章　小麦区域专业化发展与空间变化

　　小麦是我国居民的主食之一，小麦生产对我国粮食安全有重要影响。近年来，党和政府特别强调粮食安全问题，提出了国家粮食安全新战略，其战略目标是"谷物基本自给、口粮绝对安全"。我国是世界上小麦种植历史悠久、种植面积最大和消费最多的国家之一。1990 年之前，我国小麦一直处于供不应求状态，依靠进口解决需求问题，因此小麦是我国最大的粮食进口品种。1990年后，小麦产量虽然总体增长，但波动较大。对小麦生产来说，1997 年是具有历史意义的年份，当年小麦总产量达 1.233 亿吨，创历史最高纪录，小麦产量首次超过了需求量，小麦价格开始下跌，同时出现"卖粮难"的问题。因此，研究我国小麦区域专业化发展及其影响因素，对国家制定科学的小麦生产促进政策，保持小麦产需平衡，促进小麦生产提质增效，保障国家粮食安全，等等，都有着十分重要的意义。

　　由于小麦的重要性，很多学者对我国小麦问题进行了多角度的研究。在小麦区域专业化方面，我国一些学者主要是从布局的角度进行研究。杨尚威（2011）研究了我国小麦生产区域专业化问题，该研究基于产业分工、专业化生产和农业区划等思想和方法，分析了我国小麦区域专业化的发展现状和变化特点，探讨我国小麦区域专业化发展存在的问题，得到的结论是我国小麦区域专业化发展程度不高且区域差异大，小麦区域专业化发展有利于提高小麦生产效率，但也存在一定的风险，并受制于多种因素，其中政府引导和技术是关键因素[1]。王勇（2010）研究了黄淮海地区小麦生产布局的变化问题，结论是该地区的小麦生产效率比较优势集聚区与规模比较优势集聚区的演变相吻合，但缺水是该地区小麦可持续发展的重要障碍[2]。还有很多专家对小麦主产省份的有关问题进行了研究。张静（2010）从气候、土壤、地质和水资源供应等资源供给角度，研究了河北省的优质小麦区域化布局问题，并把河北省分为 5 个优质小麦生产区，建议实行专业化、规模化生产[3]。杨永明和李宪松等（2013）分析了河北省小麦生产的变动情况，并简要分析了布局问题[4]。王斌、郑桂茹等（2008）对河北小麦产业的发展基础、存在问题进行了分析，并提出了稳步推进河北小麦产业发展的对策[5]。邵元军，李建平等（2010）、赵虹和曹廷杰等（2012）对河南小麦生产的区位动态变化及其影响因子进行了研究，并提出了解决对策，为河南省不同生态区小麦产量和品质持续提升的有效措施提供依据[6][7]。白冰、杨雨豪和王小慧（2019）利用1985—2015年的7个节点年份的全国分县小麦种植面积、总产量和单产数据，运用集中度指数、变化率等指标和重心迁移、单产面积贡献率分解方法，基于农作制分区，对过去30年我国小麦生产的时空变化进行分析。东北、西北干旱和华南农作区小麦种植面积明显减少，而黄淮海平原、长江中下游沿海平原农作区北部的小麦种植面积迅速增多；各农作区的小麦平均单产持续提高，黄淮海平原和西北干旱农作区提升幅度最大。在小麦总产增加区域，黄淮海平原农作区以单产主导型及单产与面积共同作用型为主，长江中下游沿海平原农作区以面积主导型及单产与面积共同作用型为主，小麦总产减少原因为种植面积减少[8]。

我们认为，小麦区域专业化生产的发展变化是经济、自然、技术和政策等多种因素共同作用的结果。这部分主要通过对20世纪50年代以来我国小麦区域专业化的发展变化情况，以及我国小麦区域专业化发展的影响因素进行探讨，提出进一步加强区域专业化生产的建议。

第一节　我国小麦生产情况

全球有43个国家种植小麦，其中西欧是小麦单产量较高的地区。我国小麦种植始于4 000年前，是世界上较早种植小麦的国家之一。有资料称，小麦传入我国后，首先在新疆等地种植，之后才由西向东、由北而南扩张，到唐宋以后，我国小麦生产地区基本形成且延续至今。小麦的引进与种植地区的不断扩张，使粮食产量大增，带动了人口的增长，也改变了中国人的饮食习惯，在我国小麦成为仅次于水稻的第二大粮食作物。

我国一直是世界小麦的主要产地。1949年新中国成立以来，我国的小麦产量有了很大增长，由1949年的1 380.9万吨增长到2013年的12 192.6万吨，增长了7.84倍。小麦产量的增长大致可分为以下几个阶段，1949—1956年，由1 380.9万吨增长到2 480.0万吨，增长了79.59%；到1961年则下降到1 425万吨，下降了42.54%；1962—1970年，增长了75.14%；1971年跨越

3 000 万吨大关，达 3 258 万吨；到 1976 年，产量已跨过 5 000 万吨，达 5 038 万吨。改革开放后，小麦产量的增长速度很快，由 1978 年的 5 384 万吨增长到 1983 年的 8 139 万吨；1984 年后，在产量维持高水平情况下，波动减小；1986 年超过 9 000 万吨，为 9 004 万吨；1994 年达 10 158.7 万吨；1997 年再创纪录，达 12 328.9 万吨，成为到目前为止的最高产量。此后小麦年产量小幅波动，2013 年产量达 12 371.03 万吨，超过 1997 年的产量水平；到 2018 年达到 13 144.05 万吨。总的来说，改革开放前，小麦总产量较低，但增长速度较快。1949—1978 年，小麦产量增加了 4 003.1 万吨，增长了 289.89%；1950—1978 年，其中有 10 年为负增长，年均增长率为 4.64%。改革开放后，总产量增加较多，产量增长速度变缓。1979—2018 年，小麦产量增加了 7 760.65 万吨，增长了 144.13%；1978—2018 年，其中有 12 年为负增长，年平均增长率为 2.20%（见图 3-1 和图 3-2）。

图 3-1　1949—2018 年我国小麦产量变化
资料来源：历年的中国统计年鉴。

我国小麦产量占全球产量的比重在 1949 年为 8.43%，到 1975 年上升到 12.77%；1978 年以来以稳中有升为主，1978 年为 12.20%，1979 年上升到 15.07%；1980 年略有下降，为 12.37%；到 1997 年达到最高，达 20.46%；1998 年后有所下降，大体维持在 16%～18%；其中 2004 年曾下降到 14.73%，到 2017 年达到 17.41%（见图 3-3）。我国小麦产量占全球产量的比重一直较高的原因是政府重视小麦生产，其次是单产提高很快。从表 3-1 可以看出，我国小麦单产在 20 世纪 80 年代前一直低于世界平均水平，更低于美国，1949 年

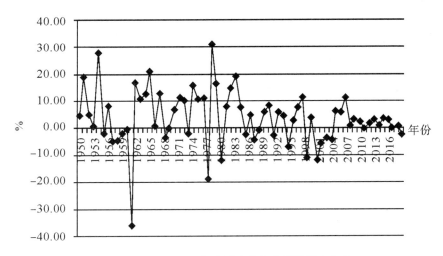

图 3-2　1950—2018 年我国小麦年产量增长率变化

资料来源：历年的中国统计年鉴。

我国单产比全球平均值低 318 千克/公顷，到 1970 年差距扩大到 369 千克/公顷；但改革开放后，我国小麦的单产迅速提高，1990 年开始，我国小麦单产一直高于全球和美国的水平（见表 3-1）。

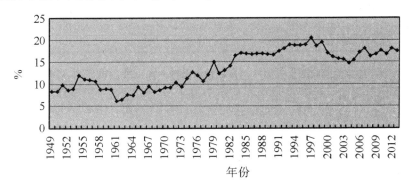

图 3-3　1949—2013 年我国小麦产量占全球的比重的变化

资料来源：历年的中国统计年鉴、国际统计年鉴的数据。

表 3-1　主要年份我国与世界、美国平均单产比较

单位：千克/公顷

年份	中国	美国	全球
1949	642	1 005	960
1970	1 146	2 085	1 515

表3-1(续)

年份	中国	美国	全球
1990	3 194	2 657	2 561
2000	3 738	2 824	2 719
2012	4 987	3 115	3 113
2017	5 416	3 114	3 531

资料来源：历年的中国统计年鉴、国际统计年鉴数据。

第二节　我国小麦主产区的空间变化

一、改革开放之前中国小麦区域专业化发展

（一）小麦生产集中度的变化

我国适宜小麦种植的范围较广（见表 3-2）。受区域自然条件影响，不同区域生产的小麦，品质差异较大。全球优质小麦产区为北纬 36°附近，而我国山东中东部地区地处北纬 36°，该区域所产小麦品质高、口感好，被称作"黄金优麦区"。小麦以山东高密的品质最好，在我国素有"东北米，高密麦（面）"之说。我国小麦生产区域很广，在 31 个省（自治区、直辖市）都有小麦种植和生产，不同的地方，由于各种条件不一样，因此生产情况也不一样。我国小麦的主要产区集中在黄河下游平原、汾河谷地、关中平原和山东半岛。

表3-2　我国适宜小麦种植的省（自治区、直辖市）

华北地区	北京、天津、河北、山西
华东地区	山东、江苏、安徽北部中部、河南
华中地区	江西、湖北
西北地区	陕西、甘肃、青海、宁夏、新疆
东北地区	辽宁、吉林、黑龙江
西南地区	重庆、四川、贵州
北方地区	内蒙古、新疆

从全球看，小麦的生产集中度很高。2000 年，世界 16 个小麦主产国合计

生产小麦 48 951.7 万吨，占全球总产量的 83.58%；到 2010 年，这 16 个小麦主产国共生产小麦 51 959.8 万吨，占全球总产量的 81.15%；到 2017 年，这 16 个小麦主产国共生产小麦 63 737.1 万吨，占全球总产量的 82.59%。从播种面积来看，也有类似的情况（见表 3-3）。

表 3-3　2000—2017 年主要年份世界主要小麦生产地分布

	产量/万吨			播种面积/千公顷		
	2000 年	2010 年	2017 年	2000 年	2010 年	2017 年
世界	58 569.0	64 025.9	77 171.9	215 437	217 312	218 543.1
中国	9 963.6	11 518.1	13 433.4	26 653.3	24 257	24 508.0
印度	7 636.9	8 080.4	9 851.0	27 486	28 457	30 600.0
俄罗斯	3 445.6	4 150.8	8 586.3	21 346	21 640	27 517.4
美国	6 063.9	6 006.2	4 737.1	21 474	19 271	15 210.7
法国	3 735.3	3 820.7	3 692.5	5 248	5 931	5 464.7
澳大利亚	2 210.8	2 183.4	3 181.9	12 141	13 507	12 191.2
加拿大	2 653.6	2 330.0	2 998.4	10 855	8 269	9 036.0
巴基斯坦	2 107.9	2 331.1	2 667.4	8 463	9 132	8 972.0
乌克兰	1 019.7	1 685.1	2 620.9	5 162	6 284	6 377.4
德国	2 162.2	2 378.3	2 448.2	2 969	3 298	3 202.6
土耳其	2 100.9	1 967.4	2 150.0	9 400	8 103	7 662.3
阿根廷	1 614.7	901.6	1 839.5	6 476	4 373	5 566.4
英国	1 670.4	1 487.8	1 483.7	2 086	1 939	1 792.0
哈萨克斯坦	907.4	963.8	1 480.3	10 050	13 138	11 912.0
伊朗	808.8	1 214.3	1 400.0	5 101	7 030	6 700.0
波兰	850.3	940.8	1 166.6	2 635	2 406	2 391.9
合计	48 951.7	51 959.8	63 737.1	177 545.3	177 035	179 104.6
占世界比重(%)	83.58	81.15	82.59	82.41	81.47	81.95

资料来源：历年国际统计年鉴、中国农村统计年鉴。

　　我国小麦的生产集中度也较高。改革开放之前，由于"以粮为纲"的计划经济的影响，我国产量最大的前 6 个省份（CR6）的产量占全国总产量的比重呈现的是下降趋势（见表 3-4），由 1950 年的 70.28% 下降到 1960 年的

56.25%和1970年的57.84%，此后有所回升，1980年上升到61.77%；从单个省份的生产集中度看，河南省一直占据第一位，但集中度呈现下降趋势，由1950年的18.24%下降到1970年的15.42%，到1980年仅有16.13%；山东省的集中度列居第二，起伏较大，由1950年的16.24%下降到1970年的10.91%，1980年为13.88%；安徽、陕西、河北、江苏等的集中度变化不大，但位次变化较大。我们从10年的周期更能看出集中度的变化（见表3-5），由此也可以看出，在1980年之前，我国小麦的生产区域虽然大体固定，主要集中在北方，但省份的集中度变化较大。

表3-4　1950—1980年我国主要小麦生产省份产量最大的集中度

单位:%

1950年		1960年		1970年		1977年		1980年	
河南	18.24	河南	15.70	河南	15.42	河南	15.47	河南	16.13
山东	16.24	山东	12.11	山东	10.91	山东	14.76	山东	13.88
安徽	11.01	四川	8.48	黑龙江	8.12	河北	9.80	江苏	10.22
陕西	9.35	陕西	7.08	四川	7.98	四川	8.63	四川	7.43
河北	8.07	河北	6.76	河北	7.81	黑龙江	6.51	黑龙江	7.15
江苏	7.37	湖北	6.12	江苏	7.60	陕西	5.95	河北	6.96
合计	70.28		56.25		57.84		61.12		61.77

资料来源：根据历年中国统计年鉴、各省统计年鉴计算整理。

表3-5　1950—1980年我国主要小麦生产省份集中度周期变化

单位:%

1950—1960年		1960—1970年		1970—1980年	
河南	-2.54	河南	-0.28	河南	0.71
山东	-4.13	山东	-1.2	山东	2.97
安徽	-5.11	四川	-0.5	江苏	2.62
陕西	-2.27	陕西	-0.2	四川	-0.55
河北	-1.31	河北	1.05	黑龙江	-0.97
江苏	-1.4	江苏	1.63	河北	-0.85

资料来源：根据历年中国统计年鉴、各省统计年鉴计算整理。

二、改革开放以来中国小麦区域专业化发展

（一）小麦生产集中度的变化

从表3-6可以看出，1980年以来，我国小麦生产集中度前6个省（自治区、直辖市）的合计集中度呈上升态势，由1980年的61.77%上升到2018年的83.65%，年均提高0.56个百分点。其中河南的集中度上升较多，由1980年的16.13%上升到2000年的22.44%和2010年的26.80%，2018年进一步提高到27.41%，较1980年上升了11.28个百分点；山东的生产集中度也处于上升状态，由1980年的13.88%上升到2018年的18.81%，上升了4.32个百分点；安徽由1980年的6.17%上升到2018年的12.23%，上升了6.06个百分点；河北由1980年的6.96%上升到2018年的11.04%，上升了4.08个百分点。但江苏、黑龙江、陕西和四川则呈现下降趋势。其中，江苏下降了0.41个百分点，黑龙江和四川分别下降了6.87和5.55个百分点。不过新疆后来居上，2000年新疆还没有进入前6个主产省（自治区、直辖市）之列，但到2010年就上升为小麦第六大主产区，从1980到2018年上升了0.49个百分点。

表3-6　1980—2018年我国主要小麦生产省（自治区、直辖市）集中度

单位:%

1980年		1990年		2000年		2010年		2013年		2018年	
河南	16.13	河南	16.7	河南	22.44	河南	26.8	河南	26.46	河南	27.41
山东	13.88	山东	16.41	山东	18.67	山东	17.9	山东	18.2	山东	18.81
江苏	10.22	河北	9.44	河北	12.12	河北	10.7	河北	11.38	安徽	12.23
四川	7.43	江苏	9.4	江苏	7.99	安徽	10.5	安徽	10.92	河北	11.04
黑龙江	7.15	安徽	6.09	安徽	7.1	江苏	8.8	江苏	9.03	江苏	9.81
河北	6.96	四川	5.81	四川	5.34	新疆	5.4	新疆	4.94	新疆	4.35
合计	61.77		63.85		73.66		80		80.93		83.65

资料来源：根据历年中国统计年鉴、主要各省统计年鉴计算整理。

从1980年以来我国主要小麦生产省（自治区、直辖市）集中度周期变化（见表3-7）看，1980—1990年，河南、河北、山东和新疆的生产集中度都是增加的，其中河北和山东均增加2.5个百分点。1990—2000年，除江苏外都是增加的，其中河南增幅达5.94个百分点。2000—2010年，有5个省（自治区、直辖市）呈增加态势，增幅以河南为最大，提高了4.36个百分点；其次是安徽；山东和河北则略有减少。2010—2013年，除河南略有下降外，其他均是

小幅增加。1980—2018 年，河南的集中度提高了 11.28 个百分点，山东、河北和安徽增幅均在 4 个百分点以上，只有江苏下降了 0.41 个百分点。

表 3-7　1980 年以来我国主要小麦生产省（自治区、直辖市）集中度周期变化

单位:%

1980—1990 年		1990—2000 年		2000—2010 年		2010—2013 年		1980—2018 年	
河南	0.57	河南	5.94	河南	4.36	河南	-0.34	河南	11.28
山东	2.53	山东	2.26	山东	-0.77	山东	0.30	山东	4.93
河北	2.48	河北	2.68	河北	-1.42	河北	0.68	河北	4.08
安徽	-0.08	安徽	0.91	安徽	3.40	安徽	0.42	安徽	6.06
江苏	-0.82	江苏	-1.41	江苏	1.70	江苏	0.23	江苏	-0.41
新疆	0.13	新疆	0.02	新疆	1.40	新疆	0.93	新疆	0.49

资料来源：根据历年中国统计年鉴、各省统计年鉴计算整理。

（二）小麦种植面积的空间变化

从 1980 年以来的各小麦主产区的小麦播种面积变化看，1980—1990 年，除河北、黑龙江外，均是增加的，使全国增加了 1 908.8 千公顷。但 1990 年以来，全国的小麦播种面积均呈减少趋势。其中，1990—2000 年，全国减少了4 100.2 千公顷，2000—2010 年减少 2 396 千公顷，2010—2013 年减少了 140 千公顷，致使全国在 1980—2013 年减少了 4 727.4 千公顷。从主产省看，自1980 年以来，河南播种面积增加较多，1980—2013 年共增加了 1 439.8 千公顷。其他省份播种面积都是在不同的 10 年周期中有增也有减。但总体来说，增加播种面积的省份居多。1980—2013 年，播种面积减少较多的是河北、新疆，增加较多的是安徽和江苏，这表明我国小麦生产经营进一步向优势地区集中（见表 3-8）。从播种面积变化可以看出，1980 年以来，我国小麦主产区主要以黄河流域和淮河流域为主。

表 3-8　1980 年以来我国主产省份小麦播种面积周期变化情况

单位：千公顷

1980—1990 年		1990—2000 年		2000—2010 年		2010—2013 年		1980—2018 年	
全国	1 908.8	全国	-4 100.2	全国	-2 396.0	全国	-140.0	全国	-4 578
河南	855.8	河南	139.6	河南	357.7	河南	86.7	河南	1 813
山东	478.7	山东	-399.0	山东	-186.3	山东	111.8	山东	390.1
江苏	849.7	河北	170.5	河北	-258.5	河北	-42.6	安徽	959.8

表3-8(续)

1980—1990 年		1990—2000 年		2000—2010 年		2010—2013 年		1980—2018 年	
四川	56.3	江苏	-444.6	江苏	138.5	安徽	67.2	江苏	854.5
黑龙江	-67.3	安徽	52.1	安徽	239.3	江苏	53.8	河北	-453
河北	-251.9	四川	-616.2	四川	-339.3	新疆	1.0	湖北	-187.3

资料来源：根据历年中国统计年鉴、各省统计年鉴计算整理。

第三节　我国小麦主产区空间变化的影响因素

一、理论分析

屠能提出农业区位理论，认为农作物的种植与布局取决于该农作物能够带来的纯收益，而作物纯收益的大小仅仅取决于运费的大小。屠能的作物纯收益取决于其种植区位的观点对分析小麦生产布局及区域专业化发展变化的原因具有重要参考作用。但该理论也存在一定的局限性。一是小麦是一种重要的粮食，其市场受到农户自身需求的影响。在我国，小麦生产还受到政府政策和政府行为的影响。二是在市场经济条件下，农民的种植行为不仅会受作物间比较效益的影响，还受非农收入的影响。农民种植不同农作物所投入的劳动不尽相同，在存在非农就业机会的情况下，农民的兼业行为会遵循总的纯收入最大化原则。在这种情况下，即使种植某种作物的经济效益最好，但如果种植该种作物需要投入较多劳动，会减少农户的非农收入，农户会做出次佳选择，放弃或少种植这种效益最佳的作物，而选择需要投入劳动较少，能够增加其非农收入并提高其总收入的作物。三是屠能"种植作物纯收益的大小取决于运费的大小"的观点也不符合实际，因为除运费外，自然条件、技术水平等因素也会对作物的纯收益有重要影响，种植历史也会影响农户的种植行为。

因此，我们认为小麦生产的发展与自然因素、经济因素、政治因素、科技因素及劳动力因素等有关，需要从分析小麦种植农户的经济行为出发，研究中国小麦生产区位变动的原因。各省（自治区、直辖市）小麦面积的变化形成了中国小麦生产区域变动格局。改革开放后，中国农民逐渐成为独立的商品生产经营者。根据理性人假说，农民的经济行为以增加纯收入为主要目标，因此，影响农民纯收入的种植业内部比较利益、非农就业机会成本、自然条件、技术进步和国家政策等因素均会对小麦生产区域专业化产生影响。

本书提出以下待检验的假说：①一个地区的小麦对其他大田作物的比较效益对该地区小麦种植面积占全国小麦种植总面积的比重有重要影响，我们分析时用净利润表示。②农民非农就业机会较多的地区，其小麦种植面积占全国的比重较小；反之，则增加。我们用人均地区生产总值表示。③灌溉条件较好的地区，其小麦种植面积占全国的比重较高；反之，比重较小。我们用有效灌溉面积表示。④自然灾害比较严重的地区，其小麦种植面积占全国的比重较低；反之，比重较高。⑤一个地区小麦生产的机械化水平与其小麦种植面积占全国的比重呈正相关关系。我们用农机动力表示。⑥技术进步对一个地区小麦种植面积占全国比重的影响具有不确定性，可正面，可负面或中性。我们用农技人数表示。⑦在小麦市场化改革之前，国家一直对小麦生产进行干预。当小麦供不应求时，国家提高小麦收购价格，提高化肥、柴油等生产资料的补贴力度；而当小麦供不应求时，国家降低小麦的收购价格，减少生产资料的补贴力度。因此，国家的干预政策对一个地区小麦种植面积扩大或减少的影响具有不确定性。该指标数据难以获得，故不纳入分析。

二、中国小麦区域专业化发展的影响因素分析

农产品产量、集中度与耕地面积、气候、农业生产历史与生产技术等息息相关。为了定量地分析小麦生产区域专业化发展的影响因素，选择下列指标：单产、净利润、有效灌面、农机动力、化肥、农村用电量、人均地区生产总值和农技人员数量等。耕地面积对农业生产具有重要影响，但由于耕地面积数据呈现越来越多的趋势，而且 2008 年以来就没有公布数据，因此不纳入这里的分析。理论上，某一区域的农业生产机械动力越大、化肥施使用量和农村用电量越多、耕地面积和有效灌溉面积越大、小麦生产净利润越高，则小麦产量越大，小麦的生产区域集中度也越高。

（一）不同代表年代小麦产量集中度的影响因素分析

1. 1980 年

1980 年我国小麦产量集中度及其影响因素数据见表 3-9。从表 3-10 可以看出，小麦产量集中度与播种面积的相关系数为 0.831，与有效灌面、农机动力和化肥的相关程度一般，相关系数在 0.58~0.67，与其他因素相关性较差，与农技人员数没有什么关系，特别是与用电量、人均地区生产总值呈负相关；与单产的相关性也很低，相关系数仅为 0.291；农技人员与其他因素关系也不强。可以看出，这时的小麦生产区域专业化发展主要依靠基于自然条件的播种面积的扩大。

表 3-9　1980 年小麦产量集中度与各生产因素

	集中度	单产	播种面积	有效灌面	农机动力	化肥	用电量	人均地区生产总值	农技人员
	%	千克/公顷	千公顷	千公顷	万千瓦	万吨	亿千瓦时	元/人	人
河南	16.13	2 267.70	3 926.90	3 536.30	1 178.00	72.52	17.23	317	15 427
山东	13.88	2 088.10	3 668.50	4 407.50	1 371.80	135.40	20.10	402	20 117
江苏	10.22	3 640.00	1 549.50	3 412.80	1 113.05	118.17	33.74	541	11 215
四川	7.43	2 404.20	2 164.90	2 114.00	500.34	80.40	9.40	320	22 681
黑龙江	7.15	1 875.00	2 105.20	670.47	709.30	34.60	14.50	694	21 635
河北	6.96	1 391.20	2 760.20	3 622.30	1 253.84	74.74	30.77	427	16 498
安徽	6.17	1 777.00	1 916.10	2 438.00	664.30	10.69	54.93	291	10 823
湖北	4.83	2 062.30	1 292.30	2 635.60	772.50	55.90	9.61	428	15 645

资料来源：根据各省市区的统计年鉴整理。

注：为表述方便，化肥施用量简称为化肥，下同。

表 3-10　1980 小麦产量集中度及各生产因素之间的相关关系

	集中度	单产	播种面积	有效灌面	农机动力	化肥	用电量	人均地区生产总值	农技人员
集中度	1.000								
单产	0.291	1.000							
播种面积	0.831	−0.258	1.000						
有效灌面	0.585	0.153	0.528	1.000					
农机动力	0.665	0.059	0.636	0.830	1.000				
化肥	0.579	0.524	0.364	0.702	0.664	1.000			
用电量	−0.130	−0.035	−0.134	0.175	0.087	−0.275	1.000		
人均地区生产总值	−0.189	0.173	−0.317	−0.458	0.018	0.027	−0.223	1.000	
农技人员	0.030	−0.287	0.272	−0.314	−0.181	0.161	−0.747	0.215	1.000

资料来源：根据各省市区的统计年鉴整理。

各因素对小麦产量集中度的回归结果（见表 3-11）表明，播种面积、有效灌面、农机动力和化肥对集中度均有影响，其中化肥的影响最显著，而其他因素均不显著。回归结果表明，播种面积、有效灌面增加 1 千公顷，小麦生产集中度将平均提高 0.003 和 0.002 个百分点；农机动力增加 1 万千瓦，将使集中度平均提高 0.008 个百分点；化肥增加 1 万吨，将使集中度平均提高 0.057

个百分点（显著性水平取 5%）。

表 3-11　1980 小麦产量集中度与各生产因素的回归结果

解释变量	单产	播种面积	有效灌面	农机动力	化肥	用电量	人均地区生产总值	农技人员
截距项	5.27 (2.06)	0.69 (0.28)	3.32 (1.24)	1.28 (0.45)	4.97 (3.27)	9.90 (3.36)	11.50 (2.37)	8.64 (1.90)
斜率项	0.002 (1.82)	0.003 (4.03)	0.002 (2.11)	0.008 (2.34)	0.057 (4.65)	−0.03 (−0.44)	−0.006 (−0.66)	0.000 3 (0.11)
R^2	0.084 8	0.690 7	0.341 9	0.442 2	0.335 4	0.016 9	0.035 9	0.000 9

注：应用软件为 EVIEWS6.0，采用异方差稳健标准误方法进行回归，以消除异方差的影响。括号内数字为 t 统计量。

2. 1990 年

1990 年小麦产量集中度与各生产要素见表 3-12。由表 3-13 的相关关系计算结果可以看出，与小麦产量集中度相关程度最大的还是播种面积，相关系数为 0.974，其次是农机动力、化肥施用量；与小麦单产相关度最高的是有效灌面，其次是农机动力；农技人员与化肥也有较强相关性。与 1980 年的情况进行比较我们可以看出，集中度与各生产要素的相关程度都提高了，这表明生产要素投入与小麦区域专业化发展具有明显的相关性。

表 3-12　1990 年小麦产量集中度与各生产因素的关系

	集中度	单产	播种面积	有效灌面	农机动力	化肥	用电量	人均地区生产总值	农技人员
	%	千克/公顷	千公顷	千公顷	万千瓦	万吨	亿千瓦时	元/人	人
河南	16.69	3 428.80	4 782.73	3 550.10	2 264.00	213.18	46.93	1 091	26 353
山东	16.41	3 887.20	4 147.20	4 463.70	3 221.03	245.50	75.71	1 815	34 793
河北	9.44	3 698.50	2 508.33	3 758.50	2 822.20	145.21	58.81	1 465	25 311
江苏	9.40	3 850.00	2 399.20	3 970.90	2 004.77	221.79	105.26	2 109	23 595
安徽	6.09	2 882.90	2 074.33	2 633.30	1 307.32	23.56	144.54	1 182	20 142
四川	5.81	3 085.30	2 221.20	2 226.00	956.00	143.90	33.00	1 136	42 792
黑龙江	4.83	2 820.00	1 781.07	1 078.41	1 173.40	76.64	17.60	1 837	19 972
陕西	4.72	2 742.30	1 757.60	1 263.10	712.00	67.90	29.98	1 241	17 539

资料来源：根据各省市区的统计年鉴整理。

表 3-13　1990 年小麦产量集中度与各生产因素之间的相关关系

	集中度	单产	播种面积	有效灌面	农机动力	化肥	用电量	人均地区生产总值	农技人员
集中度	1.000								
单产	0.736	1.000							
播种面积	0.974	0.587	1.000						
有效灌面	0.802	0.941	0.682	1.000					
农机动力	0.828	0.890	0.703	0.892	1.000				
化肥	0.818	0.878	0.745	0.788	0.729	1.000			
用电量	0.118	0.277	0.027	0.489	0.234	-0.032	1.000		
人均地区生产总值	0.092	0.501	-0.086	0.286	0.356	0.392	0.127	1.000	
农技人员	0.311	0.355	0.349	0.344	0.241	0.515	-0.165	-0.124	1.000

　　从表 3-14 可以看出，在 5% 的显著性水平下，单产、播种面积、有效灌面、农机动力和化肥施用量对小麦生产集中度均有显著影响，其他因素的影响均不显著。回归结果表明，单产增加 1 千克/公顷，小麦产量集中度平均将提高 0.008 个百分点；播种面积、有效灌面增加 1 千公顷，小麦产量集中度将平均提高 0.004 和 0.003 个百分点；农机动力增加 1 万千瓦，将使集中度平均提高 0.005 个百分点；化肥增加 1 万吨，将使集中度平均提高 0.050 个百分点。与 1980 年的情况比较，各生产要素对集中度的影响程度明显提高，但用电量、人均地区生产总值和农技人员对集中度的影响仍然不显著。

表 3-14　1990 年小麦产量集中度与各生产因素的回归结果

解释变量	单产	播种面积	有效灌面	农机动力	化肥	用电量	人均地区生产总值	农技人员
截距项	-15.87 (-2.43)	-2.30 (-2.10)	0.27 (0.18)	1.14 (0.94)	2.13 (1.11)	8.32 (2.55)	7.44 (0.93)	4.45 (0.69)
斜率项	0.008 (3.36)	0.004 (10.01)	0.003 (4.25)	0.005 (4.25)	0.050 (3.41)	0.013 (0.34)	0.001 (0.23)	0.000 2 (0.66)
R^2	0.541 7	0.948 3	0.644 0	0.686 3	0.668 8	0.013 8	0.008 5	0.096 9

　　注：计算软件为 EVIEWS6.0，采用异方差稳健标准误方法进行回归，以消除异方差的影响。括号内数字为 t 统计量。

3. 2000 年

2000 年小麦产量集中度与各生产要素之间的关系见表 3-15。从 2000 年小麦产量集中度与各生产要素之间相关系数的计算结果（见表 3-16）可以看出，小麦产量集中度与播种面积几乎为完全正相关关系，相关系数高达 0.982；与化肥、有效灌面和农机动力、单产具有较高相关度；人均地区生产总值与单产、化肥等具有较高相关性，这表明，经济增长有助于增加化肥投入、增加有效灌面；农技人员与人均地区生产总值、化肥有较强关系，表明经济增长加大了对农技人员的雇用力度，有利于化肥更好地施用。

表 3-15　2000 年小麦产量集中度与各生产因素之间的关系

	集中度	单产	播种面积	有效灌面	农机动力	化肥	用电量	人均地区生产总值	农技人员
	%	千克/公顷	千公顷	千公顷	万千瓦	万吨	亿千瓦时	元/人	人
河南	22.44	4 542.50	4 922.30	4 725.30	5 780.60	420.71	125.80	5 450	26 645
山东	18.67	4 962.50	3 748.20	4 824.90	7 025.24	423.20	200.27	9 326	50 699
河北	12.12	4 509.30	2 678.80	4 482.30	7 000.40	270.62	180.45	7 592	23 951
江苏	7.99	4 074.50	1 954.60	3 900.90	2 925.29	335.45	314.60	11 765	40 364
安徽	7.10	3 325.30	2 126.40	3 197.20	2 975.87	45.81	253.15	4 780	22 814
四川	5.34	3 315.40	1 605.60	2 469.01	1 679.65	212.59	82.83	4 956	42 473
陕西	4.20	2 723.10	1 537.20	1 308.00	1 046.80	131.20	58.49	4 958	18 966
新疆	4.01	4 762.60	838.80	3 094.30	3 094.28	79.15	24.45	7 372	27 769

表 3-16　2000 年小麦产量集中度与各生产因素之间的相关关系

	集中度	单产	播种面积	有效灌面	农机动力	化肥	用电量	人均地区生产总值	农技人员
集中度	1.000								
单产	0.607	1.000							
播种面积	0.982	0.452	1.000						
有效灌面	0.820	0.843	0.738	1.000					
农机动力	0.819	0.803	0.734	0.908	1.000				
化肥	0.836	0.552	0.794	0.730	0.659	1.000			
用电量	0.237	0.104	0.259	0.492	0.280	0.323	1.000		

表3-16(续)

	集中度	单产	播种面积	有效灌面	农机动力	化肥	用电量	人均地区生产总值	农技人员
人均地区生产总值	0.148	0.548	0.029	0.500	0.331	0.488	0.570	1.000	
农技人员	0.256	0.375	0.170	0.371	0.222	0.566	0.288	0.558	1.000

我们对2000年各地区小麦产量集中度与各因素进行回归分析可知，在5%的显著性水平下，单产、播种面积、有效灌面、农机动力、化肥施用量的影响都显著。其中播种面积最显著，其次为化肥施用量，而其他因素不显著。由回归结果可知，单产增加1千克/公顷，小麦生产集中度将平均提高0.005个百分点；播种面积、有效灌面增加1千公顷，小麦生产集中度将平均提高0.005个百分点；农机动力增加1万千瓦，将使集中度平均提高0.002个百分点；化肥增加1万吨，将使集中度平均提高0.039个百分点（见表3-17）。

表 3-17 2000 年小麦产量集中度与各生产因素的回归结果

解释变量	单产	播种面积	有效灌面	农机动力	化肥	用电量	人均地区生产总值	农技人员
截距项	−10.67 (−1.38)	−2.23 (−1.81)	−6.03 (−1.22)	0.66 (0.37)	0.80 (0.31)	7.68 (1.82)	7.36 (0.97)	5.24 (0.74)
斜率项	0.005 (2.17)	0.005 (12.69)	0.005 (3.26)	0.002 (3.54)	0.039 (3.64)	0.016 (0.79)	0.000 4 (0.43)	0.000 2 (0.77)
R^2	0.368 3	0.963 5	0.672 2	0.671 6	0.698 3	0.056 3	0.021 9	0.065 8

注：计算软件为 EVIEWS6.0，采用异方差稳健标准误方法进行回归，以消除异方差的影响。括号内数字为 t 统计量。

4. 2010 年

2010 年各地小麦产量集中度与各生产因素的关系见表 3-18。从表 3-19 可知，2010 年各地小麦产量集中度与播种面积的相关程度很高，为 0.995；其次是化肥、农机动力，分别为 0.873 和 0.818；再次为有效灌面和单产，分别为 0.793 和 0.725；然后为净利润，相关系数为 0.446；与用电量、人均地区生产总值关系不大；而与农业技术人员的相关系数为负相关，没有经济意义。单产与有效灌面、净利润、播种面积、农机动力和化肥有较高的相关关系，农业技术人员与其他因素之间的关系较弱或为负相关。

表 3-18　2010 小麦产量集中度与各生产因素的关系

	集中度	单产	播种面积	净利润	有效灌面	农机动力	化肥	用电量	人均地区生产总值	农技人员
	%	千克/公顷	千公顷	元/亩	千公顷	万千瓦	吨	亿千瓦时	元/人	人
河南	26.76	5 837.50	5 280.0	192.54	5 081.0	10 195.9	655.2	269.41	24 446	21 175
山东	17.87	5 779.50	3 561.9	201.51	4 955.3	11 629.0	475.3	439.03	41 106	53 916
河北	10.68	5 084.50	2 420.3	114.88	4 548.0	10 151.3	322.9	511.81	28 668	27 096
安徽	10.48	5 100.8	2 365.7	249.5	3 519.8	5 409.8	107.4	319.77	20 888	19 750
江苏	8.75	4 816.4	2 093.1	168.02	3 819.7	3 937.3	341.1	1 472.89	52 840	27 070
新疆	5.41	5 566.80	1 120.0	180.74	3 721.6	1 642.9	167.6	64.29	25 034	28 433
四川	3.71	3 379.2	1 265.7	-125.86	2 553.1	3 155.1	248.0	141.70	21 182	44 769
陕西	3.51	3 514.70	1 148.9	140.63	1 284.9	1 889.3	196.8	121.00	27 133	30 030

经过回归计算，在 2010 年，在 5% 的显著性水平下，单产、净利润、播种面积、有效灌面、农机动力、化肥对小麦产量集中度的影响均显著。影响最大的是播种面积；其次是化肥和农机动力，而有效灌面、单产、净利润的影响差不多；而用电量、人均地区生产总值和农技人员的影响不显著且有的回归系数为负，不符合经济意义。回归结果表明，单产每公顷提高 1 千克，小麦产量集中度将平均提高 0.006 个百分点；播种面积、有效灌面每增加 1 千公顷，集中度将平均提高 0.006 和 0.005 个百分点；化肥增加 1 万吨，集中度将平均提高 0.039 个百分点；农机动力增加 1 万千瓦，集中度将平均将提高 0.002 个百分点（见表 3-20）。

表 3-19　2010 年小麦产量集中度与各生产因素之间的相关关系

	集中度	单产	播种面积	有效灌面	农机动力	化肥	用电量	人均地区生产总值	农技人员	净利润
集中度	1.000									
单产	0.725	1.000								
播种面积	0.995	0.665	1.000							
有效灌面	0.793	0.891	0.763	1.000						
农机动力	0.818	0.619	0.823	0.810	1.000					
化肥	0.873	0.486	0.881	0.672	0.736	1.000				
用电量	0.066	0.126	0.092	0.264	0.102	0.188	1.000			
人均地区生产总值	0.091	0.196	0.091	0.266	0.159	0.288	0.873	1.000		
农技人员	-0.091	-0.164	-0.096	0.000	0.186	0.142	-0.100	0.239	1.000	
净利润	0.446	0.714	0.400	0.406	0.281	0.120	0.188	0.246	-0.434	1.000

表 3-20　2010 年小麦产量集中度与各生产因素的回归结果

解释变量	单产	净利润	播种面积	有效灌面	农机动力	化肥	用电量	人均地区生产总值	农技人员
截距项	−18.50 (−2.09)	6.57 (4.17)	−2.44 (−3.26)	−7.30 (−1.23)	1.29 (0.75)	−1.24 (−0.31)	10.41 (2.46)	8.95 (1.11)	12.83 (1.23)
斜率项	0.006 (2.75)	0.031 (2.49)	0.006 (27.41)	0.005 (2.86)	0.002 (3.17)	0.039 (4.01)	0.001 (0.162)	0.000 06 (0.31)	−0.000 06 (−0.20)
R^2	0.525 7	0.198 6	0.990 4	0.629 2	0.668 6	0.761 7	0.004 4	0.008 2	0.008 3

注：计算软件为 EVIEWS6.0，采用异方差稳健标准误方法进行回归，以消除异方差的影响。括号内数字为 t 统计量。

5. 2013 年

2013 年小麦产量集中度与各影响因素的关系见表 3-21。由表 3-22 可知，集中度与播种面积高度相关，相关系数为 0.996；其次是单产，为 0.831；单产、有效灌面的相关性差不多，单产为 0.755，有效灌面为 0.721；其他因素与集中度相关程度均较弱。因此，单产与有效灌面高度相关，净利润与单产、有效灌面有较强的相关关系，农技人员与所有因素的相关性均较弱。

表 3-21　2013 年小麦产量集中度与各影响因素的关系

	集中度	单产	播种面积	有效灌面	农机动力	化肥	用电量	人均地区生产总值	农技人员	净利润
	%	千克/公顷	千公顷	千公顷	万千瓦	万吨	亿千瓦时	元/人	人	元/亩
河南	26.46	6 012.0	5 366.7	4 969.1	11 150.0	248.2	305.4	34 174	33 498	−41.88
山东	18.20	6 040.4	3 673.7	5 022.2	12 739.8	472.7	471.4	56 323	52 077	104.24
河北	11.38	5 834.2	2 377.7	4 349.0	10 762.7	331.0	616.5	38 716	28 096	74.61
安徽	10.92	5 475.1	2 432.9	4 305.5	6 140.3	338.4	138.4	31 684	23 202	130.64
江苏	9.03	5 129.7	2 146.9	3 785.3	4 405.6	326.8	1 801.9	74 607	25 782	58.94
新疆	4.94	5 371.0	1 121.0	4 769.9	2 165.9	203.2	83.9	37 181	30 607	276.58
四川	3.46	3 464.6	1 216.0	2 617.0	3 953.1	251.1	163.5	32 454	44 722	−447.66
湖北	3.42	3 807.1	1 094.8	2 791.9	4 081.1	351.9	130.1	6 881	26 481	101.65

表 3-22　2013 年小麦产量集中度与各生产因素之间的相关关系

	集中度	单产	播种面积	有效灌面	农机动力	化肥	用电量	人均地区生产总值	农技人员	净利润
集中度	1.000									
单产	0.755	1.000								
播种面积	0.996	0.704	1.000							
有效灌面	0.721	0.960	0.665	1.000						
农机动力	0.831	0.686	0.815	0.590	1.000					
化肥	0.208	0.235	0.199	0.118	0.542	1.000				
用电量	0.067	0.180	0.079	0.012	0.031	0.216	1.000			
人均地区生产总值	0.258	0.454	0.248	0.382	0.207	0.239	0.814	1.000		
农技人员	0.236	-0.007	0.239	0.099	0.403	0.315	-0.187	0.201	1.000	
净利润	0.079	0.565	0.015	0.578	0.032	0.206	0.059	0.078	-0.442	1.000

　　经过回归计算，在 2013 年，在 5% 的显著性水平下，单产、播种面积、有效灌面、农机动力对小麦产量集中度的影响均显著，并且回归系数符合经济意义。播种面积的影响最显著，其次为农机动力和单产。回归结果表明，单产每公顷提高 1 千克，小麦产量集中度将平均提高 0.006 个百分点；播种面积、有效灌面每增加 1 千公顷，集中度将平均提高 0.005 和 0.006 个百分点；农机动力增加 1 万千瓦，集中度将平均提高 0.002 个百分点（见表 3-23）。与以往比较，化肥、净利润与集中度之间的相关程度明显下降。回归结果表明，化肥施用量对集中度已经没有显著的影响。

表 3-23　2013 年小麦产量集中度与各生产因素的回归结果

解释变量	单产	净利润	播种面积	有效灌面	农机动力	化肥	用电量	人均地区生产总值	农技人员
截距项	-20.44 (-2.56)	10.88 (3.44)	-2.12 (-3.63)	-14.02 (-2.01)	-0.46 (-0.19)	4.67 (0.36)	10.54 (2.62)	6.90 (1.22)	4.85 (0.70)
斜率项	0.006 (3.39)	0.003 (0.22)	0.005 (31.99)	0.006 (2.79)	0.002 (3.42)	0.020 (0.57)	0.001 (0.30)	0.000 1 (0.89)	0.000 2 (0.88)
R^2	0.569 4	0.006	0.992 9	0.520 1	0.690 6	0.043 2	0.004 5	0.066 6	0.055 6

　　注：计算软件为 EVIEWS6.0，采用异方差稳健标准误方法进行回归，以消除异方差的影响。括号内数字为 t 统计量。

　　5. 2017 年

　　2017 年小麦产量集中度与各影响因素的关系见表 3-24。由 2017 年小麦产量集中度与各生产因素的相关关系（见表 3-25）可知，集中度与播种面积高度相关，相关系数为 0.998；其次是化肥施用量和农机动力，分别为 0.917 和 0.914，均高于前一个时点的相关系数；单产的相关系数也较高，为 0.826；有效灌面与农药的相关性相差不大；其他因素与集中度相关程度均较弱。其中农技人员与每亩净利润的相关程度也相差不大，而人均地区生产总值和用电量的相关性微弱，单产与有效灌面高度相关，净利润、农技人员、人均地区生产总值与所有因素的相关性均较弱。

表 3-24　2017 年小麦产量集中度与各影响因素的关系

	集中度	单产	播种面积	有效灌面	农机动力	化肥	用电量	农药	人均地区生产总值	农技人员	净利润
	%	千克/公顷	千公顷	千公顷	万千瓦	万吨	亿千瓦时	万吨	元/人	人	元/亩
河南	27.41	6 483.70	5 739.9	5 273.6	10 038.3	706.7	328.82	12.07	46 674	30 726	-11.62
山东	18.81	6 109.67	4 058.6	5 191.1	10 144	440	488.45	14.07	72 807	54 281	128.39
安徽	12.23	5 825.69	2 875.9	4 504.1	6 312.9	318.7	171.31	9.94	43 401	20 818	164.32
河北	11.04	6 337.51	2 357.2	4 474.7	7 580.6	322	615.16	7.76	45 387	26 628	107.21
江苏	9.81	5 369.25	2 404	4 131.4	4 991.4	303.9	1 887.99	7.32	107 150	25 974	49.87
新疆	4.35	5 436.27	1 031.5	4 952.3	2 638.8	250.7	111.13	2.77	44 941	27 620	163.77
湖北	3.12	3 701.82	1 105	2 919.2	4 335.1	317.9	156.57	10.96	60 199	14 985	-9.31
陕西	3.05	4 219.60	967.3	1 263.1	2 242.5	232.1	130.85	1.33	57 266	32 364	-128.83
甘肃	2.13	3 519.04	775.6	1 331.4	2 018.6	84.50	55.85	5.20	28 497	30 812	-448.40
四川	1.88	3 855.00	635	2 873.1	4 220.3	242.0	188.44	5.58	44 651	16 356	-466.95

表 3-25　2017 年小麦产量集中度与各生产因素之间的相关关系

	集中度	单产	播种面积	有效灌面	农机动力	化肥	用电量	农药	人均地区生产总值	农技人员	净利润
集中度	1.000										
单产	0.826	1.000									
播种面积	0.998	0.805	1.000								
有效灌面	0.730	0.879	0.712	1.000							
农机动力	0.914	0.790	0.910	0.751	1.000						
化肥	0.917	0.699	0.915	0.693	0.848	1.000					
用电量	0.208	0.313	0.225	0.285	0.206	0.126	1.000				
农药	0.721	0.472	0.742	0.584	0.848	0.684	0.141	1.000			
人均地区生产总值	0.160	0.187	0.190	0.231	0.186	0.176	0.862	0.213	1.000		
农技人员	0.475	0.413	0.464	0.253	0.450	0.259	0.075	0.279	0.199	1.000	
净利润	0.474	0.754	0.475	0.743	0.467	0.443	0.276	0.370	0.364	0.241	1.000

经过回归计算，在 2017 年，在 5% 的显著性水平下，单产、播种面积、有

效灌面、农机动力、化肥施用量、农药施用量、农技人员、每亩净利润对小麦生产集中度的影响均显著，并且回归系数符合经济意义。从统计结果看，播种面积的影响最显著，其次为化肥施用量、农机动力、每亩净利润、农药施用量和单产，而人均地区生产总值和用电量的影响不显著；从影响程度看，农药施用量、化肥施用量、每亩净利润为最大的三个因素，其次是有效灌面、农机动力、播种面积、单产和农技人员。回归结果表明，单产每公顷提高 1 千克，小麦产量集中度将平均提高 0.006 个百分点；播种面积、有效灌面每增加 1 千公顷，集中度将平均提高 0.005 和 0.004 个百分点；农机动力增加 1 万千瓦，集中度将平均提高 0.003 个百分点；化肥增加 1 万吨，集中度将平均提高 0.048；农药增加 1 万吨，集中度将平均提高 1.482 个百分点；农技人员增加 1 人，集中度将平均提高 0.000 4 个百分点；每亩净利润提高 1 元，集中度将平均提高 0.017 个百分点（见表 3-26）。与前一时期比较，化肥、净利润与集中度之间的相关程度大幅上升。回归结果表明，化肥、每亩净利润对集中度具有显著影响。

表 3-26 2017 年小麦产量集中度与各生产因素的回归结果

解释变量	单产	播种面积	有效灌面	农机动力	化肥	用电量	农药	人均地区生产总值	农技人员	净利润
截距项	-21.31 (-3.19)	-1.67 (-5.68)	-5.64 (-1.38)	-4.59 (-2.03)	-5.89 (-2.52)	8.06 (2.44)	-2.03 (-0.72)	5.97 (0.98)	-0.833 (-0.32)	10.15 (3.84)
斜率项	0.006 (3.90)	0.005 (70.09)	0.004 (2.93)	0.003 (5.41)	0.048 (9.02)	0.003 (1.03)	1.482 (2.97)	0.000 05 (0.75)	0.000 4 (4.18)	0.017 (3.34)
R^2	0.682	0.995	0.533	0.836	0.841	0.043	0.520	0.03	0.226	0.225

注：计算软件为 EVIEWS6.0，采用异方差稳健标准误方法进行回归，以消除异方差的影响。括号内数字为 t 统计量。

（二）小麦产量集中度最高省份的影响因素

从前面的分析可以看出，河南、山东一直是我国小麦产量集中度最高的两个省，为什么这两个省的小麦产量集中度最高，这两个省的小麦产量的影响因素是什么？我们需要对其进行定性与定量分析。

1. 河南

河南是中华民族文明和中国农业的发祥地之一，河南传统农业技术一度在中国乃至世界农业发展历史上领先数千年之久。河南地处中原，是我国从亚热带向暖温带、由湿润地区向半湿润地区过渡的地带，属温带大陆性季风气候。河南年平均气温 13℃ 至 16.7℃，无霜期平均为 190～230 天，年平均降水量为 580～1 340 毫米。河南这种兼具南北气候优点的气候条件非常适合小麦生长。河南的农耕历史十分悠久，我国的农耕文明起源于黄河流域，我国的小麦种植也是从黄河流域逐步扩展开来的。约 7 000 年前,河南就开始驯化和栽培农作物;在春秋战国时期就初步建立了精耕细作的农业技术体系;到秦汉时期,以精耕细作为主要特点的旱地土壤耕作技术体系已日趋完善;唐宋时期,河南传统农业耕作制度日趋精细化,其发展运用一直持续到清朝。在数千年的栽培历史中,河南形成了独特的优势,成为我们国家第一大小麦主产区,是国内最重要的小麦主产区之一,小麦生产已成为河南的一大优势、一大王牌[8]。

河南历来都是我国重要的小麦产区之一。新中国成立以来,河南不仅是我国第一大小麦主产省,粮食产量也位居前列,成为名副其实的"中国粮仓"。1949 年以来,河南小麦生产集中度一直位列全国第一。1949 年,河南的小麦产量为 253.90 万吨,占全国产量的 18.38%。从绝对产量来看,河南除个别年份产量有所下降外,一直呈现增长趋势,最少产量为 220.7 万吨(1962 年),最大产量为 3 705.21 万吨(2017 年)。1949—2018 年,小麦产量增长了 13.19倍,年均增长 3.86%。其中,1949—1978 年,小麦产量增长了 2.14 倍,年均增长 4.18%;1978—2018 年,小麦产量增长了 3.15 倍,年均增长 3.53%。从小麦发展阶段来看,1949—1960 年为缓慢发展阶段,总产量增长了 40.61%;1961 年之后,呈现逐年增长态势;1978 年之后,呈现加快发展趋势;到 1981年总产量超过 1 000 万吨;1996 年超过 2 000 万吨;2008 年超过 3 000 万吨(见图 3-4)。

从小麦播种面积来看,1949—1954 年为快速增加阶段,由 4 005.4 千公顷增加到 1954 年的 5 115.9 千公顷;1955 年开始播种面积逐年减少,并一直持续到 1971 年;1972 年开始缓慢恢复增长;到 2018 年达到历史最大值的5 739.85 千公顷(见图 3-5)。

从小麦产量和播种面积占全国的比重看,河南的比重一直较高,1949—2018 年,小麦产量的平均占比为 21.33%,播种面积的平均占比为 17.32%。其中,改革开放之前,小麦产量的占比一般在 14% 以上;1978 年以来,一直维持在 16% 以上。其中,1998 年之后的年份小麦产量的占比均在 20% 以上,2002 年之后则在 26% 以上,2016—2018 年连续达到 27% 以上。在 1970 年之前,除少数年份外,一般是播种面积所占比重高于产量所占比重,1971 年以来,则是产量所占比重高于播种面积所占比重(见图 3-6)。

从小麦单产看,1971 年之前的大部分年份里河南的小麦单产低于或接近于全国平均水平。但 1971 年之后,河南的小麦单产水平高于全国平均水平(见图 3-7)。其中,2000—2010 年的 11 年间,河南的单产水平高出全国平均水平 20% 以上。

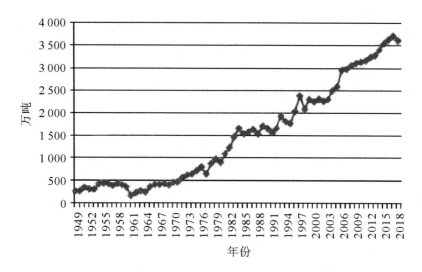

图 3-4　1949—2018 年河南省小麦产量变化

资料来源：历年河南省统计年鉴。

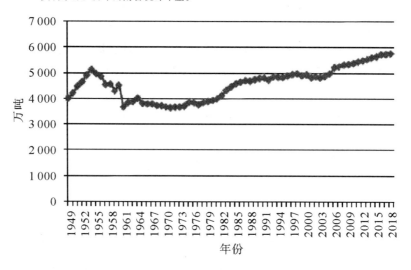

图 3-5　1949—2018 年河南省小麦播种面积变化

资料来源：历年河南省统计年鉴。

在 20 世纪 90 年代中期之前，河南的小麦生产总量一直在增加，但增加的幅度一直不大，占全国的比重为 16%～20%。虽然河南的小麦种植面积在全国名列第一，但由于品种单一、品质低，河南生产的小麦不好卖，只能做馒头、面条；河南的小麦产量为全国最多，但小麦生产效益较低。另外，随着消费升级，我国要大量进口用于做糕点、饼干、面包的强筋小麦和弱筋小麦[9]。

图 3-6　1949—2018 年河南省小麦产量与播种面积占全国比重变化

资料来源：历年河南省统计年鉴。

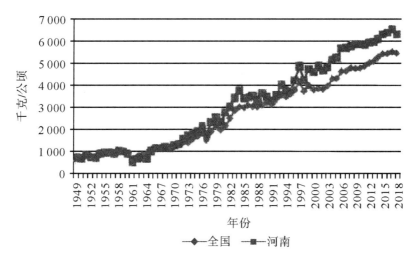

图 3-7　1949—2018 年河南省小麦单产与全国比较

资料来源：中国统计年鉴（历年）和河南省统计年鉴（历年）。

　　1998 年，河南以"工业化思维"引领小麦生产，提出了"小麦经济"概念，即把小麦贯穿于经济活动之中全面考虑，其具体思路是，从科研的源头上解决质量问题，生产上调整结构，收购上有理有价。在小麦科研方面，河南加强了小麦育种的技术创新，攻克了强筋和弱筋的育种栽培技术等难题。2001

年河南培育了郑麦9023、郑麦004等强筋、弱筋品种，优质小麦生产规模不断扩大，形成了"多品种、高品质"的小麦生产结构[10]。解决了品种问题后，为了加快农民致富，河南提出了"用工业的理念发展农业"的新思路，提出了河南农业就是要建成两大基地——优质专用小麦和优质畜禽产品的生产加工基地。在加快优质小麦生产基地建设的同时，为了促进小麦加工工业发展，河南着力扩大小麦加工规模，提升小麦加工技术水平，到2003年，河南全省食品加工已发展到24个行业、23个门类，形成了初具规模、比较完整的现代食品工业体系[11]。白象、南街村方便面，三全、思念的水饺、汤圆等，成了叫得响的知名品牌，畅销20多个省（自治区、直辖市）[12]。

打造小麦全产业链，促进小麦经济发展，是河南小麦产业提质增效的关键措施。为适应优质专用小麦生产技术要求，河南小麦逐步形成了区域化、规模化生产格局。为了促进小麦生产农户增收，河南广泛采用订单农业方式，把1 027家小麦加工企业和450万小麦种植农户链接在一起，实施小麦经济发展战略，通过莲花味精产业链和天冠产业链的开发，提高了小麦的综合加工能力，提高了附加值，使小麦成为河南的软黄金[13-14]。从图3-4和图3-6可以看出，自1998年以来，河南小麦总产量获得了稳定持续增加，在全国所占的比重也不断提高。

从表3-27可以看出，1978—1990年，河南的小麦产量与农技人员和化肥施用量具有很高的相关关系，与农机动力、用电量和单产、人均地区生产总值的关系为次，与耕地面积为负相关，与有效灌面关系不大；人均地区生产总值与耕地面积存在负向完全相关，而与农机动力、用电量、农技人员大致存在正向完全相关，与化肥施用量也高度相关。这意味着，在这一时期，随着经济增长，河南对农机动力、用电量、化肥的施用量及农技人员的雇用力度等几乎与经济增长同步增加；农技人员与单产及单产与小麦产量的相关性大致相同，表明该时期农技人员对单产的增加、对小麦总产的增加做出了贡献。

表3-27 1978—1990年河南小麦产量与若干影响因素之间的相关关系分析

	小麦产量	耕地面积	农机动力	有效灌面	化肥	用电量	农技人员	单产	人均地区生产总值
小麦产量	1.000								
耕地面积	-0.739	1.000							
农机动力	0.732	-0.976	1.000						
有效灌面	0.104	-0.475	0.612	1.000					

表3-27（续）

	小麦产量	耕地面积	农机动力	有效灌面	化肥	用电量	农技人员	单产	人均地区生产总值
化肥	0.816	−0.837	0.901	0.533	1.000				
用电量	0.705	−0.979	0.998	0.619	0.873	1.000			
农技人员	0.896	−0.937	0.934	0.356	0.921	0.918	1.000		
单产	0.687	−0.443	0.454	0.107	0.560	0.422	0.610	1.000	
人均地区生产总值	0.705	−0.968	0.996	0.643	0.892	0.994	0.923	0.459	1.000

从表3-28可以看出，1991—2000年，与前一时期比较，河南的小麦产量与耕地面积的负相关度下降，与农技人员的相关度也下降了，但与农机动力、有效灌面、化肥等的相关性增强，特别是与有效灌面的相关度由0.104提高到了0.873。小麦产量与人均地区生产总值、农技人员的相关程度下降了，但与单产的相关性增强。人均地区生产总值与农机动力、有效灌面、化肥施用量和用电量的相关性得到了进一步提升。这意味着，随着经济增长，有效灌面扩大了，农机动力和化肥等投入增加了，促进了单产的提高，从而也增加了小麦总产量。与1978—1990年相比，除农技人员外，各因素与小麦产量的相关程度都有所提高。

表 3-28　1991—2000年河南小麦产量与若干影响因素之间的相关关系分析

	小麦产量	耕地面积	农机动力	有效灌面	化肥	用电量	农技人员	单产	人均地区生产总值
小麦产量	1.000								
耕地面积	−0.565	1.000							
农机动力	0.870	−0.379	1.000						
有效灌面	0.873	−0.396	0.987	1.000					
化肥	0.875	−0.471	0.976	0.989	1.000				
用电量	0.897	−0.565	0.966	0.968	0.967	1.000			
农技人员	0.619	0.032	0.849	0.869	0.838	0.724	1.000		
单产	0.751	−0.352	0.824	0.812	0.805	0.831	0.651	1.000	
人均地区生产总值	0.874	−0.553	0.969	0.974	0.987	0.988	0.772	0.815	1.000

从表3-29可以看出，2001—2013年，河南的小麦产量与农机动力、化肥施用量、用电量、有效灌面和人均地区生产总值高度相关，而人均地区生产总

值又与农机动力、有效灌面、化肥施用量和用电量高度相关。这意味着，随着经济的增长和人们收入的增加，人们可以用于购买农业生产投入的资金增加，从而提高了小麦产量。小麦产量其次与耕地面积、单产有较大的相关性，但小麦产量与农技人员的相关性进一步下降，农技人员与单产的相关性也下降了很多，农技人员与其他因素关系也不大。这说明河南的小麦产量与生产投入有关，与技术进步关系一般。与 1991—2000 年相比，小麦产量与耕地面积由负相关转为正相关，除单产、农技人员外，各因素与小麦产量的相关程度都有所提高。这表明在这一时期，小麦技术的作用有所减弱。

表 3-29　2001—2013 年河南小麦产量与若干影响因素之间的相关关系分析

	小麦产量	耕地面积	农机动力	有效灌面	化肥	用电量	农技人员	单产	人均地区生产总值
小麦产量	1.000								
耕地面积	0.704	1.000							
农机动力	0.951	0.847	1.000						
有效灌面	0.917	0.869	0.978	1.000					
化肥	0.943	0.872	0.994	0.988	1.000				
用电量	0.948	0.859	0.988	0.983	0.996	1.000			
农技人员	0.124	0.061	0.076	0.131	0.114	0.137	1.000		
单产	0.585	0.195	0.409	0.444	0.447	0.464	0.240	1.000	
人均地区生产总值	0.905	0.865	0.976	0.997	0.986	0.982	0.123	0.413	1.000

从 1978—2017 年整个时期看，河南的小麦产量与单产、人均地区生产总值、农机动力、化肥施用量、用电量、塑料薄膜等高度相关，相关系数在 0.91 以上；与播种面积、有效灌面、柴油、农药、农技人员、农业固定资产投资等具有很强的相关性，相关系数在 0.81 以上；与受灾面积、成灾面积也具有很高的负相关关系，表明通过进行农田基本建设，灾害的影响在减小；但与农业产业人员、每亩净利润具有明显的负相关关系，表明农业劳动力转移较多，但小麦生产并没有给农户带来较多的收益（见表 3-30）。从 1978—2017 年的发展过程看，农机动力、有效灌面、化肥施用量、用电量和人均地区生产总值与小麦产量的相关性是逐步增强的，而农技人员、单产与小麦产量的相关性呈现的是逐步降低的趋势，人均地区生产总值与农技人员、单产的相关性也逐步降低。这意味着要素投入对小麦产量的增加不会有很大的作用，因此河南

必须增加小麦生产的技术含量。

表 3-30　1978—2017 年河南小麦产量与若干影响因素之间的相关关系分析

播种面积	单产	人均地区生产总值	农业从业人员	农机动力	有效灌面	化肥	用电量	柴油
0.896	0.992	0.975	-0.680	0.913	0.818	0.950	0.969	0.885
农药	塑料薄膜	农技人员	受灾面积	成灾面积	铁路里程	公路里程	农固投资	净利润
0.875	0.943	0.708	-0.771	-0.710	0.899	0.868	0.869	-0.452

由于单产、耕地面积、有效灌面、农机动力、化肥施用量、用电量、人均地区生产总值、农技人员各个影响因素之间高度相关，因此我们采用单方程回归，即分别对单产、化肥施用量、用电量、人均地区生产总值、农技人员等对小麦产量进行回归分析，计算时期包括 1978—1990 年、1991—2000 年、2001—2013 年和 1978—2017 年，以测定不同时期的单产、耕地面积、有效灌面、农机动力、化肥施用量、用电量、人均地区生产总值、农技人员等因素对小麦产量的影响（见表 3-31）。

从表 3-31 的回归结果可以看出（显著性检验采用 5% 的显著性水平），1978—1990 年，各因素的影响在统计上均显著，但耕地面积、有效灌面的影响为负，没有明确的经济意义；影响程度最大的是单产，其次依次为农技人员、化肥施用量、农机动力、用电量和人均地区生产总值。回归结果表明，单产每公顷提高 1 千克，小麦产量将平均提高 1.49 万吨；农技人员增加 1 人，产量将平均提高 0.05 万吨；化肥施用量每增加 1 吨，小麦产量将平均增加 5.96 万吨；农机动力增加 1 万千瓦，产量将平均提高 0.65 万吨；用电量增加 1 亿千瓦时，产量将平均提高 23.23 万吨；人均地区生产总值增加 1 元，产量将平均提高 0.857 万吨。

1991—2000 年，除农技人员外，各因素的影响在统计上均显著。影响程度最大的是化肥施用量，其次依次为人均地区生产总值、用电量、有效灌面、农机动力、单产和农技人员。回归结果表明，化肥施用量每增加 1 吨，小麦产量将平均增加 3.96 万吨；人均地区生产总值增加 1 元，产量将平均提高 0.16 万吨；用电量增加 1 亿千瓦时，产量将平均提高 8.48 万吨；有效灌面增加 1 千公顷，产量将平均增加 0.66 万吨；农机动力增加 1 万千瓦，产量将平均提高 0.19 万吨；单产每公顷提高 1 千克，小麦产量将平均提高 1.51 万吨；农技人员增加 1 人，产量将平均提高 0.098 万吨。

2001—2013 年，各因素的影响均显著，影响程度最大的是农机动力，其次为化肥施用量。回归结果表明，农机动力增加 1 万千瓦，产量将平均提高 0.21 万吨；化肥施用量每增加 1 吨，小麦产量将平均增加 3.89 万吨；用电量增加 1 亿千瓦时，产量将平均提高 5.68 万吨；有效灌面增加 1 000 公顷，产量将平均提高 2.33 万吨。

从这三个时期的回归结果看，不同时期的最显著影响因素不同。1978—1990 年最显著的影响因素是单产，1991—2000 年是化肥施用量，2001—2013 年是农机动力。对小麦产量有显著影响的因素对小麦产量的贡献均存在递减的趋势，农技人员的影响由显著变为不显著。1978—2013 年，影响最显著的是化肥施用量，其次依次为农机动力、用电量、有效灌面、人均地区生产总值、耕地面积和单产，而农技人员的影响不显著。

从表 3-32 的回归结果可以看出（显著性检验采用 5% 的显著性水平），1978—2017 年，对小麦产量影响的统计显著性由强到弱的因素依次为单产、人均地区生产总值、用电量、塑料薄膜、柴油、播种面积、化肥施用量和公路里程，其他因素均不显著；影响程度由大到小的因素依次为柴油、公路里程、用电量、化肥施用量、单产、播种面积、人均地区生产总值、塑料薄膜。

表 3-31　不同时期河南小麦生产地区集中度与各生产因素的回归结果

	解释变量	单产	耕地面积	有效灌面	农机动力	化肥	用电量	人均地区生产总值	农技人员
1978—1990 年	截距项	424.52 (3.61)	23 950.89 (5.24)	5 107.69 (4.06)	347.22 (1.56)	621.14 (5.15)	702.07 (4.14)	874.80 (5.10)	410.55 (2.20)
	斜率项	1.49 (9.80)	-3.20 (-4.90)	-1.11 (-2.84)	0.65 (5.06)	5.96 (5.65)	23.23 (4.90)	0.857 (3.95)	0.050 (6.03)
	R^2	0.570 8	0.703 7	0.391 0	0.737 7	0.842 6	0.716 4	0.641 1	0.802 5
1991—2000 年	截距项	775.05 (3.54)	25 052.67 (2.40)	-772.58 (-2.27)	1 248.88 (11.85)	663.18 (5.76)	1 188.10 (11.51)	1 430.39 (21.72)	-287.40 (-0.36)
	斜率项	1.51 (5.08)	-3.37 (-2.21)	0.66 (7.82)	0.19 (6.87)	3.96 (10.39)	8.48 (8.59)	0.16 (8.79)	0.098 (3.13)
	R^2	0.563 6	0.319 2	0.763 0	0.756 9	0.765 1	0.804 2	0.764 5	0.383 4
2001—2013 年	截距项	1 703.58 (12.52)	-1 059.52 (-0.80)	-8 725.49 (-3.79)	983.81 (5.66)	585.78 (2.44)	1 585.86 (10.62)	2 207.12 (16.30)	2 567.26 (21.22)
	斜率项	1.20 (4.79)	0.51 (3.16)	2.33 (5.03)	0.21 (11.36)	3.89 (9.91)	5.68 (9.59)	0.034 (5.80)	0.009 (1.35)
	R^2	0.495 4	0.495 4	0.774 2	0.910 3	0.897 6	0.903 3	0.818 8	0.043 3

注：计算软件为 EVIEWS6.0，采用 Newey-West 稳健标准误方法进行回归，以消除序列相关的影响。括号内数字为 t 统计量。

表 3-32　1978—2017 年河南小麦产量与各生产因素的回归结果

	截距项	斜率项	R^2	DW
播种面积	−3 212.93（−0.31）	0.225（2.98）	0.963	2.18
单产	167.24（0.16）	0.445（25.61）	0.998	1.36
人均地区生产总值	334.76（7.35）	0.030（11.97）	0.965	1.78
农业从业人员	−99 570.24（−0.01）	−0.306（−1.79）	0.958	2.14
农机动力	104 796.8（0.01）	0.013（0.30）	0.953	2.07
有效灌面	18.53（0.01）	−0.289（−1.63）	0.957	2.08
化肥	−174.23（−0.41）	2.11（2.88）	0.955	1.98
用电量	107.28（0.85）	4.09（6.66）	0.959	1.98
柴油	−1 329.14（−1.71）	23.81（3.17）	0.940	1.77
农药	43 843.67（0.01）	31.09（0.46）	0.956	2.15
塑料薄膜	−415.19（−1.26）	0.01（4.59）	0.958	2.08
农技人员	−1 455.96（−0.28）	0.007（1.00）	0.953	2.17
受灾面积	−1 369.20（−0.27）	−0.01（−0.89）	0.955	2.08
成灾面积	−1 372.47（−0.28）	−0.004（−0.28）	0.954	2.08
铁路里程	−4 340.39（−0.14）	779.89（1.61）	0.956	2.09
公路里程	−889.42（−0.43）	−13.12（−2.12）	0.958	1.81
农固投资	162 118.2（0.01）	−0.15（−0.70）	0.958	2.23
净利润	204 136.7（0.003）	−0.30（−1.43）	0.945	1.65

注：计算软件为 EVIEWS6.0，括号内数字为 t 统计量。

2. 山东

山东是我国优质小麦重要产区之一，其中以高密小麦最优。山东小麦生产得益于其良好的生态条件，特别适宜强筋和中筋小麦生产。其中胶东和鲁中的强筋和中筋小麦品质最好，鲁西北和鲁西南的强筋和中筋小麦品质较优，鲁南的中筋小麦较优[15]。由于生态条件适宜，山东成为我国单产水平较高的小麦主产区之一。

由于小麦生产条件优越，山东一直是我国重要的小麦主产区之一。1949年，山东小麦产量为 208.1 万吨，但由于单产较低，山东小麦产量总产量增长较为缓慢，到 1977 年总产量为 606.5 万吨，较 1949 年增长了 1.91 倍，最高产量为 1976 年的 811.5 万吨, 最低产量为 1961 年的 131.5 万吨。1949—1977 年的小麦产量的年均增长率为 3.76% (见图 3-8)。山东小麦的播种面积在 1949 年为 3 619.1 千公顷, 1977 年为 3 705.9 千公顷, 仅增长了 2.30% (见图 3-9)。山东小麦的单产由 1949 年为 575 千克/公顷提高到 1977 年的 1 636.6 千克/公顷, 提高了 184.63%, 年均提高 3.67% (见图 3-10)。

改革开放以来, 山东的小麦生产发展很快。1978 年产量为 803.5 万吨, 1983 年就超过了千万吨, 1995 年超过 2 000 万吨, 并于 1997 年创下 2 241.30 万吨的历史记录, 比 1978 年增长了 178.94%。但受市场价格走低的影响, 此后几年产量大幅度下降, 到 2002 年下降到 1 547.10 万吨, 与 1997 年相比下降了 30.97%。自 2003 年起, 由于国家和山东实施了一系列政策和农业项目①, 促进了小麦生产的持续稳定发展, 山东小麦产量由 2002 年的 1 547.10 万吨增加到 2018 年的 2 471.68 万吨, 增长了 59.77%。1978—2018 年山东小麦产量年均增长率为 2.78% (见图 3-8)。山东小麦播种面积由 1978 年的 3 714.1 千公顷增加到 2018 年的 4 058.59 千公顷, 增加了 9.28% (见图 3-9)。山东小麦的单产由 1978 年的 2 163.4 千克/公顷提高到 2018 年的 6 090 千克/公顷, 提高了 181.50%, 年均提高 2.56%。其中最高单产为 2016 年的 6 121.21 千克/公顷 (见图 3-10)。

从单产来看, 在 1974 年之前, 山东的小麦单产一直低于全国平均水平。而 1975 年开始, 山东的单产水平一直高于全国平均水平, 山东高于全国的最大差值为 1995 年的 1 596.35 千克 (见图 3-10)。1949—2018 年, 山东单产水平提高了 9.59 倍, 年均提高 3.43%; 而全国平均水平提高了 7.44 倍, 年均提高 3.09%。这说明山东生产小麦具有很大的优势。

从小麦产量占全国的比重看, 1978 年之前, 山东小麦产量占全国的比重表现为波动中逐步提高, 最低值为 1961 年的 9.22%, 最大值为 1952 年的 18.02%; 1978 年之后, 随着单产的大幅度提高, 产量所占比重也快速提高, 到 1995 年达到历史最高的 20.16%; 但自 1991 年以来, 山东小麦生产在全国的地位基本没有变化 (见图 3-11)。从小麦播种面积占全国的比重来看, 山东小麦播种面积占全国的比重在 1949—1982 年呈现逐步下降趋势, 由 1949 年的 16.82% 下降到 1982 年的 11.96%, 自 1982 年开始缓慢提高, 到 2018 年提高到 16.73%, 还没有达到 1949 年的水平 (见图 3-11)。

---

① 这些政策和项目包括 2000 年开始构想并于 2004 年实施的粮食直补政策, 2004 年实施的农机具购置补贴政策, 2006 年起取消农业税, 2012 年实施的高标准农田建设项目及中低产田改造项目, 等等。

图 3-8　1949—2018 年山东小麦产量增长趋势

资料来源：历年山东省统计年鉴。

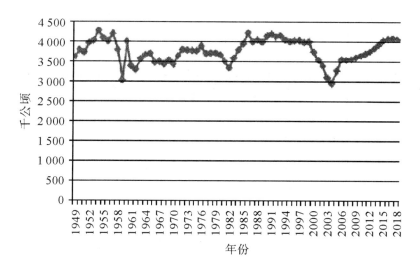

图 3-9　1949—2018 年山东小麦播种面积增长趋势

资料来源：历年山东省统计年鉴。

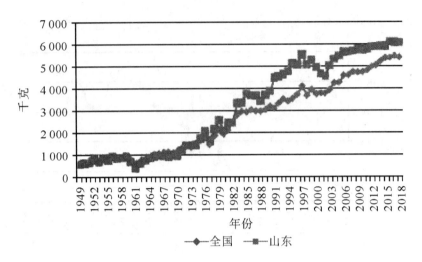

图 3-10　1949—2018 年山东小麦单产与全国水平比较

资料来源：历年山东省统计年鉴。

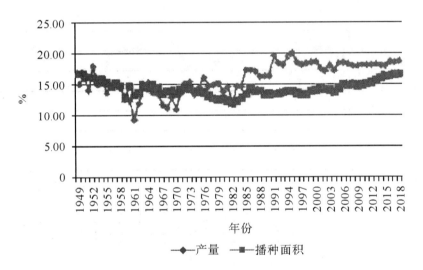

图 3-11　1949—2018 年山东小麦产量和播种面积占全国比重变化

资料来源：历年山东省统计年鉴。

1978—1990 年，山东的小麦产量与单产接近完全正相关关系，相关系数为 0.985，与农机动力、化肥施用量、用电量、农技人员、人均地区生产总值等也有较强的相关性，与有效灌面的相关关系很弱；小麦单产与农机动力、化肥施用量、用电量、农技人员和人均地区生产总值均具有较强的相关关系，但与有效灌面的关系很弱；农机动力与有效灌面负相关，但与其他因素高度相关，表明这一时期的农业机械化水平很低；有效灌面除与单产的相关关系很弱，与其他因素均为负相关，表明在有效灌面扩大的同时，其他因素的投入均很少（见表3-33）。

表3-33 1978—1990年山东小麦产量与若干影响因素之间的相关关系分析

	小麦产量	农机动力	有效灌面	化肥	用电量	农技人员	人均地区生产总值	单产
小麦产量	1.000							
农机动力	0.854	1.000						
有效灌面	0.022	−0.449	1.000					
化肥	0.798	0.939	−0.330	1.000				
用电量	0.786	0.989	−0.516	0.947	1.000			
农技人员	0.834	0.988	−0.403	0.962	0.983	1.000		
人均地区生产总值	0.765	0.973	−0.511	0.960	0.987	0.966	1.000	
单产	0.985	0.812	0.087	0.790	0.742	0.801	0.721	1.000

1991—2000年，山东的小麦产量仅与单产具有明显的相关性，与其他因素的相关关系均较弱；小麦单产与农机动力、有效灌面的关系也较弱，但与化肥施用量、用电量、农技人员和人均地区生产总值均具有较强的相关关系（见表3-34）。农机动力与有效灌面、用电量和人均地区生产总值具有高度相关关系，农技人员与各因素的相关性均较强。

表3-34 1991—2000年山东小麦产量与若干影响因素之间的相关关系分析

	小麦产量	农机动力	有效灌面	化肥	用电量	农技人员	人均地区生产总值	单产
小麦产量	1.000							
农机动力	0.187	1.000						
有效灌面	0.376	0.960	1.000					
化肥	0.483	0.859	0.916	1.000				
用电量	0.465	0.909	0.944	0.934	1.000			
农技人员	0.419	0.957	0.987	0.949	0.972	1.000		

表3-34（续）

	小麦产量	农机动力	有效灌面	化肥	用电量	农技人员	人均地区生产总值	单产
人均地区生产总值	0.482	0.916	0.960	0.944	0.992	0.982	1.000	
单产	0.899	0.556	0.694	0.762	0.796	0.740	0.799	1.000

2001—2013年，山东的小麦产量与农机动力、用电量、人均地区生产总值和单产均具有高度相关关系，与有效灌面、化肥施用量的相关关系也较强，与农技人员的相关性较低（见表3-35）。对小麦单产来说，与农机动力、化肥施用量、用电量和人均地区生产总值具有很强的相关性，农机动力与有效灌面、用电量和人均地区生产总值具有高度相关关系，农技人员与各因素的相关性均较弱。

表3-35　2001—2013年山东小麦产量与若干影响因素之间的相关关系分析

	小麦产量	农机动力	有效灌面	化肥	用电量	农技人员	人均地区生产总值	单产
小麦产量	1.000							
农机动力	0.944	1.000						
有效灌面	0.875	0.924	1.000					
化肥	0.768	0.640	0.424	1.000				
用电量	0.953	0.958	0.801	0.824	1.000			
农技人员	0.417	0.289	0.411	0.161	0.243	1.000		
人均地区生产总值	0.944	0.994	0.944	0.606	0.937	0.303	1.000	
单产	0.907	0.898	0.694	0.838	0.971	0.124	0.874	1.000

由表3-36可以看出，从1978—2013年整个时期来看，山东的小麦产量与单产高度相关，相关系数为0.906，其次与化肥施用量也有较强的相关性，与农机动力、有效灌面、农技人员、用电量和人均地区生产总值具有中等程度的相关性，相关系数为0.58~0.69。从1978—2013年的发展过程看，山东的小麦产量与单产的关系很密切而且比较稳定；由于小麦产量与农机动力的关系在1991—2000年很弱，致使在整个时期的相关系数仅为0.61，与化肥施用量、

用电量、人均地区生产总值的关系也具有类似现象；与有效灌面的关系随时间推移而逐步加强；与农技人员的关系随时间推移而逐步转弱。小麦单产与农技人员的关系较弱，而与其他因素的关系均较强。这意味着，在以往的小麦生产中，要素投入起到了积极作用，但要素投入对小麦产量的影响有逐步减弱的趋势，因此我们必须增加小麦生产的技术含量。

表 3-36　1978—2013 年山东小麦产量与若干影响因素之间的相关关系分析

	小麦产量	农机动力	有效灌面	化肥	用电量	农技人员	人均地区生产总值	单产
小麦产量	1.000							
农机动力	0.610	1.000						
有效灌面	0.693	0.916	1.000					
化肥	0.754	0.904	0.905	1.000				
用电量	0.636	0.990	0.904	0.902	1.000			
农技人员	0.647	0.651	0.685	0.693	0.633	1.000		
人均地区生产总值	0.578	0.934	0.848	0.747	0.944	0.577	1.000	
单产	0.906	0.851	0.873	0.940	0.868	0.661	0.759	1.000

由表 3-37 可知，1978—2017 年，山东小麦产量与单产的相关程度最强，其次是农业固定资产投资、播种面积、人均地区生产总值、用电量和农机动力；与农业从业人员的负相关程度也较高，与受灾面积、成灾面积也有较强的负相关关系，这与随时间推移，受灾面积、成灾面积大幅度减少有关；但与农技成果为负相关关系不太好理解，主要是农技成果的数据呈现增加-减少的变化趋势有关。与其他因素的相关程度较弱。

表 3-37　1978—2017 年山东小麦产量与若干影响因素之间的相关关系

播种面积	单产	人均地区生产总值	农业人员	农机动力	有效灌面	化肥	用电量	柴油	农药
0.727	0.772	0.723	-0.652	0.358	0.567	0.170	0.525	0.017	0.002

塑料薄膜	农技人员	受灾面积	成灾面积	铁路里程	公路里程	农技成果	耕地面积	农固投资	净利润
0.040	0.257	-0.519	-0.523	0.680	0.679	-0.133	0.046	0.750	0.231

由于单产、有效灌面、农机动力、化肥施用量、用电量、人均地区生产总

值、农技人员各个影响因素之间存在高度相关关系，因此我们采用单方程方式进行回归分析，即分别对单产、有效灌面、农机动力、化肥施用量、用电量、人均地区生产总值、农技人员等对小麦产量进行回归分析，计算时期包括1978—1990 年、1991—2000 年、2001—2013 年、1978—2013 年，以测定不同时期的单产、有效灌面、农机动力、化肥施用量、用电量、人均地区生产总值、农技人员等对小麦产量的影响，回归结果见表 3-38 和表 3-39。

表 3-38　山东小麦产量与各生产因素的回归结果

	解释变量	单产	有效灌面	农机动力	化肥	用电量	人均地区生产总值	农技人员
1978—1990 年	截距项	−272.86 (−3.82)	−3 438.34 (−0.57)	364.51 (3.29)	183.94 (0.95)	646.39 (6.66)	733.92 (6.59)	−84.41 (−0.28)
	斜率项	0.47 (22.34)	1.04 (0.78)	0.39 (7.74)	5.90 (6.27)	13.33 (7.09)	0.55 (5.32)	0.050 (4.93)
	R^2	0.971 1	0.063 5	0.823 7	0.710 1	0.757 5	0.711 6	0.694 9
1991—2000 年	截距项	385.53 (1.71)	−218.36 (−0.11)	1 916.78 (11.43)	1 601.82 (8.45)	1 784.73 (13.43)	1 868.23 (28.59)	1 706.33 (7.96)
	斜率项	0.33 (7.23)	0.47 (1.14)	0.18 (0.50)	1.10 (1.85)	1.48 (1.35)	0.023 (1.48)	0.007 (1.25)
	R^2	0.808 6	0.141 3	0.035 0	0.233 1	0.216 7	0.232 5	0.175 3
2001—2013 年	截距项	−610.13 (−1.46)	−9 373.63 (−5.33)	562.24 (3.77)	−1 984.32 (−1.91)	926.61 (6.43)	1 467.13 (22.16)	1 569.41 (61.68)
	斜率项	0.455 (6.24)	2.31 (6.55)	0.13 (10.07)	8.34 (3.63)	2.63 (7.75)	0.015 (8.76)	0.007 (3.14)
	R^2	0.495 4	0.765 6	0.891 6	0.590 6	0.908 4	0.890 5	0.173 9
1978—2013 年	截距项	128.96 (1.07)	−6 026.88 (−3.11)	1 233.62 (6.14)	791.23 (4.24)	1 314.59 (7.62)	1 476.58 (9.27)	1 007.62 (2.89)
	斜率项	0.344 (11.82)	1.65 (4.09)	0.078 (3.69)	2.68 (5.24)	1.92 (3.93)	0.016 (3.51)	0.019 (2.29)
	R^2	0.880 3	0.561 4	0.452 1	0.676 0	0.466 7	0.348 6	0.418 5

注：计算软件为 EVIEWS6.0，采用 Newey-West 稳健标准误方法进行回归，以消除序列相关的影响。括号内数字为 t 统计量。

从表 3-38 的回归结果可以看出（显著性检验采用 5% 的显著性水平），1978—1990 年，除有效灌面外，各因素对小麦产量的影响在统计上均显著，影响程度最大的是单产，其次依次为农机动力、用电量、化肥施用量、人均地区生产总值和农技人员。回归结果表明，单产每公顷提高 1 千克，小麦产量将平均提高 0.47 万吨；农机动力增加 1 万千瓦，产量将平均提高 0.395 万吨；用电量增加 1 亿千瓦时，产量将平均提高 13.33 万吨；化肥增加 1 吨，小麦产量将平均增加 5.90 万吨；人均地区生产总值增加 1 元，小麦产量将平均提高 0.55 万吨；农技人员增加 1 人，产量将平均提高 0.05 万吨。

1991—2000 年，除单产外，各因素的影响在统计上均不显著。回归结果表明，单产每公顷提高 1 千克，小麦产量将平均提高 0.33 万吨。

2001—2013 年，各因素的影响在统计上均显著；影响程度最大的是农机动力，其次依次为人均地区生产总值、用电量、有效灌面、单产、化肥和农技人员。回归结果表明，农机动力增加 1 万千瓦，产量将平均提高 0.13 万吨；人均地区生产总值增加 1 元，小麦产量将平均增加 0.015 万吨；用电量增加 1 亿千瓦时，产量将平均提高 2.63 万吨；有效灌面每增加 1 千公顷，则产量将平均提高 2.31 万吨；化肥增加 1 吨，小麦产量将平均增加 8.34 万吨；单产每公顷提高 1 千克，小麦产量将平均提高 0.455 万吨；农技人员增加 1 人，产量将平均提高 0.007 万吨。

1978—2013 年，各影响因素均显著，影响最显著的是单产，其次依次为化肥施用量、有效灌面、用电量、农机动力、人均地区生产总值和农技人员。

我们对 1978—2017 年山东小麦产量与各相关因素的回归分析（见表 3-39）可知，各因素对小麦产量影响的显著性（显著性水平为 0.05）由强到弱的排序依次为单产、播种面积、农药、农业固定资产投资和人均地区生产总值，其他因素均不显著；对小麦产量影响的边际效应由大到小的排序为农药、播种面积、单产、农业固定资产投资和人均地区生产总值。

从不同时期的回归结果看，不同时期的最重要、最显著的影响因素不同，1978—1990 年是单产，1991—2000 年仍然是单产，2001—2013 年是农机动力，1978—2017 年是单产；对小麦产量有显著影响的因素对小麦产量的贡献均存在递减的趋势；除单产外，各影响因素在 1991—2000 年均不显著。从各个时期来看，随着时间的推移，单产、化肥施用量、农技人员的影响力在递减，有效灌面、农机动力、用电量、人均地区生产总值的影响力在增强。

表 3-39　1978—2017 年山东小麦产量与各影响因素的回归结果

	截距项	斜率项	R^2	DW
播种面积	245.81 (0.32)	0.630 (6.83)	0.957	1.556
单产	−178.08 (−0.66)	0.420 (10.26)	0.980	1.261
人均地区生产总值	1 751.93 (7.06)	0.010 (2.14)	0.925	1.923
农业从业人员	2 303.08 (2.30)	0.156 (0.92)	0.922	1.760

表3-39(续)

	截距项	斜率项	R^2	DW
农机动力	2 954. 47 (2. 89)	−0. 03 (−0. 920)	0. 922	1. 988
有效灌面	65. 61 (0. 05)	0. 44 (1. 65)	0. 925	2. 016
化肥	1 864. 41 (2. 26)	1. 01 (0. 75)	0. 921	1. 867
用电量	1 664. 44 (4. 54)	1. 38 (1. 59)	0. 922	1. 84
柴油	2 166. 89 (1. 46)	1. 89 (0. 68)	0. 807	1. 54
农药	1 694. 25 (5. 37)	29. 81 (3. 32)	0. 867	2. 25
塑料薄膜	3 253. 31 (3. 46)	−0. 002 (−1. 09)	0. 819	1. 99
农技人员	2 593. 04 (4. 16)	−0. 005 (−0. 64)	0. 896	1. 83
受灾面积	2 428. 67 (3. 96)	0. 004 (0. 21)	0. 920	1. 89
成灾面积	2 439. 28 (3. 85)	0. 03 (0. 58)	0. 921	1. 84
铁路里程	1 741. 89 (3. 09)	1 096. 16 (1. 07)	0. 914	1. 72
公路里程	1 862. 24 (5. 46)	18. 41 (1. 86)	0. 919	1. 83
农技成果	2 378. 36 (3. 81)	0. 131 (0. 81)	0. 921	1. 87
耕地面积	4 123. 71 (3. 60)	−0. 214 (−1. 89)	0. 807	2. 10
农固投资	1 909. 51 (17. 69)	0. 35 (2. 93)	0. 815	1. 513
净利润	2 534. 36 (1. 71)	0. 169 (0. 42)	0. 804	1. 669

第四节　结论、讨论与建议

一、结论与讨论

我们通过对全国数据和河南、山东两省数据进行实证分析，得到以下五个结论。

（一）区域专业化水平较高且变动不大

从不同省（自治区、直辖市）的集中度变化看，除个别省（自治区、直辖市）外，集中度居前几位的省（自治区、直辖市）变化不大，特别是居第一、第二位的均为河南、山东。这表明我国的小麦生产是基于生态适宜区的专业化生产，而且区域专业化水平较高。1950—1980 年，集中度居前 6 位的省

（自治区、直辖市）合计虽有所下降，但自 1980 年以来是上升的。改革开放以来，区域专业化水平是不断提高的。居前 6 位的省（自治区、直辖市）集中度合计值由 1980 年的 61.77% 上升到 2018 年的 83.65%，提高了 21.88 个百分点。从省（自治区、直辖市）看，1980—2018 年，集中度提高最多的是河南，提高了 11.28 个百分点，其次为安徽、山东和河北。

（二）种植面积波动大

从种植面积看，1980 年以来，全国呈现减少趋势，1980—2018 年共减少 4 578 千公顷。从不同时期看，只有 1980—1990 年的种植面积是增加的。出现这种情况的原因有以下几个方面：一是与我国人多地少的国情有关，在耕地面积一定的情况下，农户有趋利行为，会扩大经济效益更高的农产品生产，而减少小麦生产；二是非农业就业人数增多，从分析结果可以看出，小麦产量与人均地区生产总值的相关性不是很强。

（三）不同时期的影响因素不一样

从各省份的截面数据分析看，1980 年，对小麦产量影响最大的是单产，此后的代表性年份中，对小麦产量影响最大的是播种面积。从对河南、山东的小麦产量分析可以看到，不同的时期，对小麦产量影响最显著和影响程度最大的因素也不同。但在 1978—2018 年，对小麦生产影响最显著的因素方面，河南和山东都是单产（见表 3-40）。

表 3-40　河南与山东小麦产量影响因素分析总结

时期	影响最显著因素		影响程度最大因素	
	河南	山东	河南	山东
1978—2013 年	农机动力	单产	人均地区生产总值	化肥
1978—1990 年	单产	单产	化肥	用电量
1991—2000 年	化肥	单产	用电量	单产
2001—2013 年	农机动力	人均地区生产总值	用电量	化肥
1978—2017 年	单产	单产	柴油	农药

（四）集中度与单产的相关性较高

从各省（自治区、直辖市）的截面数据分析看，各省（自治区、直辖市）的集中度与单产的相关系数随着时间的推移而提高，1980 年为 0.291，2013 年提高到 0.755，2017 年为 0.826。这表明小麦生产是逐步向优势地区集中的，因为单产是自然、技术、生产条件等各方面的集中反映；同时，随着时间的推移，各省（自治区、直辖市）的集中度与播种面积、有效灌面、农机动力的相关程度也是逐步提高的，与农技人员数量的相关性虽有所提高，但基本呈现的是弱相关关系；与化肥施用量的相关程度先是提高，然后下降，2013年的相关系数仅为0.258，2017年又提高到了0.917。

（五）集中度与各因素相关性由强转弱

从河南的分析结果看，在2000年之前，小麦产量与耕地面积是负相关关系，与单产、农技人员数的关系由强转弱，与其他因素的相关关系是逐步增强的。1978—2017年，河南的小麦产量与各相关因素均具有很强的相关关系。从山东的分析结果看，小麦生产与农技人员的相关关系由强转弱，与其他因素的相关关系在1991—2000年均较小，在2001—2013年又增强；不过从较长时期（1978—2017年）来看，小麦产量仅与单产、播种面积、农业固定资产投资和人均地区生产总值具有较强的相关关系，与其他因素的关系均较弱。

二、建议

优化区域布局，调整品种结构，扩大优质小麦播种面积，提高单产，改进质量，发展小麦加工业，是提高小麦生产效率和效益，促进小麦高质量发展的重要途径。农作物生产需要占用耕地，因此增加播种面积是小麦生产稳定增产的主要途径。从上面的分析中，我们提出如下建议。

（一）加强农田基本建设，提高防灾抗灾能力

我们要加强农田基本建设，特别是要加强高标准农田建设，加强农田沟渠、排涝和灌溉设施建设，降低洪涝干旱灾害发生的频率及其所带来的危害，增加小麦的有效灌溉面积。我国小麦生产基本上以北方省份为主，因此需要加强农业节水工程建设。新疆等西北地区已经成为重要的小麦产区，我们应在这些干旱、多风沙地区设置沙障，考虑采用以色列的塑料薄膜固沙法，以起到固沙和保水的双重作用，稳定并增加西北地区的小麦播种面积，同时研发抗旱性强的小麦品种，提高单位面积产量。

我们要增加农业投入，加强中低产田土改造，改善生态环境，为小麦区域专业化发展提供最基本的条件保障。实践证明，适度规模经营是增加包括小麦生产在内的粮食的生产效益的重要方式。因此各地各有关部门应通过立法和制定相关政策，因地制宜，综合施策，加快农村土地流转，推进适度规模经营，提高小麦生产能力和效益。

（二）建立基于小麦区域专业化的研发体系

根据前面的农业科技体制改革思路，我们要加快构建以小麦区域专业化生

产为基础的小麦研发体系，增加科研投入，研发、培育和选用高产、稳产、质优的专用小麦品种。提高小麦品质对增加农户收入具有一定的促进作用。据调查，优质专用小麦比普通小麦每千克能多卖 0.20~0.40 元。目前我国优质专用小麦产能仍然不足，因此应加强优质专用小麦品种的研发与培育。优质专用小麦生产与气候、土壤等密切相关，因此，我们建立基于小麦区域专业化生产需要的研发体系，可使科研紧密结合当地的生产环境，培育适合当地生态环境的优良品种，并通过改良栽培、管理技术，引导麦农实施优良品种规模化、区域化种植和专业化、标准化生产，使农民种植的小麦既能稳产高产，又能促进麦农稳收增收。同时，我们要把农技推广纳入研发体系，形成研发与推广的一体化发展，使推广人员能够及时为小麦种植农户提供新品种、种植技术及市场的需求信息，提高麦农的生产经营水平。

（三）加大小麦专用机械研发力度，提高农机作业率

提高农业机械化作业率是提高劳动生产率的基本条件，因此我们要加强农用机械的研发。我国今后应主要加强小麦专用播种、耕耘、收获机械开发，加快小麦机械化推广应用，以替代成本日益攀升的人工使用量，提高机械化作业效率和劳动生产率，增加小麦生产的经济效益。在小麦生产专用机械化发展方面，我们应把农机、农艺相结合，创新和推广小麦机械化标准化栽培技术。因为农业机械化发展，除了替代人工生产之外，还可以解决人工难以做到或很难做好的高质量、精准化生产手段，所以我们需要把小麦的生产工艺与专用机械的研发相结合，加强新农艺、新农机的研发，提升小麦生产的机械化标准化栽培、生产技术。

（四）创新和推广小麦高产高效抗逆栽培关键技术

各小麦主产区根据各地不同的自然生态特点和病虫害，研究并推广了很多小麦生产技术模式。例如，针对黄淮海区域的特点，农科院提出了“半冬性品种+秸秆还田+深松深耕+旋耕整地+机械播种+机械镇压+灌越冬水+重施拔节肥水+机械喷防+机械收获”的生产模式，使小麦平均亩产提高到了 550 千克[16]。山东根据自身的特点，提出了很多小麦栽培生产技术模式[17]。为了持续提高小麦产量，各地应在加强现有小麦高产生产技术模式推广的同时，还应进一步加强小麦生产技术研发，如小麦节水抗旱栽培技术及针对旱涝等气象灾害的防灾减灾生产技术等。

从前面的分析可以看出，化肥对小麦生产有显著影响，而减少农药施用，对控制各种病虫害不利。因此，在小麦栽培与生产技术研发中，我们应加强新型、效力强的化肥、农药的研发，同时要指导农户科学施肥和用药，加强测土

施肥工作，提高化肥、农药的利用效率，以达到小麦增产、降费、增收的目的。

（五）增强政府引导作用，提升政策效用

为了加快小麦的区域化、专业化、规模化发展，政府需要增强引导作用，除了规划小麦生产区域生产布局外，还应该制定小麦产业发展相关政策，如小麦质量标准、生产标准规范等。例如，扩大小麦保险范围，提高区域化、专业化、规模化小麦产区的保险赔付额度；在小麦生产补贴、农机购置补贴、生资综合补贴及良种推广补贴等方面，应改变目前的推广范围、低标准的补贴方式，应建立与规模化、专业化小麦生产相适应的补贴制度，提高补贴标准。

参考文献

［1］杨尚威. 中国小麦生产区域专业化研究［D］. 重庆：西南大学，2011.

［2］王勇. 黄淮海地区小麦生产布局演变研究［D］. 北京：中国农业科学院，2010.

［3］张静. 河北省优质小麦区域化布局研究［D］. 北京：中国农业科学院，2010.

［4］杨永明，李宪松，宗义湘. 河北省小麦生产变动及区域布局研究［J］. 合作经济与科技，2013（10）：8-9.

［5］王斌，郑桂茹，杨江澜，等. 河北省小麦产业的发展分析研究［J］. 河北农业科学，2008，12（12）：104-104.

［6］邵元军，李建平，周振亚. 河南省小麦产业区位动态变化实证分析［J］. 中国科技论坛，2010（12）：135-141.

［7］赵虹，曹廷杰，王西成，等. 河南省不同生态区小麦产业发展障碍因子及解决途径分析［J］. 河南农业科学，2012，41（10）：31-35.

［8］纪翔，任磊萍. 耕耘正当时，河南小麦生产质量产量齐头并进［EB/OL］.（2019-04-04）［2020-08-30］. http://country.cnr.cn/focus/20190404/t20190404_524567949.shtml.

［9］白冰，杨雨豪，王小慧，等. 基于农作制分区的1985—2015年中国小麦生产时空变化［J］. 作物学报，2019（10）：1554-1564.

［10］王金彩，张雪芹，王永明. 对优质小麦产业化经营的思考［J］. 齐鲁粮食，2008（3）：15-17.

［11］杨春玲，侯军红，关立，等. 河南省优质专用小麦产业发展战略探

讨 [J]. 山东农业科学，2006（2）：99-103.

[12] 晏涛，娄源功，秦建军. 发展小麦经济与解决"三农"问题研究：以河南省为例 [J]. 农技服务，2007，24（10）：107-108.

[13] 崔银太，朱保成. 河南粮食加工业的历史回顾现状分析与发展思考 [J]. 中国粮食经济，2002（8）：4-6.

[14] 张渝. 河南种的小麦连面包都做不了"强"小麦是怎样炼成的？[EB/OL].（2015-09-23）[2020-08-30]. http://news. 163. com/15/0923/08/B46DRT9O00014Q4P.html.

[15] 吴天琪，郭洪海，等. 山东省优质专用小麦种植区划研究 [J]. 中国农业资源与区划，2002，23（5）：1-5.

[16] 赵广才. 下大力气推广先进小麦生产技术 [N]. 经济日报，2016-01-12.

[17] 王东，鞠正春. 山东小麦生产发展潜力分析 [J]. 山东农业科学，2013，45（12）：99-103.

第四章 玉米区域专业化发展与空间变化

    学界对玉米的原产地有不同的意见。印度学者兰德哈瓦（Randhawa）在《印度农业史》一书的第二卷中，对哥伦布发现新大陆后引入印度的新作物做了详细介绍，但单独把玉米排除在外。这意味着兰德哈瓦不认可玉米原产地为美洲，但玉米原产于墨西哥及中南美洲已成为比较公认的观点。游修龄认为，玉米的原产地为美洲，但传入我国的时间在哥伦布发现新大陆之前[1]。李晓岑对《滇南本草》等考证后也认为，玉米就是中国引种自美洲的植物[2]。据考古发现，早在1万多年前，墨西哥及中南美洲就有野生玉米，印第安人种植玉米的历史已有3 500年。考古学家已经在普埃布拉州特瓦坎谷地发现了玉米文化的遗迹，表明古印第安人如何在狩猎活动日渐稀少的同时，逐渐开始采摘野果并过渡到人工种植玉米的过程。现在玉米和世界各地均有栽培，但主要分布在30°～50°低纬度的热带和温带地区。目前，玉米种植面积最多的是美国、中国、巴西、墨西哥、南非、印度和罗马尼亚等。有一种从饮食方面对文明形成作用的观点认为，欧洲文明是小麦文明，亚洲文明是稻米文明，拉丁美洲是玉米文明。墨西哥学者阿图洛·瓦尔曼从人类学、社会史和社会经济的角度讲述了玉米的故事，展示了玉米从一种穷人的食物到现代世界重要商品的进化历程，分析了玉米如何影响全球人类的农耕传统、起居饮食及休闲方式，对玉米在不同国家的食物角色进行了比较，同时还对世界市场上穷国和富国之间永远的不平等进行了审视，从而再现了玉米对世界各国社会经济发展的影响[3]。墨西哥历史与玉米的进化史同步前进，玉米成为墨西哥文明的基础，形成了墨西哥最重要的文化现象即玉米崇拜。对墨西哥人来说，玉米绝不仅仅是食物，而是神物，是千百年历史中印第安人宗教中崇拜的对象。墨西哥文化艺术大多来自玉米。2003年3月，由墨西哥城人民文化博物馆协同全国土著人学会、查平戈大学等单位举办了以"没有玉米，就没有我们国家"为题的展览会，在展览会的说明书上有这样的警句："玉米是墨西哥文化的根基，是墨西哥的象征，是我们无穷无尽的灵感的源泉""我们创造了玉米，玉米又造就了我们。我们永远在相互的哺育中生活。我们就是玉米人"。玉米不仅塑造了独特的墨西哥文明，可以毫不夸张地说，整个世界都从玉米种植中受益匪浅。玉米是全世界总产量最高的粮食作物。在全球三大谷物中，玉米的总产量和平均单产均居于世界首位，玉米的播种面积以北美最多，其次为亚洲、拉丁美洲和欧洲等。目前，在原产地美洲以外，我国是世界上玉米种植最为普遍的地区。从2014年开始，中国已经超过美国，成为全球玉米种植面积最多的国家。我国的玉米在全国各地均有栽培，但主要产区是东北、华北和西南山区。

第一节　我国玉米生产情况

玉米是一种重要的粮食、饲料和工业加工原材料。玉米是世界上最重要的食粮之一，现今全世界约有三分之一人口以玉米作为主要食粮。其中，亚洲人的食物组成中玉米占50%，多者达90%以上，非洲占25%，拉丁美洲占40%。玉米的蛋白质含量高于大米，脂肪含量高于面粉、大米和小米，含热量高于面粉、大米及高粱，但缺点是颗粒大、食味差、粘性差。在生活水平较低地区，玉米是重要的食粮。在城市及较发达地区，玉米是不可缺少的调剂口味的食品。随着玉米加工工业的发展，玉米的食用品质不断被改善，新的玉米食品如玉米片、玉米面、玉米渣、特制玉米粉、速食玉米等随之产生，并可进一步被制成面条、面包、饼干等。玉米还可以被加工成为玉米蛋白、玉米油、味精、酱油、白酒等，这些产品在国内外市场上很受欢迎。玉米是饲料之王。100千克玉米的饲用价值相当于135千克燕麦，或120千克高粱，或150千克籼米。以玉米为主要成分的饲料，每2~3千克即可换回1千克肉食，玉米的副产品秸秆也可被制成青贮饲料[4]。世界上65%~70%的玉米都被用作饲料，发达国家高达80%，玉米是畜牧业赖以发展的重要饲料。玉米是一种用于工业加工的重要原材料。玉米籽粒是重要的工业原料，初加工和深加工可生产二三百种产品。玉米的初加工产品和副产品可作为基础原料进一步被加工利用，在食品、化工、发酵、医药、纺织、造纸等工业生产中用于制造种类繁多的产品，穗轴可用于生产糠醛。另外，玉米秸秆和穗轴可以用于生产和培养食用菌，苞叶可用于编织提篮、地毯、座毯等手工艺品[5]。食用玉米还有防治癌症、保护眼睛、抗衰老、清热解毒、预防便秘、预防动脉硬化、补养气血七大功效。

一、玉米深刻影响我国社会经济发展

1492年哥伦布在古巴发现玉米，直到后来整个南北美洲都有栽培玉米，1494年把玉米带回西班牙，后逐渐传至世界各地，成为最重要的粮食作物之一。

我国已有500多年的玉米栽培历史，目前对传入时期虽然尚无确切的结论，但在方志和古籍中，有不少关于玉米的记载和考证。玉米传入我国的时间，据中国农业遗产研究室万国鼎过去的考证认为，1511年安徽省州志物产中提到的珍珠秫为我国玉米的最早记载，以后多沿用此说。但在明代正德六年刻印的《州志》，在物产谷部中分别记载有稻、麦、黍、谷、薥秫等作物的许多品种，在薥秫条目下记有狼尾球、珍珠秫、黑壳秫、鸠跟秫、金苗秫。显然，珍珠秫应属高粱的一个品种。另有一种说法称，我国引种玉米的时间，早于哥伦布发现新大陆的时间。我国明代的一部药物学著作《滇南本草》中就有关于玉米的记载："玉麦须，味甜，性微温，入阳明胃经，通肠下气，治妇人乳结红肿或小儿吹着，或睡卧压着，乳汁不通。"该书的作者，为明代云南阳沐（今嵩明附近）人，生于洪武三十年（1397年），卒于成化十二年（1476年）。即使不计算中国医者认识使用的过程，这一记载也早于哥伦布的日记。

我国现已查到最早记载玉米的古籍有1551年（明嘉靖三十年）河南《裹城县志》、1555年（明嘉靖三十四年）河南《巩县志》、1363年《大理府志》卷二、1574年《云南通志》等，这些方志的物产中称玉米为玉麦、御麦或番麦，可惜均无形态描述。古籍中关于玉米植物学形态的记载，最早见于1560年赵时春所撰《平凉府志》，其中华亭县物产内有番麦之称，文中提到，"番麦，一曰西天麦。苗叶如薥秫而肥短，末有穗稻而非实，实如塔，如桐子大，生节间，花炊红绒在塔末，长五六寸，三月种，八月收"。1573年田艺衡在《留青日札》中记载："御麦出于西番，旧名番麦，以其曾纡进御，故名御麦。于叶类稷，花类稻穗，其苞如拳而长，其须如红绒，其粒如芡实，大而莹白。花开于顶，实结于节，真异谷也。"

李时珍的《本草纲目》载道："玉蜀黍种出西土，种者亦罕。其苗叶俱似蜀黍而肥矮，亦似薏苡。苗高三四尺，六七月开花，成穗如秕麦状，苗心别出，一苞如梭鱼形，苞上出须垂垂。久则苞折子出，颗颗攒聚。子亦大，如樱子，黄白色。"这些植物学形态描述很明显地把玉米和水稻、小麦、薏苡、芡实等作物区别开来，由此我们可以认为玉米传入我国的时间应在十六世纪前半期。

一些学者研究认为，玉米传入中国的途径分为陆路和海路。陆路又分为两条：一条由印度、缅甸传入云南的西南路线，另一条经波斯、中亚到甘肃的西北线。海路则经东南沿海省份再传入内地。明人田艺衡在《留青日札》中说御麦出于西番，旧名番麦。也有学者认为玉米是由阿拉伯人从西班牙带到麦加，由麦加经中亚细亚传入我国的西北部，再传到内陆各省；或从麦加传入印度和我国西南部的云南、贵州、四川等地，尔后向北传播到陕西、甘肃、河南、山西等地区，向东传播到广西、湖南、湖北、浙江等丘陵地区，由于四川等地种植较多，故有"玉蜀黍"之称。但韩茂莉对近五百年来玉米在中国境内的传播进行了研究，玉米自 16 世纪中期传入中国后，在近五百年的传播历程中，形成东南海路、西南陆路、西北陆路三条入境传播路径，但经由东南海路一线完成的传播空间在国内占主导地位，在三条入境传播路径中，以移民为主要形式的人口流动是推动玉米在中国境内传播的主要动力，而且这三条玉米入境传播路径形成的传播区域与中国自然地理格局十分吻合，这样与作物在传播历程中通过环境适应，选择适宜生存的品种直接相关[6]。

随着当时沿海地区商业的发展和航海事业的发达，对外往来增多，玉米经由海路传入我国南方沿海各省的情况也是可能的。玉米在我国的传播大致是先沿海，后内地；先丘陵，后平原，其传播和发展的速度都是很快的。例如，1756 年广西《镇安府志》中记载，玉米刚引入种植时仅被列为果属，以食小儿，20 年后全府各地都有种植。由于玉米在我国各地广为传播，其名称也很多，有的称为御麦、番麦、西番谷、西天麦等，有的贵其质而称为玉蜀黍、玉麦、珍珠米、珍珠果等，有的缘其形称为苞谷、苞果、苞米、玉茭、棒子等，充分表明广大人民对玉米的珍视和喜爱。玉米之名最早见于徐光启的《农政全书》。

玉米在我国种植后，迅速在中国广阔的山地蔓延，成为山地居民的重要食物，解决了食物不足问题，目前我国是世界上种植玉米最广泛的国家之一。中国人以各种方法食用玉米，早收的青玉米被当作蔬菜；成熟后收获的玉米则被磨制成粉，然后加工成玉米饼或玉米粥。玉米还被用来制作烧酒、啤酒，甚至蒸馏出威士忌[3]。继水稻、小麦之后，玉米取代了高粱，成为中国第三大主要食物。由于玉米产量高，品质好，适应性强，栽培面积发展很快。据众多的方志资料统计，在乾隆至道光年间（1736—1850 年），全国已有直隶、盛京、山西、陕西、甘肃、新疆、四川、云南、贵州、广西、广东、湖南、湖北、河南、安徽、江西、福建、浙江、江苏、山东 20 个省区种植玉米。玉米、红薯的相继引进和广泛种植，直接导致全国 17 世纪以来的人口大爆发，仅仅经过

400 年左右的时间，中国人口从 1700 年的 1.5 亿，增长到 1800 年的 3.2 亿，1900 年是 4.5 亿。到 20 世纪 80 年代，中国人口超过 10 亿，而中国的粮食供应还基本达到自给。在玉米作为人们食物的国家中，中国是最大的玉米生产国[3]。由玉米等农作物推动的山区开发，减缓了清代中国人口与耕地之间的矛盾，使许多当时重要的手工业原材料有了更加广阔的生产地，大量耕地成了棉花、桑树、甘蔗、花木的种植基地，像桐油、蓝靛、生漆、苎麻等曾经是四川、湖北等地山区农民重要的输出物资。我国 17 世纪和 18 世纪人口急剧增长，为了提供生活必需的食物，西南和南方丘陵山区根据玉米具有高产的特点，逐步扩大了玉米的种植面积，从而使玉米迅速上升到主粮地位。18 世纪末严如煜在《三省边防备览》中记载，四川、陕西、甘肃等省的丘陵山地，"数十年前，山内秋收以粟谷为大庄，粟利不及包谷，近日遍山漫谷皆包谷矣"。玉米的普遍种植对农业生产和社会经济发生了深刻的影响。

湖北《鹤峰州志》中记载，道光年间，"邑产包谷，十居其八""山农无它粮，惟借此糊口"。《贵州遵义府志》中记载，"包谷杂粮，则山头地角，无处无之"。这均说明玉米在当地人民生活中占有重要地位。由于玉米的适应性很强，不但在肥沃灌溉的土壤上能获得高产，在贫瘠丘陵地区也能良好生长。因此，我国古代西南丘陵山地不断扩种玉米，以代替摩、稷子等比较低产的作物；长江流域以南长期闲置不宜种稻的旱地和坡地，也都进行开垦并种植玉米。例如，1661 年（顺治十八年）—1766 年（乾隆三十一年）的 100 多年，当时云南省耕地面积由 781 725 亩增加到 1 388 055 亩，贵州省耕地面积从 161 145 亩增加到 400 965 亩，四川省耕地面积从 178 260 亩增加到 691 205 亩。这些省份耕地面积的增加和垦荒扩种玉米有密切的关系。另外，扩大玉米种植面积不仅促进了农业生产的发展，也对当时畜牧业、手工业和商业的发展起了显著的推动作用。

二、1949 年后我国玉米生产发展迅速

1949 年后，我国玉米生产得到了快速发展。1949 年之前的玉米最高产量年份为 1936 年，1936 年玉米种植面积为 693 万公顷，总产量为 1 010 万吨，平均单产达每公顷 1 457.43 千克。1949 年玉米总产量为 1 242 万吨，播种面积为 1 291.52 万公顷，单产为每公顷 961.66 千克。到 1958 年，玉米总产量达到 2 313.1 万吨，较 1949 年增长了 86.24%；播种面积达到 1 631.91 万公顷，较 1949 年增加了 26.36%；单产为每公顷 1 417.42 千克，较 1949 年提高了 47.39%。此后播种面积开始减少，总产量和单产均有所下降，在 1959—1965

年，播种面积以 1962 年的 1 281.73 万公顷为最少，总产量以 1961 年的
1 549.5 万吨为最少，单产以 1960 年的每公顷 1 131.92 千克为最低，播种面积
到 1971 年才超过 1958 年水平，总产量到 1965 年才超过 1958 年水平，单产在
1964 年超过 1958 年水平。到 1978 年，玉米播种面积为 1 996.11 万公顷，较
1965 年增加了 429.06 万公顷，增长了 27.38%；玉米总产量达到 5 594.5 万
吨，增加了 3 229 万吨，增长了 136.51%；玉米单产每公顷增加了 1 293.18 千
克，增长率 91.24%（见图 4-1、图 4-2 和图 4-3）。

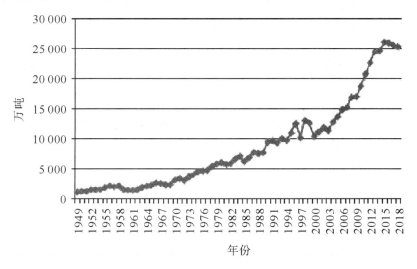

图 4-1 1949—2018 年我国玉米总产量变化趋势

资料来源：历年中国统计年鉴和中国农村统计年鉴。

改革开放以来，我国的玉米育种技术得到了很大提高，播种面积不断增
加，使玉米总产量呈现不断增加趋势，玉米产业快速发展。玉米播种面积由
1978 年的 1 996.11 万公顷增加到 2018 年的 4 213.01 万公顷，增加了 2 216.9
万公顷，增长了 111.06%；玉米总产量由 1978 年的 5 594.5 万吨增加到 2018
年的 25 717.39 万吨，增加了 20 122.89 万吨，增长了 359.69%；玉米单产由
1978 年的每公顷 2 802.7 千克提高到 2018 年的每公顷 6 104.29 千克，单产提
高了 3 301.59 千克，增长了 117.80%，其中 2015 年的播种面积和总产量均达
到最高水平，分别为 4 496.84 万公顷和 26 499.22 万吨。1949—1978 年的 30
年间，玉米播种面积的年增长速度为 1.46%，总产量的年均增长速度为
5.15%，单产的年均增长速度为 3.63%。1978—2018 年的 40 年间，玉米播种
面积的年增长速度为 1.84%，总产量的年均增长速度为 3.79%，单产的年均增
长速度为 1.92%。

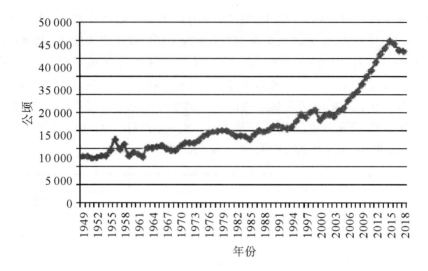

图 4-2　1949—2018 年我国玉米播种面积变化情况

资料来源：历年中国统计年鉴和中国农村统计年鉴。

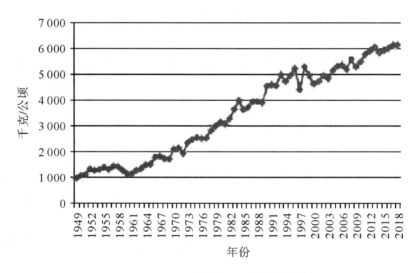

图 4-3　1949—2018 年我国玉米单产变化情况

资料来源：历年中国统计年鉴和中国农村统计年鉴。

在全球三大谷物中，玉米的总产量和平均单产均居于世界首位，玉米的播种面积以北美最多，其次为亚洲、拉丁美洲和欧洲等。以玉米为原料制成的加工产品有 3 000 种以上，玉米是制造复合饲料的主要原料之一，一般占 65%～70%。中投顾问发布的《2016—2020 年中国分析及前景预测报告》指出，全世界每年种植玉米超 1.77 亿公顷，总产量超 9.7 亿吨，占全球粮食总量的 30%~35%，主要分布国家有美国、中国、巴西、阿根廷，这四个国家的总产量约占全球总产量的 70%，其中美国占 30% 以上，中国占 25% 左右。

我国的玉米生产在世界玉米生产中的地位不断提高（见表 4-1）。除 20 世纪 60 年代初期外，播种面积、总产量和单产均呈现不断提升趋势。从总产量看，我国玉米产量占全球的比重由 1949 年的 8.88% 提高到了 2017 年的 24.79%，提高了将近 16 个百分点。从播种面积看，我国玉米播种面积在全球所占的比重由 1949 年的 15.45% 提高到 2016 年的 24.96%，提高了 9.51 个百分点。我国玉米单产提高更快，1949 年，我国单产仅为世界平均水平的 57.52%，此后一直呈现提高趋势，不过，在 1975 年之前是低于世界平均水平，但之后超过了世界平均水平，目前与世界平均水平相当。目前我国的玉米单产虽然与世界平均水平相当，高于巴西、印度等国家的水平，但与美国相比，差距较大。1949 年，我国单产为美国的 39.44%，此后我国单产虽然提高较快，到 1995 年提高到 69.05%，但到目前仅为美国单产水平的 55.49%（见图 4-4），我国还有待进一步挖掘玉米单产的潜力。

表 4-1　主要年份我国玉米播种面积、产量

和单产在世界上所占比重　　　　　单位:%

年份	播种面积	产量	单产
1949	15.45	8.88	57.52
1950	15.53	10.89	68.32
1955	16.03	11.43	71.29
1960	13.36	7.39	55.76
1965	—	11.25	—
1970	14.76	13.67	85.61
1975	16.34	23.74	145.32
1980	15.16	15.81	104.30
1985	13.94	13.03	93.47
1990	16.22	20.04	122.97
1995	18.18	21.73	129.63
2000	16.92	17.89	106.30
2005	18.87	19.86	105.26
2010	23.70	22.41	105.10

表4-1(续)

年份	播种面积	产量	单产
2015	27.41	27.21	99.26
2016	24.96	24.75	99.22
2017	21.50	22.83	106.18

资料来源：历年国际统计年鉴和中国农村统计年鉴。

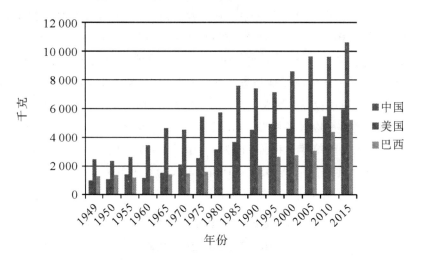

图4-4　中国、美国和巴西主要年份玉米单产比较

资料来源：历年国际统计年鉴和中国农村统计年鉴。

第二节　我国玉米主产区的空间变化

一、改革开放之前中国玉米生产布局变迁的特征

(一) 玉米产量集中度的变化

我国有 31 个省（自治区、直辖市）均种植玉米。但不同的区域，由于条件不一样，特别是自然条件不同，生产情况也就不一样。有些地方不太适合玉米种植或种植效益很低，玉米播种面积和产量都很少，如北京、天津、内蒙古、安徽、福建、江西、广东、海南、甘肃、青海、宁夏、西藏等。1949 年，玉米产量集中度较高的黑龙江为 15.90%。玉米种植主要集中在北方的吉林、山东、河南、河北、辽宁等地，南方省份主要是四川、云南。从位列前 10 的

省（自治区、直辖市）集中度合计看，1949 年为 78.31%，到 1965 年基本维持在一个水平，但到 1965 年下降为 70.63%。从单个省（自治区、直辖市）来看，玉米产量最大的是黑龙江，集中度一直为全国第一位，但其集中度在 1949—1978 年波动比较大，波动幅度达 11.4 个百分点；辽宁、山东、河北、河南、陕西、山西大体呈现递增趋势；而四川、云南呈现下降趋势（见表 4-2）。

表 4-2　1949—1978 年玉米产量生产集中度变化　　　　单位:%

	1949 年	1950 年	1955 年	1960 年	1965 年	1970 年	1978 年
黑龙江	15.9	15.91	11.93	21.33	9.89	12.41	11.12
山东	7.08	7.44	8.63	4.67	8.41	8.7	10.94
吉林	9.62	9.28	7.58	6.64	6.09	8.27	10.39
辽宁	6.96	7.33	7.41	6.96	8.71	8.75	10.78
河北	6.93	7.64	10.5	8.35	8.58	11.84	9.23
河南	5.35	5.87	5.91	5.74	4.52	6.58	8.38
四川	10.31	9.68	9.68	6.86	8.24	7.07	6.45
陕西	4.24	4.74	4.5	5.2	5.54	3.89	5.22
山西	3.74	3.35	3.64	5.53	4.65	4.68	4.82
云南	8.18	7.31	6.19	7.2	6	5.18	4.16
合计	78.31	78.55	75.97	78.48	70.63	77.37	81.49

资料来源：历年中国统计年鉴和中国农村统计年鉴。

（二）玉米种植面积集中度变化

从玉米播种面积的集中度看，1949—1978 年，位于前 10 位的省份的数据虽然每年有波动，但大体保持不变。这 10 个省份的播种面积之和占全国当年的玉米播种面积的比重虽然在 20 世纪 60 年代变动较大，但基本呈现上升趋势，由 1949 年的 75.53% 上升到 1978 年的 82.13%。其中黑龙江、四川、贵州呈减少趋势，云南、陕西变化不大，河北、河南、山东、吉林、辽宁则呈现增长趋势（见表 4-3）。

表 4-3　1949—1978 年玉米播种面积集中度变化　　　　单位:%

1949 年		1955 年		1960 年		1965 年		1970 年		1978 年	
黑龙江	11.06	四川	10.85	河北	9.28	黑龙江	10.79	河北	11.64	河北	11.2
四川	10.67	河北	10.58	四川	8.94	河北	9.78	黑龙江	10.91	山东	10.69
河北	8.56	黑龙江	9.77	黑龙江	8.84	四川	8.58	吉林	8.85	黑龙江	10
河南	7.9	山东	8.68	辽宁	7.7	山东	8.58	山东	8.39	吉林	9.43

表4-3（续）

1949 年		1955 年		1960 年		1965 年		1970 年		1978 年	
山东	7.59	湖南	8.42	吉林	7.45	吉林	6.95	四川	7.89	河南	8.44
吉林	7.05	河南	7.21	云南	7.02	辽宁	6.05	河南	7.13	四川	7.85
云南	6.47	吉林	6.74	山东	6.72	河南	6.27	辽宁	6.41	辽宁	7.44
陕西	5.54	云南	6.17	河南	6.65	陕西	6.09	云南	6.04	湖南	6.52
辽宁	5.35	陕西	5.22	陕西	5.53	云南	5.99	陕西	5.09	陕西	5.43
贵州	5.14	辽宁	4.74	贵州	4.14	贵州	4.6	贵州	4.64	云南	5.13
合计	75.53	合计	78.38	合计	72.3	合计	73.68	合计	76.99	合计	82.13

资料来源：历年中国统计年鉴和中国农村统计年鉴。

二、1980 年后我国玉米生产区域变化特征

（一）玉米生产集中度的变化

1980 年以来，玉米生产量最多的 10 个省（自治区、直辖市）除陕西被内蒙古替代外，基本保持不变。从全国 10 个玉米主产省（自治区、直辖市）的合计集中度看，自 1980 年以来，呈现的是先下降后回升趋势，由 1980 年的79.24% 下降到 2015 年 67.76%，但到 2018 年又上升到 81.74%，10 个主产省（自治区、直辖市）的总产量占全国总产量的比重略高于 1978 年的水平，达到历史最高水平。从单个玉米生产省（自治区、直辖市）来看，与 1980 年比较，2018 年的集中度提高的有黑龙江、内蒙古、吉林和河南 4 个省（自治区、直辖市）。其中内蒙古提高最多，达 8.28 个百分点；黑龙江提高了 7.17 个百分点；吉林提高了 2.79 个百分点。降低较多的为辽宁和四川，分别下降了 3.97个百分点和 3.16 个百分点。玉米产量最少的有北京、天津、上海、福建、江西、广东、海南、西藏、青海和宁夏 10 个省（自治区、直辖市）。2017 年，这10 个省（自治区、直辖市）的总产量占全国总产量的比重不到 2%（见表4-4）。

表4-4　1980—2018 年玉米生产集中度变化　　　　单位:%

1980 年		1990 年		2000 年		2010 年		2015 年		2018 年	
山东	13.19	吉林	15.8	山东	13.84	黑龙江	12.19	黑龙江	13.37	黑龙江	15.48
河北	10.59	山东	11.47	河南	10.14	吉林	10.51	吉林	10.59	吉林	10.89
辽宁	10.44	黑龙江	10.41	河北	9.38	山东	10.13	内蒙古	8.49	内蒙古	10.50
河南	8.51	河南	9.92	吉林	9.37	河南	8.57	山东	7.74	山东	10.14
黑龙江	8.31	河北	8.56	黑龙江	7.46	河北	7.91	河南	7	河南	9.14
吉林	8.10	辽宁	8.24	内蒙古	5.94	内蒙古	7.68	河北	6.3	河北	7.55

表4-4（续）

1980 年		1990 年		2000 年		2010 年		2015 年		2018 年	
四川	7.31	四川	5.02	辽宁	5.2	辽宁	6.03	辽宁	5.3	辽宁	6.47
陕西	4.39	内蒙古	4.06	四川	5.16	山西	4.02	山西	3.26	四川	4.15
山西	4.20	陕西	3.45	云南	4.47	四川	3.51	四川	2.89	山西	3.82
云南	4.20	山西	3.15	山西	3.35	云南	3.21	云南	2.82	云南	3.60
合计	79.24	合计	80.08	合计	74.31	合计	73.76	合计	67.76	合计	81.74

资料来源：历年中国统计年鉴和中国农村统计年鉴。

（二）玉米种植面积集中度的变化

1980 年以来，玉米播种面积最多的 10 个省（自治区、直辖市）除山西被内蒙古替代外，基本保持不变。从全国 10 个玉米播种面积较多的省（自治区、直辖市）的合计集中度看，自 1980 年以来，呈现的是上升—下降—上升但大体平稳的趋势，由 1980 年的 78.04% 提高到 1990 年的 78.86%，然后下降到 2015 年 66.76%，到 2018 年又上升到 79.95%。从单个玉米生产省（自治区、直辖市）看，与 1980 年比较，2018 年的播种面积集中度提高的有黑龙江、内蒙古、吉林和河南 4 个省（自治区、直辖市）。其中内蒙古提高最多，达 5.63 个百分点；黑龙江提高了 5.62 个百分点；吉林提高了 1.67 个百分点；河南提高了 0.94 个百分点。降低较多的为四川和河北，分别下降了 3.56 个 3.49 个百分点。玉米播种面积最少的有北京、天津、上海、浙江、福建、江西、广东、海南、湖南、西藏、青海和宁夏 12 个省（自治区、直辖市）。2018 年，这 12 个省（自治区、直辖市）的播种面积占全国总播种面积的比例不到 3%（见表 4-5）。

表 4-5　1980—2017 年玉米播种面积集中度变化　　　　单位:%

1980 年		1990 年		2000 年		2010 年		2015 年		2018 年	
河北	11.65	山东	11.24	河北	10.8	黑龙江	12.49	黑龙江	12.94	黑龙江	15.00
山东	10.67	吉林	10.37	山东	10.5	吉林	8.71	吉林	8.45	吉林	10.04
黑龙江	9.38	河南	10.17	河南	9.55	河北	8.6	内蒙古	7.57	山东	9.34
吉林	8.37	黑龙江	10.13	吉林	9.53	山东	8.45	河南	7.44	河南	9.30
河南	8.36	河北	9.54	黑龙江	7.81	河南	8.42	河北	7.22	内蒙古	8.88
四川	7.97	四川	8	辽宁	6.17	内蒙古	7.11	山东	7.06	河北	8.16
辽宁	7.05	辽宁	6.38	四川	5.36	辽宁	5.98	辽宁	5.37	辽宁	6.44
云南	5.53	陕西	4.79	内蒙古	5.63	山西	4.68	山西	4.22	四川	4.41

表4-5(续)

1980 年		1990 年		2000 年		2010 年		2015 年		2018 年	
陕西	5.36	云南	4.63	云南	4.9	云南	4.05	云南	3.37	云南	4.24
山西	3.7	内蒙古	3.61	陕西	4.58	四川	3.88	四川	3.12	山西	4.15
合计	78.04	合计	78.86	合计	74.8	合计	72.37	合计	66.76	合计	79.95

资料来源：历年中国统计年鉴和中国农村统计年鉴。

从前面各主要年份的玉米生产集中度位列前 10 位的省（自治区、直辖市）情况看，一直以来，玉米生产以北方为主。在 10 个主产省（自治区、直辖市）中，1980 年有 8 个是北方省（自治区、直辖市）；1990 年有 9 个是北方省（自治区、直辖市）；2000 年后，除四川和云南外，都是北方省份。在北方主产省（自治区、直辖市）中，又以东北地区为主，1949 年东北三省的玉米产量占全国产量的比重为 32.49%；1949—2018 年，平均占比为 29.93%；1980 年东北三省的玉米产量占全国产量的 26.85%；1990 年提高到 34.45%；虽然 2000 年下降到 22.03%，但此后又进一步提高，2017 年达到最高值，为 33.75%；2018 年略有下降，为 32.84%（见图 4-5）。其中，较为突出的是内蒙古，1980 年，内蒙古玉米生产未在前 10 大产区之列，到 1990 年上升为第 8 位，到 2000 年进一步上升到第 6 位，到 2015 年进一步上升到第 5 位，2018 年位居第 5 位。相反，山东则由 1980 年的第 1 位下降到 2018 年的第 4 位。

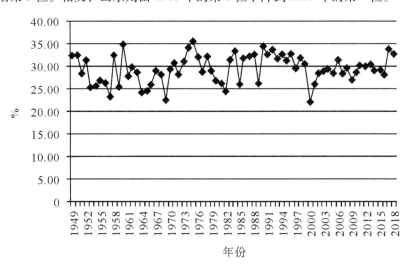

图 4-5　1949—2018 年东北三省玉米产量占全国比重变化趋势

第三节 我国玉米主产区空间变化的影响因素

一、理论分析

农业生产明显受区域因素的制约，不同的区域有不同的自然条件和社会经济条件及生产历史，因此种植的农作物也不一样。玉米的环境适应性较强，因此我国玉米种植分布范围很广，南起海南岛崖县，北至黑龙江黑河，东至台湾，西至新疆、西藏等地，中国是一年四季都有玉米生长的国家。玉米在我国各地区的分布不均衡，主要集中在东北、华北和西南地区，大致形成一个从东北到西南的斜长形玉米栽培带，玉米带的主要特点是种植的海拔高度由东北向西南增加。东北地区种植高度大多在海拔500米以下；华北地区种植高度在海拔1 200米以下，集中在300~700米；四川、湖北、湖南种植高度为海拔1 700米以下，西南高原地区种植高度达2 500米，集中在500~1 500米。我国玉米种植区域分布见表4-6。

区位理论是农作物生产区形成与发展的最重要的理论，但由于玉米生产的广泛适应性，很多地区的自然条件非常适合玉米生产，因此该理论很难解释各地玉米的区域专业化发展情况。我国幅员辽阔，玉米种植形式多样。东北、华北北部有春玉米，黄淮海有夏玉米，长江流域有秋玉米，在海南及广西可以播种冬玉米，海南因而成为我国重要的南方种子繁育基地。但最重要的种植形式还是春、夏玉米。春玉米主要分布在黑龙江、吉林、辽宁、内蒙古、宁夏，以及河北、陕西两省的北部、山西省大部、甘肃省的部分地区、西南诸省的高山地区、西北地区。其共同特点是由于纬度及海拔高度，积温不足，难以实行多熟种植，以一年一熟春玉米为主。相对于夏播区，大部分春播区玉米生长期更长，单产水平也更高。夏玉米主要集中在黄淮海地区，包括河南全省、山东全省、河北省的中南部、陕西省中部、山西省南部、江苏省北部、安徽省北部，西南地区也有部分面积。由于积温的差异，夏玉米的种植形式也不相同。在黄淮海地区的北界，种植一年一熟春玉米热量有余，而一年两熟时热量条件又显不足。因此，麦田套种玉米形式在河北石家庄以北及山西等地区比较常见。近年来，随着小麦联合收割机的普及，在小麦收割时易伤苗，小麦收后贴茬播种小麦有取代套种玉米的趋势。

表4-6　我国玉米种植区域分布

玉米种植区	主要种植区域	生产特点
北方春播玉米区	黑龙江、吉林、辽宁、内蒙古、宁夏、河北北部、陕西北部、山西大部和甘肃的部分地区	春玉米，一年一熟，是我国玉米的主产区之一
黄淮平原春、夏玉米区，淮河秦岭以北的地区	河南、山东、河北、山西、江苏、安徽、陕西关中地区	一年两熟（冬小麦、夏玉米）或两年三熟（春玉米、冬小麦、夏玉米），是我国最大的玉米产区
西南丘陵山地玉米区	秦岭以南，我国西南部地区包括四川、云南、贵州、湖南、湖北、广西西部、陕西西部、甘肃南部等地区的高山地区	一年一熟，以春玉米为主；丘陵地区一年两熟，以夏玉米为主；平原地区一年三熟，以秋玉米为主。是我国主要玉米产区之一
南方丘陵玉米区	长江以南的大部地区，包括广东、海南、福建、浙江、江西、台湾、江苏、安徽的南部、广西、湖南及湖北的东部	以一年三熟为主，春、夏、秋都可种玉米，少数地区有冬玉米。
西北灌溉玉米区	新疆、甘肃、河西走廊	一年一熟。春玉米为主
青藏高原玉米区	青海和西藏	播种面积小，增产潜力大

资料来源：https://www.sohu.com/a/249821716_100151581。

二、我国玉米区域专业化发展的影响因素

农产品产量（集中度）与耕地面积、气候、农业生产历史、生产技术等息息相关。为了定量地分析玉米生产区域专业化发展的影响因素，选择如下指标进行分析：玉米单产、玉米生产净利润、有效灌溉面积、农业机械动力、化肥施用量、农村用电量、人均地区生产总值和农业技术人员等。耕地面积对农业生产具有重要影响，但由于耕地面积数据呈现越来越多的趋势，而且2008年以来就没有公布数据，因此不纳入分析。理论上，某一区域的农业生产机械动力越大、化肥施用量和农村用电量越多、耕地面积和有效灌溉面积越多、玉米生产净利润越高，则玉米产量越大，玉米的生产区域集中度也就越高。

由1978—2018年的玉米产量与影响因素的相关关系（见表4-7）可知，1978—2018年，我国玉米产量与人均地区生产总值、农机动力、有效灌面、化肥施用量、用电量、水库数、塑料薄膜、柴油、农药、播种面积、玉米单产、农业固定资产投资、铁路里程和公路里程均呈现高度正相关关系，除柴油

为 0.839 和农药为 0.862 外,其他因素的相关系数均在 0.93 以上,表明这些因素对玉米生产具有重要意义;而与第一产业就业人数具有很高的负相关关系,相关系数为 -0.988,表明第一产业劳动力严重过剩;与受灾面积、成灾面积也有很高的负相关关系,表明农业自然灾害一直比较严重。

表 4-7 1978—2018 年玉米产量与影响因素的相关关系

一产就业	人均地区生产总值	农机动力	有效灌面	化肥	用电量	水库数	塑料薄膜	柴油
-0.988	0.986	0.931	0.965	0.927	0.971	0.945	0.930	0.839
农药	播种面积	受灾面积	成灾面积	玉米单产	农技人员	农固投资	铁路	公路
0.862	0.995	-0.926	-0.862	0.943	0.374	0.942	0.969	0.917

1978—1990 年,玉米产量与第一产业劳动力的相关系数为 0.922,表明劳动投入对玉米产量具有重要意义;因为农药机械化水平较低,玉米产量与人均地区生产总值、农机动力、化肥施用量、用电量、玉米单产、铁路里程和公路里程的相关系数也在 0.90 以上,但与播种面积的相关系数(0.510)较低,表明单产的作用大于播种面积,人均地区生产总值的提高增强了农户购买农用物资的能力;玉米产量与受灾面积、成灾面积的负相关程度很小,表明这一时期的自然灾害不太严重,对玉米生产没有什么影响;玉米产量与农技人员数量的相关系数为负,原因为农技人员流失较多(见表 4-8)。

表 4-8 1978—1990 年玉米产量与影响因素的相关关系

一产就业	人均地区生产总值	农机动力	有效灌面	化肥	用电量	播种面积
0.922	0.906	0.896	0.609	0.918	0.915	0.510
受灾面积	成灾面积	玉米单产	农技人员	铁路里程	公路里程	
-0.070	-0.072	0.947	-0.156	0.910	0.905	

1991—2000 年,玉米产量与第一产业劳动力的相关系数转为负相关,表明随着农机动力的增多,第一产业劳动力由原来的不足转变为富余;与播种面积的相关程度大于 1978—1990 年的 0.510,但与玉米单产的相关程度由 1978—1990 年的 0.947 下降到 0.767,表明这一时期,单产的边际作用在减小,而播种面积的边际作用在增强;与其他影响因素的相关关系均较低。玉米产量与受灾面积和成灾面积的负相关程度较上一时期有所提高,表明这一时期的自然灾害较为严重,对玉米生产有一定影响;与农技人员数量、农业固定资

础设施建设，没有能够为玉米生产提供较大的支持，如农技人员大量流失和农业劳动力过剩的情况日益严重。玉米产量与每亩净利润的相关系数为0.615，表明这一时期增加玉米产量能够带来较好的收益。玉米产量与受灾面积和成灾面积的相关程度较高，表明这一时期的自然灾害较多，对玉米产量的影响很大（见表4-32）。

表4-32　1991—2000年吉林玉米产量与有关影响因素的相关关系

播种面积	单产	人均地区生产总值	农业劳动力	机械总动力	有效灌面	化肥	用电量	柴油	农药
0.510	0.931	-0.049	-0.096	-0.171	-0.004	0.244	-0.047	-0.035	-0.092
塑料薄膜	农技人员	受灾面积	成灾面积	铁路里程	公路里程	耕地面积	农固投资	净利润	
0.068	-0.152	-0.861	-0.879	-0.397	0.029	0.177	-0.295	0.615	

2001—2010年，与玉米产量相关程度最大的是单产，其次为播种面积、有效灌面，再次为人均地区生产总值、机械总动力、化肥施用量、用电量、柴油、农药施用量、塑料薄膜和公路里程。而农业劳动力、农技人员与玉米产量的关系为负相关，且强度大于前一时期，表明随着机械化程度的提高，农业劳动力剩余的情况较前一时期更为严重，并且农技人员的流失情况也比较严重。玉米产量与每亩净利润的相关系数为0.033，远低于前一时期的0.615，表明这一时期增加玉米产量已很难带来较好的收益，仅能够保本。玉米产量与受灾面积和成灾面积的相关程度较高，表明这一时期的自然灾害较多，对玉米的产量影响很大（见表4-33）。

表4-33　2001—2010年吉林玉米产量与有关影响因素的相关关系

播种面积	单产	人均地区生产总值	农业劳动力	机械总动力	有效灌面	化肥	用电量	柴油	农药
0.845	0.943	0.710	-0.769	0.755	0.893	0.793	0.687	0.727	0.745
塑料薄膜	农技人员	受灾面积	成灾面积	铁路里程	公路里程	耕地面积	农固投资	净利润	
0.091	-0.385	-0.583	-0.576	0.391	0.793	0.307	0.797	0.033	

2011—2017年，与玉米产量相关程度最大的是人均地区生产总值、播种面积、农机总动力、农技人员、化肥施用量、用电量、铁路里程，其次为农业劳动力、农药、塑料薄膜、农业固定资产投资，表明这一时期，经济增长为农

业生产提供了较多的资金，增强了农业生产能力。而单产对玉米产量的影响较弱，玉米产量与受灾面积、成灾面积的正相关程度较高，这是一种数据趋势使然。玉米产量与农业劳动力和农技人员高度相关，表明农业劳动力已由过剩转为不足，农技人员也得到了较大的补充，与 2010 年相比，农技人员增加了22.78%。玉米产量与每亩净利润的相关系数为-0.790，表明这一时期增加玉米产量已不能带来收益，处于亏本经营（见表 4-34）。

表 4-34　2011—2017 年吉林玉米产量与有关影响因素的相关关系

播种面积	单产	人均地区生产总值	农业劳动力	农机总动力	有效灌面	化肥	用电量	柴油	农药
0.900	0.164	0.951	0.890	0.901	-0.325	0.935	0.977	0.716	0.813
塑料薄膜	农技人员	受灾面积	成灾面积	铁路里程	公路里程	耕地面积	农固投资	净利润	
0.815	0.949	0.621	0.666	0.948	0.757	-0.933	0.827	-0.790	

　　根据吉林的玉米产量与有关影响因素的回归分析结果，1978—2017 年，对玉米产量影响最显著的是播种面积，其次是化肥施用量、玉米单产、用电量、农药施用量、农机动力、人均地区生产总值、成灾面积、受灾面积、柴油、塑料薄膜、农业固定资产投资。而农林牧渔就业人数对玉米产量虽然为正向影响，但在统计上不显著；农技人员虽然为负向影响，但在统计上不显著；有效灌面在统计上也不显著。铁路里程和公路里程对玉米产量具有显著影响（见表 4-35）。玉米播种面积每增加 1 000 公顷，玉米产量平均增加 1.02 万吨；化肥施用量增加 1 万吨，玉米产量平均增加 10.59 万吨；玉米单产每公顷提高1 千克，玉米产量平均增加 0.248 万吨；农村用电量增加 1 亿瓦时，玉米产量平均增加 50.83 万吨；农药施用量增加 1 万吨，玉米产量平均增加 273.72 万吨；农机动力增加 1 万千瓦，玉米产量平均增加 0.704 万吨；人均地区生产总值每提高 1 元，玉米产量平均增加 0.04 万吨；成灾面积和受灾面积每增加1 000公顷，玉米产量平均分别减少 0.162 万吨和 0.254 万吨；柴油每增加 1 万吨，玉米产量平均增加 25.05 万吨；塑料薄膜增加 1 万吨，玉米产量平均增加0.03 万吨；农业固定资产投资增加 1 亿元，玉米产量平均增加 0.287 万吨。

表 4-35　1978—2017 年吉林玉米产量与影响因素的回归结果

	玉米产量			
	截距项	系数	R^2	DW
播种面积	−969.25（−8.32）	1.02（22.65）	0.931	1.49
农林牧渔就业	2 204.94（1.00）	0.92（0.87）	0.853	2.58
人均地区生产总值	1 128.68（9.18）	0.04（7.30）	0.885	2.27
农机动力	748.37（5.89）	0.704（9.00）	0.889	2.15
有效灌面	1 751.65（1.25）	0.43（0.92）	0.852	2.23
化肥	350.85（4.40）	10.59（17.92）	0.917	1.85
用电量	299.84（2.78）	50.83（13.79）	0.903	1.98
塑料薄膜	575.12（1.13）	0.03（2.89）	0.752	2.02
柴油	846.20（3.10）	25.05（4.44）	0.764	2.04
农药	1 037.79（10.62）	273.72（9.70）	0.797	1.54
受灾面积	249 327.6（0.006）	−0.162（−6.09）	0.926	2.34
成灾面积	206 363.2（0.008）	−0.254（−7.30）	0.939	2.39
玉米单产	−390.44（−1.75）	0.248（15.09）	0.981	1.88
农技人员	4 804.12（1.24）	−0.03（−1.00）	0.804	2.22
农固投资	293.82（0.50）	0.287（2.79）	0.849	2.28
铁路里程	−1 028.57（−0.69）	0.770（2.18）	0.860	2.63
公路里程	714.90（2.96）	0.02（5.18）	0.868	2.11

注：由于大多数变量之间存在高度相关关系，因此我们采用单个变量的回归模型进行计算。

3. 山东

山东中部山地突起，西南、西北低洼平坦，东部缓丘起伏，形成以山地丘陵为骨架、平原盆地交错环列其间的地形大势。泰山雄踞中部，主峰海拔1 532.7米，为山东最高点。黄河三角洲海拔2～10米，为山东陆地最低处。

山东"山水林田湖"自然禀赋得天独厚，山地面积22 726.80平方千米，占全省面积的14.59%；水面面积6 988.92平方千米，占全省面积的4.49%；林地面积24 894.46平方千米，占全省面积的15.98%；种植土地面积83 845.42平方千米，占全省面积的53.82%；湖泊面积1 348.55平方千米，占全省面积的0.87%。[8]

山东地貌复杂,大体分为中山、低山、丘陵、台地、盆地、山前平原、黄河冲积扇、黄河平原、黄河三角洲9个基本地貌类型。山东平原面积占全省面积的65.56%,主要分布在鲁西北地区和鲁西南局部地区。山东台地面积占全省面积的4.46%,主要分布在东部地区。山东丘陵面积占全省面积的15.39%,主要分布在东部、鲁西南局部地区。山东山地面积占全省面积的14.59%,主要分布在鲁中地区和鲁西南局部地区[8]。山东境内主要山脉集中分布在鲁中南山区和胶东丘陵区。

山东是暖温带季风气候。山东降水集中,雨热同季,春秋短暂,冬夏较长。山东光照资源充足,光照时数年均2 290~2 890小时,热量条件可满足农作物一年两作的需求。山东年平均降水量为550~950毫米,由东南向西北递减。山东的降水季节分布很不均衡,全年降水量的60%~70%集中于夏季,易形成涝灾,冬、春及晚秋易发生旱灾,对农业生产影响很大。

山东分属于黄、淮、海三大流域,境内主要河流除黄河横贯东西、大运河纵穿南北外,其余中小河流密布全省,主要湖泊有南四湖、东平湖、白云湖、青沙湖、麻大湖等。山东水资源总量仅占全国水资源总量的1.09%,人均水资源占有量为334立方米,仅为全国人均占有量的14.9%(小于1/6),为世界人均占有量的4.0%(约1/25),位居全国各省(直辖市、自治区)倒数第3位,远远小于国际公认的维持一个地区经济社会发展所必需的1 000立方米的临界值,属于人均占有量小于500立方米的严重缺水地区[9]。

山东的海域占渤海和黄海总面积的37%,滩涂面积占全国的15%。近海栖息和洄游的鱼虾类达260多种,主要经济鱼类有40多种,经济价值较高。山东土地总面积1 571.26万公顷,约占全国总面积的1.63%,居全国第19位。其中,农用地1 156.6万公顷,占土地总面积的73.61%;建设用地251.1万公顷,占土地总面积的15.98%;未利用地163.6万公顷,占土地总面积的10.41%。在农用地中,耕地751.5万公顷,占土地总面积的47.8%;园地100.7万公顷,占土地总面积的6.40%;林地135.7万公顷,占土地总面积的8.6%;牧草地3.4万公顷,占土地总面积的0.2%;其他农用地165.3万公顷,占土地总面积的10.5%。在建设用地中,居民点和工矿用地209.3万公顷,占土地总面积的13.3%;交通运输用地16.3万公顷,占土地总面积的1.0%;水利设施用地25.5万公顷,占土地总面积的1.6%。山东人均耕地0.08公顷[9]。

山东是我国的农业大省,一直是我国的玉米主要产区之一。1978年之前,山东的玉米产量呈现逐步增加趋势(除1961年为最少的77万吨外),由1949

年的 87.90 万吨增加到 1977 年的 652 万吨；改革开放后，山东玉米生产得到了较快发展，由 1978 年的 612 万吨增加到 1996 年的 1 603.44 万吨；此后虽然有所减少，到 2004 年下降到 1 499.21 万吨；2005 年后又恢复增长；到 2018 年增加到 2 607.16 万吨，为 1949 年的 28.66 倍，为 1978 年的 3.26 倍（见图 4-12）。从玉米播种面积看，改革开放前，基本呈现逐年增加趋势，由 1949 年的 949.1 千公顷增加到 1978 年的 2 134.6 千公顷，播种面积以 1961 年最少，仅为 876.4 千公顷，低于 1949 年水平；改革开放后，播种面积较大幅度增加，到 1996 年增加到 2 826.65 千公顷，此后有所减少，2004 年减少到 2 455.06 千公顷，2005 年又开始增加，到 2017 年增加到 4 000.12 千公顷，是 1949 年的 3.22 倍，是 1978 年的 2.87 倍（见图 4-13）。

从玉米产量占全国玉米产量的比重看，改革开放前，山东的玉米产量占全国的比重呈现波动中提高趋势，1949 年，山东玉米产量占全国的 7.59%，在全国处于第 4 位，此后逐步上升，到 1978 年产量占全国比重提高到 10.94%，名列全国第二位；改革开放后，2001 年山东玉米产量占全国的比重为 13% 左右，成为我国玉米产量最多的省份。1978—2000 年，山东玉米产量在全国稳居第一位，与其玉米种子的研发及其生产投入有关，1980—1999 年，山东在玉米生产上推广了 37 个主要玉米杂交种[10]。山东玉米产量在 2002 年开始下降，一直持续到 2015 年，占全国产量的比重由 2001 年的 13.43% 下降到 2015 年的 7.74%。2016 年，在玉米补贴的刺激下，山东玉米产量增长。2017 年山东玉米产量上升到 10.28%。但 2018 年略有下降，为 10.14%（见图 4-13）。1949—2018 年，山东玉米播种面积及其占全国比重的变化趋势与玉米产量大体一致，但从山东的玉米产量和播种面积占全国比重的数据比较看，20 世纪 70 年代之前的大部分年份是播种面积比重高于产量比重，主要是单产水平低于全国平均水平，1966 年后是产量比重高于播种面积比重（见图 4-14 和图 4-15）。

与 1978 年相比，2018 年山东的农机动力增长了 8.62 倍，有效灌面增长了 18.62%，化肥施用量增长了 4.39 倍，用电量增长了 28.52 倍。2018 年，柴油使用量比 1993 年增长了 1.11 倍，农药比 1991 年增长了 2.18 倍，塑料薄膜比 1991 年增长了 3.31 倍。另外，2017 年山东耕地面积比 1990 年增长了 10.76%，增加了 737 千公顷（见表 4-36）。

表 4-36　改革开放以来主要年份山东农业集约化经营水平

指标	农机动力/万千瓦	有效灌面/千公顷	化肥/万吨	用电量/亿千瓦时	柴油/万吨	农药/万吨	塑料薄膜/吨
1978 年	1 084.57	4 414.8	77.9	14.1	—	—	—
1980 年	1 371.78	4 407.53	135.4	20.1	—	—	—
1990 年	3 215.8	4 463.67	245.5	75.7	—	—	—
1991 年	3 304.7	4 552.33	271.5	84.2	—	5.96	64 301
1993 年	3 518	4 624	355	106.6	70	8	89 916
2000 年	7 025.24	4 824.86	423.19	200.27	157.13	14.03	225 120
2010 年	11 628.97	4 955.3	475.32	439.03	186.63	16.49	322 965
2017 年	10 144.05	5 191.06	439.96	488.45	157.75	140 670	287 098
2018 年	10 431.68	5 235.99	420.35	416.24	147.47	129 882	276 935

资料来源：历年中国统计年鉴。

　　山东玉米机收水平从 2000 年开始快速提高，2000 年全国玉米机收水平为 1.69%，山东为 3.69%，只比全国高 2 个百分点；2009 年，全国玉米机收水平上升到 16.9%，山东达到 53%，比全国高出 36.1 个百分点。从 2006 年起山东的玉米联合收获机以每年 1 万台的速度增长，2009 年和 2010 年，每年平均新增玉米联合收获机 1.5 万。山东的玉米机收水平提升不是短时期的快速发展，而是一个较长时期的持续快速发展。数据表明，2000—2010 年，山东玉米机收水平经历了连续 5 年提高幅度在 6% 以上、连续 4 年提高幅度在 9% 以上、连续 2 年提高幅度在 10% 以上的加速度发展。2006 年，山东桓台县成为全国玉米生产全程机械化第一县。2010 年，全省率先基本实现玉米生产全程机械化，仅仅用了 5 年的时间，山东玉米机耕、机播、机收率分别达到 97%、95%、71.5%，耕种收综合水平达到 88.75%，成为我国玉米生产全程机械化第一省[11][12]。

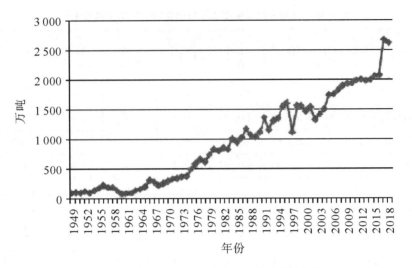

图 4-12   1949—2018 年山东玉米产量变化趋势

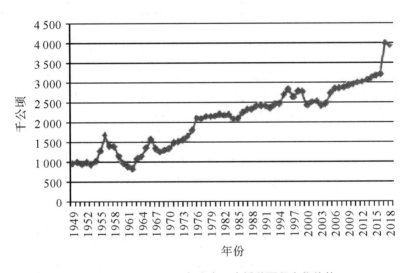

图 4-13   1949—2018 年山东玉米播种面积变化趋势

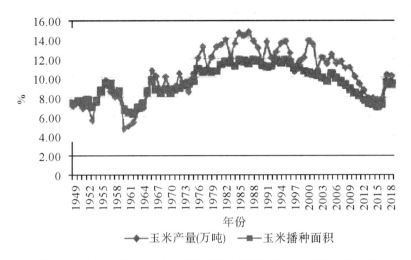

图 4-14　1949—2018 年山东玉米产量和播种面积占全国的比重趋势

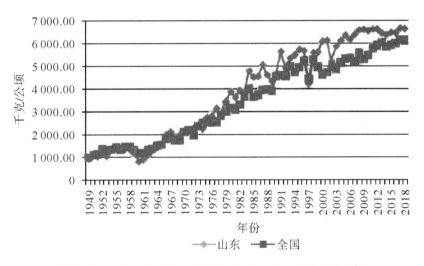

图 4-15　1949—2018 年山东玉米单产与全国平均水平的比较

　　1978—2017 年，山东玉米产量与有关影响因素的相关关系如表 4-37 所示。由表 4-37 可看出，玉米产量与玉米播种面积、单产、人均地区生产总值、农机总动力、用电量、农业固定资产投资及铁路、公路里程有显著的正相关关系；其次是与有效灌面、化肥施用量、塑料薄膜、农技人员、耕地面积有较强的正相关关系；与农业劳动力有显著的负相关关系，这与农业机械化的大发展直接相关；与受灾面积、成灾面积和农技成果有显著的负相关关系，表明在这 40 年中，农业灾害比较严重，对玉米产量的影响比较大。

表 4-37   1978—2017 年山东玉米产量与有关影响因素的相关关系

播种面积	单产	人均地区生产总值	农业劳动力	农机总动力	有效灌面	化肥	用电量	柴油	农药
0.890	0.887	0.893	-0.865	0.839	0.743	0.738	0.899	0.601	0.294
塑料薄膜	农技人员	受灾面积	成灾面积	铁路里程	公路里程	农技成果	耕地面积	农固投资	净利润
0.648	0.610	-0.802	-0.765	0.841	0.912	-0.738	0.636	0.847	0.096

1978—1990 年，山东玉米产量与单产、人均地区生产总值、农机总动力、用电量、农技人员等高度相关，相关系数均在 0.8 以上；其次是化肥施用量、农技成果、每亩净利润和播种面积，说明这一时期的玉米生产在农业技术的支持下实现了单产的提高，在较高净利润的刺激下和化肥的作用下，玉米产量得到提高。在这一时期，农业劳动力剩余情况显现，相关系数为-0.452；受灾情况比较严重，但成灾情况不太严重（见表 4-38）。

表 4-38   1978—1990 年山东玉米产量与有关影响因素的相关关系

播种面积	单产	人均地区生产总值	农业劳动力	农机总动力	有效灌面	化肥	用电量
0.596	0.908	0.800	-0.452	0.870	-0.242	0.768	0.831
农技人员	受灾面积	成灾面积	铁路里程	公路里程	农技成果	净利润	
0.854	-0.080	-0.309	0.779	0.739	0.680	0.691	

1991—2000 年，山东玉米产量只与单产的相关系数较高，其次为播种面积，与其他因素的相关系数均较小，表明这些因素的作用力减小了，如经济增长对玉米生产的支持强度减小等。山东玉米产量与每亩净利润的相关性虽然降低了，但仍然有 0.506，表明玉米种植收益对玉米产量仍然有较大的刺激作用。山东玉米产量与农业劳动力为正相关，可能原因是农村劳动力转移速度较快，对玉米产量的贡献由负转为正。山东玉米产量与农技成果负相关。受灾、成灾情况对玉米产量仍然具有较大的影响（见表 4-39）。

表 4-39 1991—2000 年山东玉米产量与有关影响因素的相关关系

播种面积	单产	人均地区生产总值	农业劳动力	农总动力	有效灌面	化肥	用电量	柴油	农药
0.545	0.828	0.305	0.333	0.264	0.261	0.299	0.226	0.302	0.308
塑料薄膜	农技人员	受灾面积	成灾面积	铁路里程	公路里程	农技成果	耕地面积	农固投资	净利润
0.221	0.257	−0.613	−0.736	0.123	0.355	−0.349	−0.300	0.149	0.506

2001—2010 年，山东玉米产量与播种面积、人均地区生产总值、用电量、农业固定资产投资、单产、农机总动力呈现高度相关，相关系数均在 0.9 以上；其次与化肥施用量、柴油、塑料薄膜、农药施用量的相关性较前一个时期有所增强；经济增长对农业的支持力度增强，每亩净利润的相关性也较 20 世纪 90 年代有所增强；与受灾、成灾情况的关系虽然仍然较强，但较 20 世纪 90 年代有所减弱；与农业劳动力、农技成果数量的负相关关系增强，表明在大力推广农用机械的情况下，农村劳动力的剩余情况又趋严重；农技成果与玉米产量关系不大（见表 4-40）。

表 4-40 2001—2010 年山东玉米产量与有关影响因素的相关关系

播种面积	单产	人均地区生产总值	农业劳动力	农机总动力	有效灌面	化肥	用电量	柴油	农药
0.940	0.908	0.923	−0.877	0.901	0.762	0.821	0.923	0.722	0.357
塑料薄膜	农技人员	受灾面积	成灾面积	铁路里程	公路里程	农技成果	耕地面积	农固投资	净利润
0.515	0.105	−0.682	−0.669	0.849	0.878	−0.799	−0.343	0.911	0.660

2011—2017 年，山东玉米产量与播种面积、农业固定资产投资呈现高度相关关系，相关系数均在 0.8 以上；其次与人均地区生产总值、有效灌面、用电量、农技成果、农药施用量具有较强的相关关系，表明经济增长对农业的支持作用仍然较大，也有助于增加产量；与农药的强相关性可能与病虫害较多有关；与农业劳动力的负相关关系虽然有所减小，但仍然较高，表明农业劳动力仍然大量剩余；与农机总动力、柴油为负相关，表明玉米机械化程度已达到饱和；与塑料薄膜、化肥施用量呈现负相关关系，表明增加这些物资的投入，对玉米产量影响不大；与单产呈现较弱的负相关关系（见表 4-41）。

表 4-41 2011—2017 年山东玉米产量与有关影响因素的相关关系

播种面积	单产	人均地区生产总值	农业劳动力	农机总动力	有效灌面	化肥	用电量	柴油	农药
0.837	-0.193	0.776	-0.780	-0.489	0.680	-0.880	0.755	-0.755	0.697
塑料薄膜	农技人员	受灾面积	成灾面积	铁路里程	公路里程	农技成果	耕地面积	农固投资	净利润
-0.866	0.358	-0.627	-0.339	0.890	0.693	0.614	-0.852	0.861	-0.862

4. 河南

河南位于中国中东部、黄河中下游,幅员辽阔,农作物品种较多,是我国第一农业大省和主要的粮食生产大省。玉米是河南第二大种植作物,河南的玉米生产与消费在全国占有重要的地位。

根据河南各地的光照、气温、降水、土壤类型及土壤有机质等生产条件的差异,全省被划分为 6 个玉米生产区,即豫北平原主产区、豫中南主产区、豫东平原主产区、豫西南产区、豫西丘陵主产区、豫南产区。其中,豫北平原主产区由黄河冲积平原和太行山前平原组成,包括新乡、安阳、鹤壁、濮阳、焦作、济源,地势西高东低,海拔 30~190 米,西部边缘伴有极少部分的丘陵地带,光照充足,降雨量适中,地层深厚,但积温较差,是玉米适宜种植区,玉米平均单产居全省首位;豫中南主产区包括郑州、许昌、漯河、驻马店,农业生产条件优越,年平均气温为 14.9℃~15℃,光照充足,余量充沛,资源丰富,劳动力充足,玉米生产潜力很大,玉米平均单产居全省第二位。

利用得天独厚的玉米生产优势,河南的玉米生产得到快速发展。1949—2018 年,河南的玉米产量由 1949 年的 66.5 万吨增加到 2018 年的 2 351.38 万吨,增长了 34.36 倍,平均产量达 753 万吨,年均增长 5.23%。在 1980 年之前,河南的玉米产量虽然有波动,但除 1960—1963 年下降较多外,基本呈现增长趋势。1980 年以来,河南玉米产量波动幅度有所增大,特别是 2003 年下降幅度比较大。2003 年是农业生产上罕见的多灾年份,持续阴雨、洪涝灾害给河南农业生产带来了极大的影响,玉米大幅减产,2003 年总产量较 2002 年下降了 35.59%,高于全国的 4.52% 的减产水平。但 2004 年开始,河南玉米产量表现出明显的增长趋势(见图 4-16)。

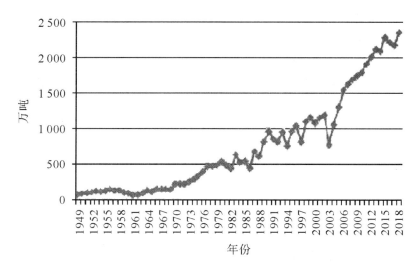

图 4-16　1949—2018 年河南玉米产量增长趋势

1949—2018 年，河南的玉米播种面积由 1949 年的 928.7 千公顷增加到 2018 年的 3 918.96 千公顷，增长了 3.22 倍，平均播种面积达 1 898 千公顷，年均增长 2.07%。在 1980 年之前，河南的玉米播种面积虽然有波动，但波动幅度不大，基本呈现增长趋势，1980 年以来，波动幅度有所增大，但基本维持增长趋势，2016 年达到历史最大值，为 4 210.46 千公顷，近 2 年受玉米生产调控的影响，播种面积有所减少（见图 4-17）。

图 4-17　1949—2018 年河南玉米播种面积变化趋势

1980 年之前，除个别年份外，河南的玉米产量占全国的比重呈现逐步提高趋势，由 1949 年的 5.35% 提高到 1979 年的 7.97%，大部分年份为 6% 左右，最高值为 1977 年的 9.49%；1980 年之后，由 1980 年的 8.51% 提高到 2018 年的 9.14%，大部分年份为 9% 左右，最高值为 2007 年的 10.44%。播种面积方面，1980 年之前，除个别年份外，河南玉米播种面积占全国的比重为 7% 左右，1980 年之后，为 9% 左右，最高值为 1990 年的 10.17%。从图 4-18 可知，河南玉米播种面积占全国比重与产量占全国比重趋势一致，只是产量的波动略大于播种面积。

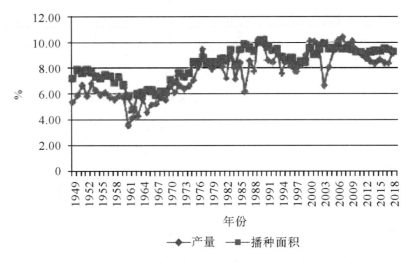

图 4-18　1949—2018 年河南玉米产量和播种面积占全国的比重

玉米可用于饲料、工业原料、能源、油料和食用。近年来，河南围绕玉米的"五位一体"多重功能，不断强化玉米产业链条，通过构建玉米产业技术体系和肉牛产业技术体系并实现两大产业技术体系的无缝对接，并鼓励相关农业企业合作，构建起绿色、精准、高效的全产业链，即构建了可持续、可循环的绿色产业链，实现了产业链全程零污染、无害化，为玉米产业长远发展打下坚实基础；在玉米新品种选育、栽培种植、水肥植保、机械收获等方面瞄准企业需求，提供精准服务，根据产业需求设计方案，提升了玉米产业上游与下游的契合度；河南全省整合了政府、社会、科研、企业、农民、销售渠道等多方面的优质资源，把资源有机融合在全产业链中，使玉米生产贯穿于一、二、三各个产业，提升了河南玉米种植业、畜牧养殖业、玉米工业加工、食品加工和能源等行业的综合、融合发展水平，既拉长了玉米的产业链条，又提高了玉米的附加值，推动玉米产业高质量发展。

以玉米、肉牛产业融合发展为例。近年来，根据我国玉米品种类型、生产需求、生产现状、产业发展趋势，河南玉米产业技术体系围绕优良籽粒机收玉米全产业链、青贮玉米全产业链、鲜食甜糯玉米全产业链三大产业链构建，实施贯穿整个产业链的协同创新与专业化应用，高标准打造示范基地，有力引领和推动了玉米产业高质量健康发展，为扛稳国家粮食安全重任、保障社会经济发展做出了应有贡献。实践中，该体系搭建了集聚全省优势资源的平台，在原有体系上设置新品种选育、栽培、植保、土肥、农机、加工6位岗位专家，南阳、驻马店、商丘、焦作4个农业技术综合试验站，以及落实"1355工作机制"对接1个产业集群、18个农业技术推广区域站和110个农业经营主体的基础上，广泛对接产业链上种子、植保、肥料、农机、饲料和工业加工等优势企业。同时，玉米产业技术体系还与河南肉牛体系联姻，抓牢每条产业链关键环节的核心创新，打造多学科、多层次、高水平的玉米全产业链协同创新队伍，建立"河南省玉米全产业链协同创新联盟"，实现三产有机融合，形成政、产、学、研、推、用"六位一体"协同创新应用模式，建设高标准示范区，打造河南玉米产业高质量发展新高地。

1978—2018年河南玉米产量与有关影响因素的相关关系如表4-42所示。由表4-42可看出，玉米产量与玉米播种面积、人均地区生产总值、农机总动力、有效灌面、化肥施用量、用电量、柴油、农药施用量、塑料薄膜、农业固定资产投资及公路里程具有显著的正相关关系；其次是与单产、铁路里程、农技人员有较强的正相关关系；与农业劳动力有较强的负相关关系，这与农业机械化的大发展直接相关；与受灾面积、成灾面积有显著的负相关关系，表明在这41年中，河南的农业灾害比较严重，对玉米产量的影响比较大。

表4-42 1978—2018年河南玉米产量与有关影响因素的相关关系

玉米播面	单产	人均地区生产总值	农业从业人员	农机总动力	有效灌面	化肥	农村用电量	柴油
0.953	0.796	0.917	-0.640	0.887	0.831	0.926	0.939	0.861
农药	塑料薄膜	农技人员	受灾面积	成灾面积	铁路里程	公路里程	农固投资	净利润
0.870	0.911	0.574	-0.809	-0.813	0.780	0.933	0.824	-0.416

1978—1990年河南玉米产量与有关影响因素的相关关系见表4-43，玉米产量与单产、玉米播种面积、人均地区生产总值、农业从业人员、农机总动

力、化肥施用量、每亩净利润、公路里程等具有显著的正相关关系，与用电量、有效灌面、农技人员等具有较强的正相关关系。其中，玉米产量与农技人员的正相关关系高于1978—2018年的水平；与农业劳动力有较强的正相关关系，与这一时期的农业机械化程度很低直接相关；但这一时期的农业灾害的影响力较小，玉米产量与受灾面积、成灾面积的负相关关系不太强。

表4-43　1978—1990年河南玉米产量与有关影响因素的相关关系

玉米播面	单产	人均地区生产总值	农业从业人员	农机总动力	有效灌面	化肥
0.825	0.936	0.823	0.896	0.804	0.726	0.820
农村用电量	农技人员	受灾面积	成灾面积	铁路里程	公路里程	净利润
0.791	0.703	−0.661	−0.542	0.346	0.821	0.830

1991—2000年河南玉米产量与有关影响因素的相关关系见表4-44，1991—2000年河南玉米产量与单产、玉米播种面积的关系强于1978—1990年，但与人均地区生产总值、农业从业人员、农技人员、农机总动力、化肥施用量、农村用电量、农业固定资产投资、公路里程等的相关关系弱于前一个时期。说明在这一时期，随着经济增长，河南对农业的投入强度有所减小。玉米产量与每亩净利润为弱负相关关系，表明从玉米生产中获得的收益很少。

表4-44　1991—2000年河南玉米产量与有关影响因素的相关关系

玉米播面	单产	人均地区生产总值	农业从业人员	农机总动力	有效灌面	化肥	农村用电量	柴油
0.917	0.953	0.594	0.540	0.636	0.675	0.705	0.553	0.593
农药	塑料薄膜	农技人员	受灾面积	成灾面积	铁路里程	公路里程	农固投资	净利润
0.628	0.581	0.668	0.097	−0.490	−0.243	0.618	0.719	−0.086

2001—2010年河南玉米产量与有关影响因素的相关关系见表4-45，2001—2010年河南玉米产量与单产、玉米播种面积的关系弱于1991—2000年，但与人均地区生产总值、农机总动力、化肥施用量、农村用电量、农药施用量、塑料薄膜、公路里程等的相关关系强于前一个时期。说明在这一时期，随着经济增长，河南对农业的投入强度有所增强。玉米产量与农业从业人员、农

技人员的关系转为较强的负相关关系，表明随着农机补贴政策的实施、农业机械化程度的不断提高，农村劳动力大量剩余，农技人员的贡献有所减弱；在这一时期，农业灾害对玉米生产影响不大。

表4-45 2001—2010年河南玉米产量与有关影响因素的相关关系

玉米播面	单产	人均地区生产总值	农业从业人员	农机总动力	有效灌面	化肥	农村用电量	柴油
0.857	0.919	0.840	-0.846	0.820	0.869	0.850	0.853	0.851
农药	塑料薄膜	农技人员	受灾面积	成灾面积	铁路里程	公路里程	农固投资	净利润
0.910	0.863	-0.617	-0.755	-0.812	0.538	0.895	0.706	0.290

2011—2018年河南玉米产量与有关影响因素的相关关系见表4-46，2011—2018年河南玉米产量与玉米播种面积的关系强于2001—2010年，但与人均地区生产总值、有效灌面、化肥施用量、农村用电量等因素的相关关系弱于前一时期。其中，玉米产量与单产、农机总动力、柴油、农药、塑料薄膜、每亩净利润等的关系均为负，说明在这一时期，随着经济增长，河南对农业的投入强度有所减弱，农业机械化的作用有所减弱。除2018年有较大增加外，这几年的单产水平基本没有变化，玉米生产利润大幅度减少。玉米产量与农业从业人员的负相关关系弱于前一时期，表明农机对劳动力的替代作用减弱或农村劳动力的转移力度增加了。

表4-46 2011—2018年河南玉米产量与有关影响因素的相关关系

玉米播面	单产	人均地区生产总值	农业从业人员	农机总动力	有效灌面	化肥	农村用电量	柴油
0.955	-0.081	0.753	-0.469	-0.298	0.426	0.371	0.676	-0.584
农药	塑料薄膜	农技人员	受灾面积	成灾面积	铁路里程	公路里程	农固投资	净利润
-0.889	-0.039	0.239	-0.037	0.243	0.439	0.612	0.733	-0.592

通过对河南玉米产量与各类影响因素的简单回归分析可知，从影响的显著性方面看，对玉米产量影响最显著的因素有用电量、播种面积、化肥施用量、单产，其次为农机动力、塑料薄膜、人均地区生产总值、有效灌面、柴油、农业固定资产投资和农药施用量因素，农业灾害对玉米产量的影响也较为显著，

而农林牧渔业从业人数、农技人员的影响不显著。控制变量中公路里程的影响显著，而铁路里程影响不显著。从影响的程度看，农药施用量的贡献最大，其次是柴油、用电量和化肥施用量。农林牧渔业从业人数、农技人员的影响为负向影响，但均不显著；受灾面积、成灾面积的影响虽然显著，但影响的程度不大（见表4-47）。

表4-47　1978—2017年河南玉米产量与影响因素的回归结果

	玉米产量			
	截距项	系数	R^2	DW
播种面积	−643.73（−4.53）	0.744（13.03）	0.947	1.95
农林牧渔就业	3 485.08（1.102）	−0.296（−1.01）	0.892	2.37
人均地区生产总值	775.60（7.64）	0.03（6.44）	0.912	2.27
农机动力	417.67（4.69）	0.127（9.54）	0.908	1.74
有效灌面	−1 325.32（−2.74）	0.577（5.34）	0.897	2.12
化肥	261.88（3.52）	2.164（12.98）	0.923	1.81
用电量	485.48（14.31）	4.44（22.32）	0.929	1.49
塑料薄膜	377.66（2.89）	0.009（7.95）	0.848	1.78
柴油	−322.59（−0.88）	18.74（4.84）	0.815	1.74
农药	−574.90（−0.80）	184.75（2.85）	0.841	1.90
受灾面积	51 935.98（0.015）	−0.06（−3.90）	0.922	2.23
成灾面积	−984.99（−0.156）	−0.098（−4.81）	0.932	1.98
玉米单产	−272.85（−1.58）	0.24（12.89）	0.979	1.96
农技人员	3 511.14（0.49）	−0.003（−0.28）	0.874	2.48
农固投资	1 170.18（7.75）	0.349（2.93）	0.822	2.12
铁路里程	4 311.03（0.29）	13.49（0.02）	0.884	2.46
公路里程	663.31（6.29）	42.03（6.62）	0.890	2.21

注：由于大多数变量之间存在高度相关关系，因此我们采用单个变量的回归模型进行计算。对变量显著性检验的显著性水平取0.05。

5. 内蒙古

内蒙古地处北半球"黄金玉米带"，是我国玉米主产省区之一，近年来，内蒙古玉米产量占全国的比重一直稳居第三位。玉米在内蒙古农业生产和国民经济中占举足轻重地位。在内蒙古的农业生产中，玉米是重要的粮食、饲料、经济作物和工业原料，其种植面积、总产量、单产水平皆居粮食作物之首。内蒙古所产玉米色泽金黄，颗粒饱满，淀粉含量、含油量、蛋白质含量高。2018年，内蒙古玉米产量2 699.95万吨，种植产值656.8亿元，加工产值405.6亿元，形成了以通辽、兴安盟、赤峰为重点的东部玉米优势产业带和以巴彦淖尔、鄂尔多斯为重点的沿黄灌区玉米优势产业带。

内蒙古东部玉米优势产业带的形成有其良好的地理自然基础。从土壤分布看，内蒙古地区土壤分布东西向较为明显，最东地区主要以黑土壤为主，西部地区则分布不同的土壤。黑土壤也是其中自然肥力最高的土壤，加之其结构和水分条件良好，适宜发展农业；黑钙土自然肥力也较高，适宜发展农林牧业。从地貌的角度看，内蒙古主要以蒙古高原为主，地形复杂多样。除东南部外，基本是高原，高原四周分布众多山脉，宛若高原地貌的脊梁。山脚下有众多的平原，地势平坦、土质肥沃、光照充足、水源丰富，是内蒙古的粮食和经济作物主要产区。内蒙古地区地域广阔，纬度较高，高原面积大。再加之距离海洋较远和边沿山脉阻隔的原因，其主要的气候为温带大陆性季风气候。内蒙古降水少且不匀，风大，夏冬两季差异较大。内蒙古地区日照充足，大部分地区年日照时数都高于2 700小时，阿拉善高原的西部地区可以达到3 400小时以上。

内蒙古地域辽阔，玉米产区主要分布在北纬38°~48°，气候、土壤条件差异很大，生产条件、栽培技术、品种熟期、产量水平也存在很大的差异。总体来讲内蒙古是一个较为适宜玉米种植的地区，属北方春播玉米区。内蒙古玉米种植面积中水浇地和旱作玉米各占一半，但主产区集中在东部的通辽市、兴安盟和赤峰市[13]。

在历史上，内蒙古的玉米生产并不发达，1979年之前，内蒙古的玉米产量很少，大部分年份低于50万吨，到1978年玉米产量仅为19万吨，播种面积仅5.57万公顷，并不是我国的玉米主产区。1979年开始，内蒙古的玉米产业呈现较快发展趋势，1979—1986年，年产量为150万吨左右；单产水平增长较快，1978年达到每公顷3 413.2千克，较1952年提高了173.69%，分别高于全国的2 802.7千克和111.03%。改革开放后，内蒙古的玉米生产进入快速发展时期，到2005年超过1 000万吨，2013年超过2 000万吨，2018年达到2 699.95万吨（见图4-19）。

1978—2018年，内蒙古的玉米产量由19万吨增加到2 699.95万吨，增长了141.10倍，年均增长12.85%；播种面积由55.7千公顷增加到3 742.14千公顷（见图4-20），增长了66.18倍，年均增长10.81%；单产水平提高了

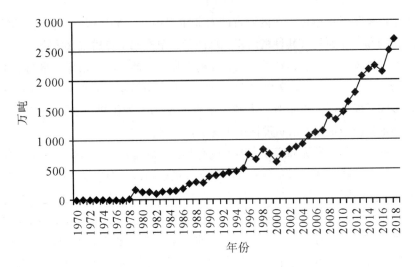

图 4-19　1970—2018 年内蒙古玉米产量变化趋势

1.11 倍，年均增长 1.84%。1982—1990 年是内蒙古玉米产量的快速增长阶段。随着农村生产责任制的普遍落实，优良玉米杂交种的大面积推广，高产栽培技术的广泛应用，种植密度和肥料投入的增加，玉米生产水平得到快速提高，特别是单产水平迅速提高[13]。1991 年之后，受玉米价格和种植业结构调整的影响，内蒙古玉米种植面积有了大幅度的增加，由 1991 年的 811.5 千公顷增加到 2018 年的 3 742.14 千公顷，增加了 3.61 倍；玉米产量由 413.7 万吨增加到 2 699.95 万吨，增加了 5.53 倍；单产仅提高了 41.52%。

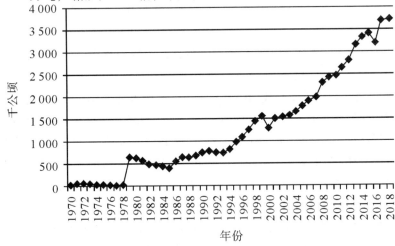

图 4-20　1970—2018 年内蒙古玉米播种面积变化趋势

从内蒙古玉米产量和播种面积占全国的比重看，1970—1978 年，基本维持在 0.3%，1979 年迅速提高到 3% 左右。1985 年之前，播种面积占全国的比重略高于产量比重，但 1985 年之后，则是产量所占比重高于播种面积所占比重，1990 年后内蒙古成为我国玉米主要产区之一（见图 4-21）。1985 年以来，内蒙古的单产水平一直高于全国平均水平（见图 4-22）

图 4-21　1970—2018 年内蒙古玉米产量和播种面积占全国比重

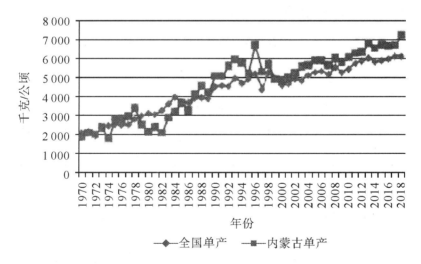

图 4-22　1970—2018 年内蒙古玉米单产与全国平均单产比较

1978—2017 年，内蒙古的玉米产量与大部分影响因素均具有显著的正相关关系；但与每亩净利润的相关系数仅为 0.034；与农技人员的相关系数也较高；特别是与农业劳动力的相关系数高达 0.919，表明内蒙古的农业劳动力不存在剩余；与受灾和成灾面积的负相关系数较小，表明玉米产量受灾害的影响较小；与农业劳动力的相关系数高达 0.919，表明内蒙古的农业劳动力基本不存在过剩问题（见表4-48）。

表 4-48　1978—2017 年内蒙古玉米产量与有关影响因素的相关关系

播种面积	人均地区生产总值	农业劳动力	农机总动力	有效灌面	化肥	用电量	柴油	农药
0.990	0.980	0.919	0.970	0.858	0.983	0.985	0.966	0.985
塑料薄膜	农技人员	受灾面积	成灾面积	铁路里程	公路里程	耕地面积	农固投资	净利润
0.976	0.649	−0.229	−0.435	0.958	0.939	0.856	0.965	0.034

1978—1990 年，玉米产量与播种面积、人均地区生产总值、农机动力、化肥施用量、用电量、农技人员、每亩净利润、有效灌面具有非常显著的正相关关系；虽然与农业劳动力的相关系数仍然为正，但仅为 0.475；与农技人员的相关系数高达 0.924，表明这一时期的产量增加与杂交玉米、种植方式、化肥施用量等农技推广确实有关；与每亩净利润正相关，高达 0.837，表明种植玉米能够获得较高的利润（见表4-49）。

表 4-49　1978—1990 年内蒙古玉米产量与有关影响因素的相关关系

播种面积	人均地区生产总值	农业劳动力	农机总动力	有效灌面	化肥	用电量
0.901	0.952	0.475	0.974	0.842	0.935	0.976
受灾面积	成灾面积	铁路里程	公路里程	农技人员	耕地面积	净利润
−0.048	0.046	0.962	0.934	0.924	−0.613	0.837

1991—2000 年，玉米产量与各种影响因素的相关程度较前一时期均有所降低，但与播种面积、人均地区生产总值、农机动力、化肥施用量、农药施用量、塑料薄膜等的相关关系仍然较强；与农技人员的相关关系变得很弱；与农业劳动力的相关系数仍然为正且高于前一个时期；与农机动力、柴油的相关性也较弱，可能与这一时期的机械化程度提高不大有关；与每亩净利润为负相关，表明种植玉米很难获得较多的利润（见表4-50）。

表4-50 1991—2000年内蒙古玉米产量与有关影响因素的相关关系

播种面积	人均地区生产总值	农业劳动力	农机总动力	有效灌面	化肥	用电量	柴油	农药
0.885	0.742	0.710	0.608	0.572	0.828	0.603	0.480	0.755
塑料薄膜	受灾面积	成灾面积	铁路里程	公路里程	农技人员	耕地面积	农固投资	净利润
0.701	0.064	0.031	0.797	0.574	0.089	0.759	0.383	-0.464

2001—2010年,玉米产量与播种面积、人均地区生产总值、农机动力、有效灌面、化肥施用量、用电量、农药施用量、塑料薄膜、农技人员、农业固定资产投资的相关关系较前一时期有很大提高;与每亩净利润为正相关,表明种植玉米可以获得较高的利润;与农业劳动力的相关系数仍然为正但低于前一个时期,与这一时期国家加大农机购买补贴力度,因而柴油用量、用电量等上升很吻合(见表4-51)。

表4-51 2001—2010年内蒙古玉米产量与有关影响因素的相关关系

播种面积	人均地区生产总值	农业劳动力	农机总动力	有效灌面	化肥	用电量	柴油	农药
0.980	0.969	0.507	0.985	0.979	0.980	0.949	0.969	0.964
塑料薄膜	受灾面积	成灾面积	铁路里程	公路里程	农技人员	耕地面积	农固投资	净利润
0.953	-0.060	-0.252	0.809	0.948	0.867	0.354	0.942	0.400

2011—2017年,玉米产量与播种面积、人均地区生产总值、化肥施用量、塑料薄膜、农业固定资产投资的相关关系较前一时期差别不大;与农机动力、用电量、农药施用量的相关系数则较前一时期有所降低;与有效灌面为负相关关系,主要是因为这几年的有效灌面几乎没有增加;与农技人员为高度负相关关系,是由于这一时期农技人员大幅度减少所致,与2011年相比,2017年的农技人员减少了27.85%;与受灾面积和成灾面积成正相关,是数据的同步增加所致;与每亩净利润为正相关,表明种植玉米可获得的利润很低,2015年较2014年每亩净利润大幅度减少,而2016年和2017年的净利润为负(见表4-52)。

表 4-52　2011—2017 年内蒙古玉米产量与有关影响因素的相关关系

播种面积	人均地区生产总值	农业劳动力	农机总动力	有效灌面	化肥	用电量	柴油	农药
0.993	0.967	0.729	0.839	-0.219	0.934	0.883	0.880	0.895
塑料薄膜	受灾面积	成灾面积	铁路里程	公路里程	农技人员	耕地面积	农固投资	净利润
0.967	0.358	0.173	0.856	0.625	-0.956	0.772	0.904	-0.498

1978—2017 年内蒙古玉米产量与影响因素的回归结果见表 4-53，对玉米产量影响最显著的因素依次是化肥施用量、播种面积、农药施用量、用电量、塑料薄膜、农机动力、柴油、农业固定资产投资、玉米单产和人均地区生产总值，受灾面积和成灾面积的影响也显著，但其他因素均不显著。对玉米产量影响程度（边际效应）由大到小依次为农药施用量、用电量、柴油、化肥施用量、农业固定资产投资、播种面积、农机动力、玉米单产和人均地区生产总值，其他因素的影响不大。农药增加 1 万吨，产量将平均增加 592.22 万吨；用电量每增加 1 亿千瓦时，产量将平均增加 31.69 万吨；柴油每增加 1 万吨，产量将平均增加 25.62 万吨；化肥施用量每增加 1 万吨，产量将平均增加 9.32 万吨；农业固定资产投资每增加 1 亿元，产量将平均增加 0.734 万吨；播种面积每增加 1 000 公顷，产量将平均增加 0.705 万吨；农机动力每增加 1 万千瓦，产量将平均增加 0.627 万吨；玉米单产每增加 1 千克，产量将平均增加 0.09 万吨；人均地区生产总值每增加 1 元，产量将平均增加 0.009 万吨；受灾面积和成灾面积每增加 1 000 公顷，产量将平均减少 0.04 万吨和 0.035 万吨。

表 4-53　1978—2017 年内蒙古玉米产量与影响因素的回归结果

	玉米产量			
	截距项	系数	R^2	DW
播种面积	-211.93（-5.74）	0.705（36.40）	0.991	1.603
农林牧渔就业	-139.90（-0.27）	-0.436（-0.42）	0.982	2.056
人均地区生产总值	278 290.7（0.01）	0.009（2.11）	0.979	1.661
农机动力	-78.98（-0.54）	0.627（8.78）	0.982	1.832
有效灌面	-385.08（-0.62）	-0.29（-1.74）	0.983	2.087

表4-53（续）

	玉米产量			
	截距项	系数	R^2	DW
化肥	21.912（0.82）	9.32（40.11）	0.977	1.247
用电量	43.60（1.06）	31.69（27.47）	0.986	1.847
柴油	17.542（0.11）	25.62（8.13）	0.942	1.935
农药	189.50（5.18）	592.22（29.67）	0.973	1.503
塑料薄膜	258.08（2.74）	0.02（11.29）	0.963	2.101
农技人员	−388.51（−0.70）	−0.001（−0.07）	0.980	2.027
受灾面积	−210.68（−0.42）	−0.04（−3.10）	0.983	2.366
成灾面积	−436.02（−0.60）	−0.035（−2.07）	0.981	2.382
铁路里程	252 629.7（0.01）	0.078（1.80）	0.980	1.752
公路里程	363 621.1（0.01）	0.001（0.61）	0.977	1.681
耕地面积	336 371.6（0.01）	0.752（1.92）	0.978	1.764
农固投资	41 542.13（0.03）	0.734（3.29）	0.977	2.039
每亩净利润	−148.98（−0.45）	0.213（1.47）	0.983	2.032
玉米单产	−343.15（−1.26）	0.09（3.20）	0.986	1.994

注：由于大多数变量之间存在高度相关关系，因此我们采用单个变量的回归模型进行计算。对变量显著性检验的显著性水平取0.05。

第四节　结论、讨论与建议

一、结论

从我国及各省份玉米产量的分析中，我们可以得到以下结论。

第一，从玉米生产的区域分布看，我国一直保持以北方省（自治区、直辖市）为主的生产格局。1978年，10个主产省（自治区）中有8个为北方省（自治区），到2018年，10个主产省（自治区）中的8个仍然为北方省（自治区）。10个主产省（自治区）中，除内蒙古外，基本维持相同的生产格局，只是10个主产省（自治区）内部的位次有一些变化。1980—2018年，10大主产省（自治区）中除陕西被内蒙古替代外，其他省（自治区）没有变化，而且四川、山西、云南的位次基本没有变化；变化最大的是黑龙江、吉林，由1980年的第五位、第六位上升为第一位、第二位；内蒙古由非主产区成为重要的主产区，到2018年位列第三位；而1980年排名前四位的山东、河北、辽宁和河南下降到2018年的第四位到第七位。在北方主产省（自治区）中，又以东北地区为重点产区，东北地区一直是我国最大的玉米产地，1949—2018年，东北三省的玉米产量约占全国的三分之一。

第二，作为一种重要的粮食和饲料资源，地区之间虽有差异，但由于玉米种植适宜区域大，各地都可以种植，因此10大主产区的集中度变化不大。从玉米产量集中度的变化看，改革开放之前，黑龙江、四川、云南三地的产量占全国的比重是下降的，其他省（自治区）有所增加。但总的来说，前10大主产省（自治区）的玉米产量集中度变化不大，由1949年的78.31%增加到1978年的81.49%。改革开放后，黑龙江、吉林、内蒙古三地的产量占全国比重上升较多，其他省（自治区、直辖市）有所下降，但前10大主产省（自治区）的玉米产量集中度变化不大，到2018年仍然为81.74%。

第三，从全国范围看，1978—2018年的41年间，玉米产量与人均地区生产总值、农机动力、有效灌面、化肥施用量、用电量、水库数、塑料薄膜、柴油、农药施用量、播种面积、玉米单产、农业固定资产投资、铁路里程和公路里程均呈现高度正相关关系，表明这些因素对玉米产量具有重要意义；而与第一产业就业人数具有很高的负相关关系，相关系数为 -0.988，表明第一产业劳动力严重过剩。通过回归分析，我们得到对玉米产量有显著影响的因素有人均地区生产总值、有效灌面、化肥、用电量、塑料薄膜、柴油、农药施用量、播种面积、受灾面积、成灾面积、玉米单产、农技人员、铁路里程和公路里程，其中影响程度最大的依次为播种面积、有效灌面、化肥施用量、玉米单产、人均地区生产总值、农药、柴油、塑料薄膜、农技人员、成灾面积、受灾面积和用电量，而农机动力、水库数、农业固定资产投资在统计上不显著。

第四，从各地区的玉米产量情况看，各地的光、热、水、土等自然条件和其他资源禀赋不同，对玉米的影响因素有所差异。但播种面积、化肥施用量、农药施用量是最为重要的三个因素，其次是农机动力、用电量、柴油、塑料薄膜，而农机动力、用电量、柴油三个要素又是相互关联的，这些投入的增加、农业投资的增加需要有经济支持，因此人均地区生产总值成为农产品增产的重要影响因素。

二、讨论

由于近几年调低玉米播种面积，产量有所下降，而消费量持续增加，2018

年我国玉米库存消化进度超出预期，玉米产需存在缺口。2019 年成为我国玉米生产的转折之年[14]。因此玉米生产仍然需要加强。增加玉米总产量的两个途径是，一是在单产一定的情况下，增加播种面积，但这方面受到我国耕地面积有限的制约；二是在播种面积一定的前提下，提高单产水平，这应该是我国的努力方向。目前我国的单产虽然高于世界平均水平，但与美国、新西兰、西班牙、意大利、以色列等国家的生产水平相比，还有很大的提升空间。2016 年以色列的单产为每公顷 22 998 千克，意大利为 10 000 千克以上，高出我国一倍以上。我国玉米主要用于制作饲料和工业，2019 年受非洲猪瘟的影响，消费量有所减少，2019 年全国玉米总需求量为 20 076 万吨，同比降幅 9.05%。从行业角度看，2019 年深加工行业玉米消费量为 6 833 万吨，同比增幅 3.03%；饲料行业玉米消费量为 11 100 万吨，同比下跌 16.54%。我国玉米出口量仍然不足 2 万吨。随着 2019 年以来的刺激养猪政策的实施，2020 年及未来的玉米消费量将会增加，我国玉米产量将不能满足消费需求，因此增加总产量是一个重要而艰巨的任务。

1. 资源与环境日趋尖锐

20 世纪 90 年代以来，特别是进入 21 世纪以来，随着我国经济的发展，工业开发区和房地产开发占用很多耕地资源，有限的耕地资源更显不足。我国各地大量地施用化肥等致使耕地质量下降，再加上复种指数较高和过度垦殖，土壤肥力下降，生态环境恶化。不仅如此，作为玉米主产区的北方各省（自治区、直辖市）面临严重的水资源不足问题，干旱问题已成为我国北方省（自治区、直辖市）扩大玉米种植面积，提高产量的重要影响因素。

2. 生产规模小和成本高

我国农业生产以农户家庭为主，种植规模较小，不利于采用先进的生产技术，种植技术以传统经验为主，也不利于机械化生产，种植成本高。虽然近年来国家提高了玉米收购价格，但受规模限制，在外出务工效益较好的背景下，很多农民对来自田地的收入不敏感。受种植成本提高的影响，近几年来自种植玉米的收益处于亏本状态，2016 年全国玉米每亩净利润分别为 -299.7 元和 -175.8 元（见表 4-54）。

在玉米栽培方面，我们缺少合理轮作、合理密植、科学施肥和施药、科学植保等方面的实验和技术研发及田间指导，一味强调施用化肥和农药，既抬高了玉米生产成本，也制约了玉米单产的提高。

表 4-54　2016 年与 2017 年全国玉米每亩总产值、总成本与净利润

单位：元

	2016 年	2017 年
｜总产值	765.9	850.7
总成本	1 065.6	1 026.5
生产成本	827.6	816.2
人工成本	458.1	441.2
土地成本	237.9	210.3
净利润	−299.7	−175.8

资料来源：《中国农村统计年鉴（2018）》。

3. 品质较差和缺乏竞争力

受玉米种子研发能力限制，我国研发的高品质玉米种子很少，大多为国外引进的种子，有水土不服的情况发生。而且我国部分地区的农民使用的玉米种子是前一年收获的玉米，这种自留种子有可持续性的特点，但缺乏种子品质提升的条件。因此我国玉米品质较差，大部分只能用于饲料制作，而不能用于玉米加工，加上我国用于玉米深加工的机械设备及技术手段也相对落后，致使玉米加工产品质量较差、加工成本偏高。同时我国玉米种植成本也比较高，因此在国际市场上缺乏竞争力。

4. 农业机械化存在很多短板

在国家农机购买补贴政策的刺激下，我国农业生产机械化步伐不断加快，与发达国家比较，目前我国农业机械化步入了中级发展阶段，玉米生产机械化也进入了快速发展新时期。玉米生产全程机械化生产技术加快应用、机具持续增加，机械化水平平稳推进。截至 2018 年年底，全国玉米耕、种、收及综合机械化率分别达到 97.33%、88.73%、75.85%、88.31%，机播率超过 90%，机收率超过 80%，综合机械化率超过 90%[15]。近年来，无人机植保技术也得到了迅速发展，全国无人植保机由 2014 年的 695 架增加到 2018 年的 2.3 万架，作业面积约 3 亿亩。

但玉米生产机械化也存在很多短板。短板主要有：机械播种出苗率低。据统计，多数农户的播种出苗率不足 85%，播种后"保苗率低、出苗整齐度差"的问题依然突出，距高效优质精量播种需求和"密植、高产、增效"目标还有一定差距。玉米机械化收获以果穗收获为主，籽粒直收占比不足 10%。玉米收获时籽粒含水率在 30% 左右，籽粒收获时破碎率在 9% 左右，达不到 5% 以

下的作业质量要求。玉米机械化区域差距明显，丘陵山区玉米标准化生产水平低，农艺种植模式多样化，种植行距有宽有窄，存在机械化生产进地难、作业难、效率低、效能低等问题。玉米籽粒烘干技术研发较少[15]。

三、建议

1. 稳定玉米播种面积

单产的提高需要各种因素共同作用，特别是种子的改良及水、肥、土、热等各种因素的配合，因此单产的提高需要经历一个较为长期的过程。在单产一定的情况下，我们只有通过维持适量的播种面积才能获得总产量的增加，因此在近期稳定播种面积非常重要。如果我国的玉米单产达到 10 000 千克/公顷，则 3 000 万公顷的播种面积就可以生产 3 亿吨玉米，完全可以满足国内消费需要。

2. 加强化肥、农药研发和科学施用

化肥是作物生长不可缺少的基本原料，在减少施肥的大背景下，我们需要考虑不同的作物需要不同的养分，不同的地区需要补充不同的养分。德国化学家李比希曾推出一个最小养分率，即作物生长不是由养分的总量决定的，而是由最缺乏的那种养分决定的。玉米生长所需的养分与其他作物应该有区别，各地区的最小养分是什么，我们需要进行土壤化验分析。因此各地区需要加强最小养分的分析，加强玉米生长所需肥料的研发，并加强测土施肥工作和田间施肥的指导，最大限度地发挥所施化肥的作用，同时减少对土地、环境的负面影响。同时，我们要加强新型低毒、高效农药的研发，加强农药施用的科学指导，充分发挥所施用农药的效果。

3. 加快新品种研发，提高玉米单产水平

我国一直重视农作物的育种工作。特别值得指出的是，2014 年中央和国务院颁发的《关于全面深化农村改革加快推进农业现代化的若干意见》中指出，需要发展现代种业，构建以企业为主体的育种创新体系，促进种植人才以及技术持续向企业流动，强化育繁推一体化种子企业研发推广高产、优质的新品种。根据我国的玉米育种现状，我们需要转变育种思路，加强对现代技术的应用，通过参考发达国家的成功经验，制定未来育种目标。未来我们应加强育种管理，不断研发新型育种技术，培育高产、优质的玉米品种，强化玉米种子企业管理，对玉米种子企业生产技术、培育技术等进行规范和优化，严格把关玉米种子质量，加强玉米新品种的试验研究，探索可以适用不同地区、不同时间、不同种植方式和不同用途的玉米新品种。目前我们应重点培育根系发达、抗倒伏、苞叶少、籽粒脱水快、适合机械化生产的品种，以满足玉米产业发展的需要。由于我国玉米生产集中于北方地区，但北方地区水资源严重不足，干旱问题严重影响了玉米单产的提高、种植面积的扩大和土地生产率的提高，因此在加强农田水利基础设施建设的基础上，我国应加大科研力度，加强对抗旱、高品质玉米品种的研究，加强灌溉技术的研发，以节约用水，加强植保技术的研发，以提高玉米单产水平和产品质量。同时，我们要加强对玉米优良品种、配方施肥、合理密植及病虫害综合防治的一体化玉米高产栽培技术的研发，发挥技术优势，切实提高玉米产量。

4. 大力提高玉米品质

玉米的一大用途是工业加工，但玉米加工业的发展需要有高品质玉米的支撑。一般来说，高品质玉米的蛋白质含量为 10% ~ 15%，赖氨酸含量超过 0.4%，粗脂肪含量在 5% 左右，其价值为普通玉米的 1.5 ~ 1.6 倍[16]。为了促进玉米加工业发展，美国先后开发了 5 种特殊玉米，即蜡质玉米、硬质胚乳玉米、高油玉米、富营养玉米与低温干燥玉米，不同的玉米用途不同，价值高，被称为增值玉米[17]。或被称为专用玉米，如用于生产淀粉的高淀粉玉米、糯玉米、甜玉米品种等，由于其品质比较特殊，营养价值高，因此其加工价值及附加价值比较高。我国专用玉米品质很不好，大部分玉米品质差，主要用于饲料。因此我们需要加强专用玉米品种的研发，大力提升玉米品质，促进玉米加工产品多样化发展，拓宽玉米利用范围，提高玉米附加值。

5. 加快农机研发，推进玉米机械化进程

根据农业农村部全程机械化推进行动专家指导组玉米专业组的评估，实行机械化生产可以改变过去长期单一旋耕整地方式导致的土壤"耕层浅、犁底层厚"及玉米"不耐旱、不抗涝、不抗倒"等问题，对改善土壤质量和作物增产可以起到明显的推动作用。另据相关调查研究，应用机械化播种玉米每公顷可以节约 45 千克种子，同时增产每公顷 15% ~ 20%，减少 3% ~ 5% 的损失。因此，加快玉米生产机械化步伐十分必要。

针对目前玉米机械化生产中存在的问题，未来我们应重点发展玉米收获机械化，稳步发展玉米播种机械化，加快推进玉米生产全程机械化进程。我们需要加强对玉米生产播种、植保、收获等各个环节的机械设备的研发，同时要配合播种机械化进行耕作制度改革，提高机械播种出苗率和出苗整齐度；进行种子改良，降低玉米籽粒含水率和破损率；加强玉米籽粒烘干技术研发，创新农艺种植模式，提高丘陵山区玉米标准化生产水平，加快适合丘陵山区玉米播种、植保和收获的小型机械研发，加强适合在不同时期、不同地区、不同种植模式的玉米生产机械设备研发。

参考文献

［1］游修龄．玉米传入中国和亚洲的时间途径及其起源问题［J］．古今农业，1989（2）：5-14．

［2］李晓岑．关于玉米是否为中国本土原产作物的问题［J］．中国农史，2000（4）：102-107．

［3］阿图洛·瓦尔曼．玉米与资本主义［M］．谷晓静，译．上海：华东师范大学出版社，2005：47．

［4］农业部畜牧兽医局．玉米是饲料之王［J］．中国兽医杂志，1960（2）：14-15．

［5］改变饲界．最全玉米及其副产物生产工艺等知识［EB/OL］.（2018-06-09）［2020-08-30］.https://www.sohu.com/a/234865430_775483.

［6］韩茂莉．近五百年来玉米在中国境内的传播［J］．中国文化研究，2007（1）：49-61．

［7］赵化春．吉林省玉米生产历史探讨［J］．延边大学农学学报，1991（3）：46-48．

［8］姜瑞丽．山东的面积有多大？最准确的数据来了！［EB/OL］.（2017-08-02）［2020-08-30］.news./qilu.com/shandong/yaowen/2017/0802/3640763.shtml.

［9］中华人民共和国中央人民政府官网．直通地方：山东．［EB/OL］.（2014-03-03）［2020-08-30］.www.gov.cn/guoqing/2013-04/17/content_2583746.htm.

［10］宋再华，史新海，彭守华，等．山东省八九十年代玉米杂种优势模式的利用［J］．园艺与种苗，2001，21（2）：5-8．

［11］孙兆明，朱峰，李树超．山东玉米生产特征与对策分析［J］．中国农业信息，2015（2）：151-155．

［12］宇天行．河南玉米、肉牛产业实现无缝连接［N］．中国科学报，2019-10-08（06）．

［13］冯勇，张军，白志刚，等．内蒙古自治区发展玉米生产的经验与问题［J］．内蒙古农业科技，2001（2）：5-7．

［14］唐珂．2019年是我国玉米生产转折之年［EB/OL］.（2019-01-23）［2020-08-30］.http://finance.sina.com.cn/money/future/fmnews/2019-01-23/doc-ihqfskcn9749720.shtml.

［15］农业农村部全程机械化推进行动专家指导组玉米专业组. 2019 年玉米生产全程机械化发展报告［EB/OL］.（2019-01-23）［2020-08-30］.https://new.qq.com/omn/20200104/20200104A06YL800.html.

［16］胡凯，张保军. 我国玉米生产现状及策略研究［J］. 农业与技术，2019，39（1）：65-66.

［17］薛胜平. 美国特殊玉米简介［J］. 淀粉与淀粉糖，2001（3）：50-53.

第五章 大豆区域专业化发展与空间变化

　　我国是大豆的故乡。据《史记》记载，大豆发源中国，我国大豆种植和食用已有 5 000 多年的历史。大豆是植物类中蛋白质最丰富的食物，此外大豆还含有异黄酮、低聚糖、皂苷、磷脂、核酸等营养成分，成为我国近代以前的人们摄取蛋白质的主要来源，即使在今天，大豆仍然为我国膳食指南中规定的居民每天都应摄入的食物之一，也是世界上许多地方人和动物的主要食物。由于大豆的益处多多，因此大豆获得了"豆中之王""田中之肉""绿色的牛乳"等美誉。在历史上，大豆是我国重要的出口产品，茶、丝绸和大豆被称为我国具有代表性的出口产品。近代，我国大豆产量一直居全球之冠，1936 年我国大豆产量占全球的 96.45%，到 1949 年仍然占全球产量的 52.95%。随后，受各种因素的影响，我国大豆总产量虽然有所增加，但占全球的比重一直下降。到 2011 年，我国大豆产量虽然达到 1 508.3 万吨，但占全球产量的比重跌到了 4.96%；到 2016 年，我国大豆产量下降到 1 359.5 万吨，占全球产量比重进一步下降到 4.06%。另外，我国的大豆进口量由 1985 年 56.5 万吨增加到 2017 年的 9 553 万吨，增加了 168.08 倍。

　　20 世纪 90 年代以前，大豆一直我国最大宗的外销农产品之一，到 1988 年我国净出口大豆 133.4 万吨。随着人口的增加和生活水平的提高，人们对食用油消费量不断增多，国内产量供不应求。自 1995 年开始，我国由净出口国变成了净进口国，到 2014 年进口量已高达 7 139.9 万吨，到 2017 年进一步增加到 9 553 万吨，2018 年有所下降，但仍然高达 8 803.1 万吨。在国产大豆产量减少、进口量不断增多的背景下，我国很多学者专家对此发出了大豆危机的呼喊，我国大豆种植农户和整个大豆产业也逐步陷入危机。韩国媒体都发出疑问：中国大豆去哪儿了[1]？对于我国大豆产业陷入危机的原因，中国大豆产业协会专职副会长刘登高认为，不设过渡期，3% 的低关税，没有进口数量限制，又没及时采取 TWO 允许的"两反一保"措施等，是国外低价转基因大豆蜂拥而入的主要原因[2]。这使我国大豆产业逐渐丧失最后的生存底线[3]。但我国需求量大，产量少，也是一个客观的原因。

本章主要通过不同时期我国主要大豆主产区的产量集中度与单产、播种面积、净利润、成本与收益、化肥施用量、农机动力、农技人员、有效灌面、农村用电量和人均地区生产总值等之间的相关分析，以及主要大豆生产省（自治区、直辖市）的大豆生产影响因素的时间序列分析，找到提高大豆产量的主要影响因素，以便为提高大豆产量提出政策建议。

第一节　我国大豆生产情况

我国有悠久的大豆栽培历史。由于大豆在全年≥10℃的积温1 900℃以下、年降水量在250毫米以下的无灌溉设施的地区都可以种植，因此我国适宜大豆种植的地域广阔，东南至台湾、海南，北至黑龙江呼玛，西至新疆阿勒泰、塔城及西藏的察隅、墨脱一带都有栽培[4]。我国仅在内蒙古、甘肃、青海及新疆、四川西部的一些高原寒冷干旱地区没有栽培大豆。我国大豆种植有春、夏、秋、冬播种模式，形成一种多作制度[5]。早在20世纪40年代，王金陵（1943）进行中国大豆栽培区划研究，将中国大豆栽培划分为五大区域，分别为春作大豆区、夏作大豆冬闲区、夏作大豆区、秋作大豆区和大豆两获区[6]。在总结1949—1983年中国大豆科学研究和大豆生产经验的基础上，吉林省农业科学院在组织国内部分大豆科研人员集体撰写的《中国大豆育种与栽培》一书时，经过讨论，认为新中国成立后农业生产有了显著发展，耕作制度发生很大变化，大豆栽培区划在王金陵划分的五区基础上增加若干亚区，其区划为：Ⅰ北方春大豆区，细分为东北春大豆亚区Ⅰ1，黄土高原春大豆亚区Ⅰ2，西北春大豆亚区Ⅰ3；Ⅱ黄淮海流域春夏大豆区，细分为冀晋中部春夏大豆亚区Ⅱ4，黄淮海流域夏大豆亚区Ⅱ5；Ⅲ长江流域春夏大豆区，细分为长江流域春夏大豆亚区Ⅲ6，云贵高原春夏大豆亚区Ⅲ7；Ⅳ东南春夏秋大豆区；Ⅴ华南四季大豆区[7]。以耕作制度结合播种季节为依据，由于温度、降水、光照等主要气候条件因素在不同地区的差别很大，我国大豆的分布和区域品种类型受到影响。虽然有的专家认为我国大豆生产区域应划分为6大区域[8][9]，但主要以3个大区10个亚区为共识（见表5-1）。

表 5-1 我国大豆种植区域划分

大区	亚区	
北方春作大豆区	东北春作大豆亚区	黑、吉、辽三省及内蒙古东北四盟
	北部高原春作大豆亚区	河北长城以北、晋、陕两省北部，内蒙古高原一部和河套灌区及宁夏
	西北春作大豆亚区	新疆绿洲地带、甘肃河西走廊
黄淮海流域夏作大豆区	冀晋中部夏、春作大豆亚区	河北长城以南，石家庄、天津线以北，山西中部和东南部
	黄淮流域夏作大豆亚区	河北石家庄、天津线以南，山东全部，河南大部，江苏灌溉总渠和安徽沿淮河两岸以北，晋西南、陕西关中和甘肃天水、武都地区
南方多作大豆区	长江流域夏作大豆亚区	苏、浙、赣、湘等省长江两岸，豫、陕两省南部、浙北、四川盆地及东部丘陵
	东南部秋、春作大豆亚区	浙江南部、江西鄱阳湖以南浙赣铁路两侧各县，福建大部和台湾全部
	中南部春、夏、秋作大豆亚区	赣西部、南部、湘、粤、桂三省大部
	西南高原春作大豆亚区	黔、滇两省组成部分，湘、桂西部，川南
	华南多作大豆亚区	粤、桂、滇 3 省（区）南部边缘和福建东山、诏安等南端沿海 4 县

资料来源：黑龙江省农业信息网。

我国大豆最集中的产区是东北的松嫩辽平原、三江平原和黄淮海流域的黄淮平原[10][11]。从历史统计数据看，黑龙江广阔肥沃的黑土地是大豆的最佳生长区域，是我国原产大豆最多的省份。一般来说，随着纬度的升高，大豆含油量逐渐增加，而蛋白质含量逐渐少[12]。据有关分析，东北春大豆平均含油率最高，含油率为19%~22%，蛋白质含量为37%~41%；黄淮平原大豆产区的平均含油率次之，含油率为17%~18%，蛋白质含量为40%~42%，长江流域大豆产区的平均含油率又次之，含油率为16%~17%，蛋白质含量最高为44%~45%[13]。

不过，我国的大豆生产水平长期相对较低。从全国来看，1929 年我国大豆产量为 484.9 万吨，到 1933 年达到历史较高水平，产量达 1 186.3 万吨。此后大豆产量一直在低水平徘徊，1942 年、1943 年产量与 1933 年相比没有变化，直到 1987 年才超过该水平，产量达 1 246.5 万吨。1992 年后大豆产量才开始维持在一个较高的水平上，到 2005 年达到最大产量，为 1 740.1 万吨。但总产量并未持续增加，而是逐步减少，到2015年减少到1 178.5万吨，2016年又开始增长，通过增加播种面积，2018年大豆产量达到1 580万吨（见图5-1）。

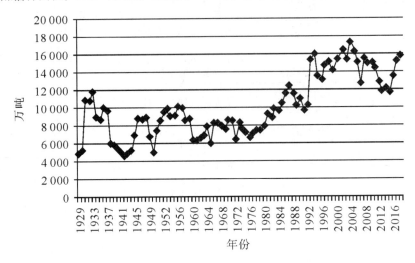

图 5-1　1929—2018 年中国大豆产量变化趋势

从大豆种植面积看，1949年，我国大豆播种面积为8 318.8千公顷，占总播种面积的6.69%；1957年全国大豆种植面积达12 748千公顷，占作物总播种面积的8.11%。但在此后的20多年间，由于追求淀粉类粮食的高产，大豆生产受到冷落，大豆播种面积一直趋于减少，由1957年的12 748千公顷减少到1965年的7 985千公顷和1970年的6 998.7千公顷。1977年后，大豆生产才再次受到重视，播种面积才开始缓慢增加，到1980年也仅有7 226.3千公顷，占总播面的4.94%。但在整个20世纪80年代，大豆播种面积增加量不大，最高为1987年的8 444.9千公顷，占总播种面积的5.83%，但1990年又下降到7 559.6千公顷，占总播面的5.10%。20世纪90年代，随着食用油的消费需求的增加，大豆价格大涨，推动了大豆生产[12]。1993年全国大豆产量达到1 531万吨，比1992年增长48.6%，1994年又比1993年再增长4.5%，总产量达到1 600万吨。因供过于求，1993年、1994年大豆市场疲软，大豆价格大幅下跌。1995年后，大豆播种面积减少，产量又有所下降。2005年，我国大豆播种面积达到史无前例的9 590.8千公顷，占农作物总播种面积的6.17%，产量也达到历史的最高水平1 740.1万吨。加入世界贸易组织（WTO）后，特别是2005年以来，受到国外低价、转基因大豆的冲击，我国大豆播种面积、产量一路下滑，2012年播种面积仅为7 050千公顷，产量仅为1 195.1万吨。由于我国大量进口大豆，2016年开始，国家提高了大豆种植的补助，鼓励人们增加播种面积，此后我国大豆播种面积逐步增加。特别是2018 年，我国对大豆生产者补贴力度进一步扩大，以黑龙江为例，2018 年补贴为 320 元/亩，2017 年是 173.46 元/亩，补贴范围不仅是东北地区，黄淮部分地区也开始补贴，因此大豆播种面积大幅增加，达到 8 466.67 千公顷（见图 5-2）。1949—2018 年，大豆总产量增长了 110.29%，而同期粮食、稻谷、小麦、玉米则分别增长了 481.26%、336.05%、851.36% 和 1 971.90%。有专家认为，我国大豆总产量一直较少，不是因为播种面积少，其主要原因是大豆单产增长慢[12]。1949—2018 年，粮食、稻谷、小麦、玉米的单产分别增长了 446.08%、271.35%、743.48% 和 535.15%，而同期大豆的单产仅增长了 204.87%（见图 5-3）。虽然该观点有经验支持，但我们认为，在一定的技术水平下，大豆播种面积是决定总产量的关键因素。

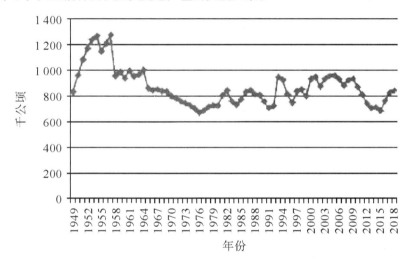

图 5-2　1949—2018 年中国大豆播种面积变化趋势

长期以来，大豆是我国传统的出口农产品，但为了保障粮食供给，特别是在"以粮为纲"的时代，耕地不可能更多地用于生产大豆，因此我国大豆产量在全球所占比重不断下降。我国大豆产量占全球产量比重由 1929 年和 1950 年的 44.28%、41.33%，下降到 2012 年和 2015 年的 5.29%、3.65%，2017 年上升到 4.48%，2018 年略有下降，为 4.39%。从我国大豆产量占全球大豆产量比重的 10 年周期变化来看，1930—1940 年，增加 0.86 个百分点；1950—1960 年，下降 17.82 个百分点；1960—1970 年，下降 4.77 个百分点；1970—1980 年，下降 8.92 个百分点；2000—2010 年，下降 4.05 个百分点；1950—1980 年，下降了 31.51 个百分点（见表 5-2）。

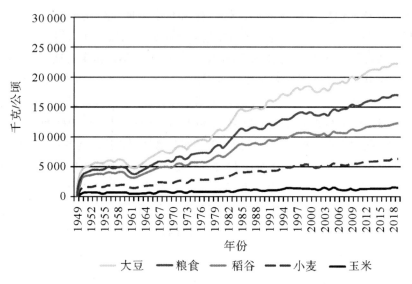

图5-3 1949—2018年中国大豆、粮食、稻谷、
小麦和玉米单产变化趋势

表5-2 我国大豆产量占全球比重变化

周期	百分点
1930—1940 年	0.86
1940—1950 年	-1.68
1950—1960 年	-17.82
1960—1970 年	-4.77
1970—1980 年	-8.92
1980—1990 年	0.39
1990—2000 年	2.49
2000—2010 年	-7.05
2010—2018 年	-1.33

资料来源：根据历年的中国农村统计年鉴和国际统计年鉴计算。

1804 年美国引入大豆种植，到 1929 年，美国大豆产量仅为 25.7 万吨，占全球产量的 2.35%。20 世纪中叶，大豆在美国南部及中西部成为普遍种植的重要作物，到 1950 年，美国大豆产量居世界第一，达 781.1 万吨，占全球产量的比重升至 43.39%。由于美国人少地多、生物技术先进，转基因大豆被大规模种植，我国大豆产量占全球比重不断下降的同时，美国的大豆产量和占全球的比重不断提高。1930年，美国大豆产量仅为37.9万吨，占全球比重仅为3.02%；到1950年，美国大豆总产量已达781.1万吨，占全球的比重提高到了43.39%；1973年，美国大豆产量为4211万吨，占全球比重达到历史最高的69.41%；此后虽有下降，但到2012年，美国大豆产量占全球比重仍高达33.93%；2016年下降到31.94%；2017年为33.89%。从大豆产量看，2017年美国大豆产量达到11 951.9万吨（见表5-3）。

表5-3 中国与美国主要年份大豆产量和占全球比重比较

年份	世界产量（万吨）	美国		中国	
		总产量（万吨）	占全球比重（%）	总产量（万吨）	占全球比重（%）
1929	1 095.0	25.7	2.35	484.9	44.28
1930	1 257.0	37.9	3.02	529.8	42.15
1940	1 290.0	212.4	16.47	554.8	43.01
1950	1 800.0	781.1	43.39	744.0	41.33
1960	2 718.0	1 511.3	55.60	639.0	23.51
1970	4 645.0	3 067.5	66.04	870.5	18.74
1980	8 084.0	4 877.2	60.33	794.0	9.82
1990	10 776.7	5 230.3	48.53	1 100.0	10.21
2000	12 129.2	7 505.5	61.88	1 540.9	12.70
2010	26 499.2	9 061.0	34.19	1 498.2	5.65
2011	30 432.0	8 419.0	27.66	1 508.3	4.96
2012	24 184.1	8 205.5	33.93	1 280.0	5.29
2016	33 489	10 695	31.94	1 359.5	4.06
2017	35 264.4	11 951.9	33.89	1 315.0	3.73

资料来源：根据历年的中国农村统计年鉴和国际统计年鉴计算。

从表5-3可知，20世纪50年代之前，我国是世界上最重要的大豆生产国，占全球的比重一直高于美国。但自1950年以来，美国大豆产量占全球的比重迅速提高，我国大豆所占比重则大幅下降（见图5-4）。我国大豆产量不增反减，但对需求量持续增加。因此自1995年开始，我国成为大豆净进口国，而且进口数量成倍增加[9]，2000年超过1 000万吨，到2017年高达9 553万吨，是 1980 年的 168.08 倍，2018 年虽有所减少，但仍然高达 8 803.1 万吨（见图 5-5）。

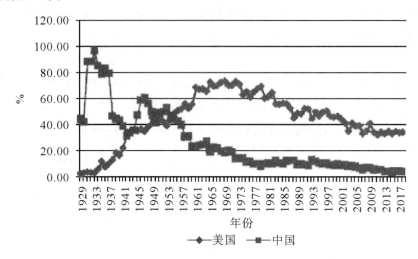

图 5-4　1929—2018 年中国与美国大豆产量占全球比重变化趋势

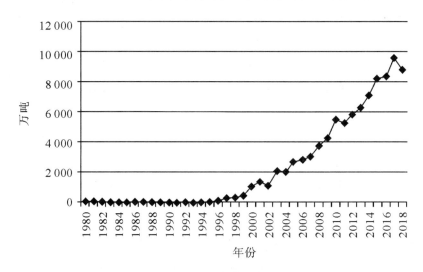

图 5-5　1980—2018 年我国大豆进口量

随着大豆进口量的大幅度增加，国内对大豆危机的讨论与担忧也与日剧增。对于我国大豆生产方面所面临危机的责备，有很多人认为还有一个重要的方面是因为我国没有开展转基因大豆的种植，而美国、巴西等开展了大规模的转基因大豆种植，从而产量增加，致使国际市场大豆价格低迷。我们认为情况并非如此。如果转基因大豆可以大幅度增加产量的话，则其单产应有大幅度提高。但从表 5-4 可以看出，1950—2016 年，美国的大豆单产由每公顷 1 457 千克提高到 3 501 千克，增长幅度为 140.29%；巴西的单产仅增长了 64.78%；阿根廷最高单产为每公顷 3 015 千克；印度最高单产为每公顷 1 333.6 千克；而我国的最高单产为每公顷 1 819.6 千克，比美国低 1 681.4 千克。我国单产由 1949 年的每公顷 611 千克提高到 2012 年的 1 819.6 千克，提高幅度为 197.8%。从单产的增长幅度看，我国并不逊于美国、巴西；但从单产的绝对值看，我国单产仍有很大的提高空间。我国最高单产水平比美国最高单产水平低 1 681.4 千克每公顷，比阿根廷低 1 195.4 千克每公顷，比巴西低 1 085.4 千克每公顷。因此，从总体看，我国的大豆单产水平较其他国家低较多（见表 5-4）。

那么，我国大豆产量在国际上所占比重不断下降，造成大豆种植与产业危机的原因是什么呢？从农产品的生产规律看，农产品产量在一定的时期内，在很大程度上依赖于种植面积情况。我国大豆产量少的主要原因是种植面积大幅度减少。从表 5-5 可以看出，1950—2016 年，全球大豆种植面积增加了 704.85%，美国增加了 498.96%，巴西增加了 975.12%，印度在 1980—2016 年也增加了 860.84%；而我国在 1950—2016 年减少了 71.98 万公顷，减少幅度为 8.65%。从全球主要大豆生产国方面看，我国的种植面积是最少的。2016 年，我国大豆种植面积仅占全球的 6.25%，产量为全球的 4.06%，仅为美国的 22.70% 和巴西的 22.92%。按照 2016 年我国的单产水平，假如种植面积达到美国水平，即按 3 348.2 万公顷计算，当年我国的大豆产量可以达到 6 014.37 万吨，能成为全球第四大大豆生产地，可以减少 4 600 多万吨的进口量。另外，我国的非转基因高产大豆新品种"张豆 1 号"在甘肃试验成功，也完全推翻了只有转基因大豆才能有高产的神话。2012 年"张豆 1 号"在武威市凉州区双城镇达桐村试种 50 亩，平均亩产达 365 千克，2013 年全国示范推广 31.14 万亩，平均亩产达 324 千克，而 2012 年美国大豆亩产平均为 141 千克，世界大豆平均单产 153 千克，我国只有 135 千克，因此"张豆 1 号"新品种亩产高出国内外一倍以上[14]。我们如果在全国适宜种植的 1.7 亿亩土地推广"张豆 1 号"新品种，则可以不用进口转基因大豆。

表 5-4　主要年份世界和主要大豆生产国的单产水平

单位：千克/公顷

年份	世界	美国	巴西	阿根廷	中国	印度
1950	—	1 457	1 763	—	611[①]	—
1952	—	1 395	1 418	—	815	—
1957	—	1 560	1 208	—	788	—
1961	1 129	1 680	1 127	976	626	—
1962	—	1 628	1 080	—	684	—
1965	—	1 651	1 212	—	714	—
1970	—	1 794	1 144	—	1 090	563[②]
1975	—	1 942	1 699	—	1 034	750
1978	—	1 974	1 226	—	1 059	870
1980	1 605.0	1 776	1 727	1 724	1 099	804
1985	1 914.0	2 292	1 800	1 988	1 361	880
1990	1 898.0	2 292	1 732	2 175	1 455	1 015
1995	2 032.0	2 376	2 200	2 045	1 661	1 022
2000	2 169.0	2 561	2 400	2 339	1 625	822
2005	2 318.0	2 891	2 230	2 729	1 705	1 073
2007	2 445.0	2 802	2 813	2 971	1 551	—
2010	2 583.9	1 865	923	1 261	1 771.2	1 333.6
2012	2 305.1	2 117	1 032	1 250	1 819.6	1 060
2016	2 756.0	3 501	2 905	3 015	1 796.3	1 218
2017	2 854.2	3 299	3 377	3 171	1 791	1 036

注：①为 1949 年单产；②为 1973 年单产。

资料来源：历年中国农村统计年鉴、国际统计年鉴。

表 5-5　主要年份全球和主要生产国的大豆收获面积

单位：万公顷

年份	世界	美国	巴西	阿根廷	中国	印度
1950	1 510.00	559.00	3.40	—	831.88	—
1952	1 550.00	580.20	6.33	—	1 167.93	—

表5-5（续）

年份	世界	美国	巴西	阿根廷	中国	印度
1957	2 310.00	842.80	10.73	—	1 274.80	—
1960	2 520.00	957.33	24.13	—	—	—
1965	3 066.53	1 394.13	43.20	—	859.27	—
1970	3 588.73	1 709.73	131.93	—	798.50	—
1975	4 596.80	2 168.20	582.40	—	699.87	—
1980	5 052.70	2 744.30	877.40	203.00	722.63	56.00
1990	5 711.60	2 286.90	1 148.10	491.90	755.96	256.40
1995	6 540.60	2 493.90	1 165.80	593.40	812.67	488.70
2000	7 440.00	2 930.00	1 364.00	864.00	930.62	642.00
2010	10 255.60	3 100.33	2 332.70	1 813.10	851.61	955.00
2012	10 491.80	3 079.85	2 497.53	1 757.73	675.00	1 084.00
2016	12 153.2	3 348.2	3 315.40	1 950.50	759.9	1 150.00
2017	123 551.1	36 228.7	33 936.2	17 335.1	7 342.0	10 600.0

资料来源：历年中国农村统计年鉴、国际统计年鉴。

2019 年，黑龙江省农业科学院佳木斯分院郭泰研究员团队选育而成的大豆新品种"合农 71"亩产达到 447.47 千克，创国产大豆单产新纪录，使我国大豆单产纪录提高了 23.7 千克，而且该品种株高 85~90 厘米，秆强抗倒伏，节数与分枝数多，单株有效荚数与粒数多，百粒重 18~20 克，蛋白质含量39.28%，脂肪含量 20.41%，在适应区出苗至成熟生育日数 125 天左右。这对扩大国产大豆种植面积，振兴大豆产业具有重要意义[15]。如果按照 2018 年大豆播种面积 1.27 亿亩计算，我国推广种植新品种，大豆总产量将达 5 683 万吨，比 2018 年总产量增加 4 103 万吨。

第二节 我国大豆主产区的空间变化

一、改革开放以来中国大豆生产布局变迁的特征

（一）大豆产量集中度的变化

在改革开放之前，我国农业生产主要以谷物等粮食生产为主，而且各类统

计年鉴对大豆产量的统计很不全，因此这里只分析改革开放以来的大豆产量情况。

从表 5-6 可以看出，我国大豆产量的省（自治区、直辖市）集中度一般，集中度居前 5 位的 5 个主产省（自治区、直辖市）的集中度 1980 年为 64.22%，然后有一个下降、上升再下降然又上升的变化，到 2013 年降到了 61.76%，到 2017 年又上升到 70.82%，比 1980 年上升 6.6 百分点；我国大豆产量集中度居前 10 位的 10 个主产省（自治区、直辖市）的集中度变化也大体一致，1980 年为 83.40%，此后基本是下降趋势，到 2013 年为 77.53%，2017 年又上升到 84.23%，比 1980 年上升了 0.83 个百分点。从主要生产省（自治区、直辖市）看，黑龙江一直是我国大豆主产区，1980 年占全国总产量的 27.74%，到 2010 年达到 38.79%，2013 年略有下降，但此后又大幅度上升，2017 年占全国的比重高达 45.11%。河南大豆产量占全国比重 1980 年为 11.57%，此后一直下降，到 2013 年仅占 6.10%，2017 年进一步下降到 3.30%。山东的变化趋势与河南一样，由 1980 年的 10.57% 下降到 2013 年的 3.00% 和 2017 年的 2.10%。吉林、辽宁的趋势大致也一样；安徽、内蒙古的产量占全国比重则趋于上升，安徽由 1980 年的 6.23% 上升到 2013 年的 8.95%，但到 2017 年又下降到 6.15%；内蒙古由 1980 年的 1.57% 上升到 2010 年的 8.84% 和 2013 年的 10.02%，2017 年进一步提高到 10.64%，成为我国第二大大豆生产基地。

表 5-6　我国主要年份各省（自治区、直辖市）
大豆产量集中度变化　　　　　　　　单位:%

1980 年		1990 年		2000 年		2010 年		2013 年		2015 年		2017 年	
黑龙江	27.74	黑龙江	29.62	黑龙江	29.21	黑龙江	38.79	黑龙江	32.36	黑龙江	42.73	黑龙江	45.11
河南	11.57	吉林	8.48	吉林	7.81	内蒙古	8.84	内蒙古	10.02	安徽	10.63	内蒙古	10.64
山东	10.57	河南	7.88	河南	7.52	安徽	7.94	安徽	8.95	内蒙古	8.53	安徽	6.15
吉林	7.61	山东	7.66	山东	6.79	吉林	5.74	河南	6.10	四川	4.52	四川	5.62
辽宁	6.73	安徽	4.95	安徽	5.94	河南	5.73	四川	4.33	河南	4.29	河南	3.30
前5位合计	64.22		58.59		57.27		67.04		61.76		70.70		70.82
安徽	6.23	河北	4.86	内蒙古	5.57	江苏	3.96	江苏	3.93	江苏	4	吉林	3.28
江苏	4.4	内蒙古	4.33	江苏	4.35	四川	3.52	吉林	3.8	吉林	3.39	江苏	2.94
河北	3.71	江苏	4.1	河北	4.08	陕西	2.63	山东	3.00	山东	3.03	云南	2.85
四川	2.58	辽宁	3.9	辽宁	3.12	山东	2.56	云南	2.66	云南	2.67	湖北	2.24
陕西	2.26	山西	2.75	四川	2.43	辽宁	2.26	辽宁	2.38	辽宁	2.39	山东	2.10
前10位合计	83.4		78.53		76.82		81.97		77.53		86.18		84.23

根据各省（自治区、直辖市）的集中度，我们可以计算出各时期的产量集中度变化，由表 5-7 可以看出，1980—1990 年，10 个主产省（自治区、直

辖市）中，大豆生产集中度提高的有 5 个省（自治区、直辖市），合计提高了 7.84 个百分点，下降的有 5 个省份，合计下降了 11.01 个百分点；1990—2000 年间，大豆产量集中度提高的有 3 个省（自治区、直辖市），合计提高了 2.48 个百分点；下降的有 6 个省（自治区、直辖市），合计下降了 4.53 个百分点。2000—2010 年，大豆产量集中度上升的有 4 个省（自治区、直辖市），合计增加了 15.94 个百分点；下降的有 5 个省（自治区、直辖市），合计减少了 9.34 个百分点。2010—2013 年，大豆产量集中度上升的有 6 个省（自治区、直辖市），合计提高了 3.93 个百分点；下降的有 3 个省（自治区、直辖市），合计下降了 8.4 个百分点。

表 5-7　我国大豆主要生产省（自治区、直辖市）
周期产量集中度变化　　　　　　　　　单位:%

1980—1990 年		1991—2000 年		2001—2010 年		2011—2013 年		2014—2017 年	
黑龙江	1.88	黑龙江	-0.41	黑龙江	9.58	黑龙江	-6.43	黑龙江	12.75
吉林	0.87	吉林	-0.67	内蒙古	3.27	内蒙古	1.18	内蒙古	0.62
河南	-3.69	河南	-0.36	安徽	2	安徽	1.01	安徽	-2.8
山东	-2.91	山东	-0.87	吉林	-2.07	河南	0.37	四川	1.29
安徽	-1.28	安徽	0.99	河南	-1.79	四川	0.81	河南	-2.8
河北	1.15	内蒙古	1.24	江苏	-0.39	江苏	-0.03	吉林	-0.65
内蒙古	2.76	江苏	0.25	四川	1.09	吉林	-1.94	江苏	-0.99
江苏	-0.3	河北	-0.78	山东	-4.23	山东	0.44	云南	0.19
辽宁	-2.83	辽宁	-0.78	辽宁	-0.86	辽宁	0.12	湖北	0.24
山西	1.18	四川	-0.7	陕西	1.36	云南	1.06	山东	-0.9

（二）大豆种植面积的变化

从表 5-8 可以看出，对照表 5-6，大豆产量集中度高的省（自治区、直辖市），一般播种面积也大，而且在 1980 年、1990 年和 2000 年 3 个代表年份，大豆产量集中度最高的前 10 个省（自治区、直辖市）的大豆产量占全国比重，与这 10 个省（自治区、直辖市）的播种面积占全国比重基本一致，但 2010 年和 2013 年的大豆产量集中度前 10 的省（自治区、直辖市）的播种面积之和占全国的比重大幅度降低了，但其所生产的大豆产量排名占全国的比重却仍然很高，这应该归功于单产的提高。

表 5-8　我国主要大豆生产省（自治区、直辖市）
播种面积变化　　　　　　　　单位：千公顷

1980 年		1990 年		2000 年		2010 年		2013 年		2015 年		2017 年	
全国	7 226.3	全国	7 559.6	全国	9 306.6	全国	8 515.8	全国	6 790.5	全国	6 827	全国	8 245
黑龙江	1 630.1	黑龙江	2 078.1	黑龙江	2 868.3	黑龙江	3 547.9	黑龙江	2 429.8	黑龙江	2 400.6	黑龙江	3 735.5
河南	918.1	吉林	463.8	吉林	539	内蒙古	812	内蒙古	56.4	安徽	820.9	内蒙古	989
山东	695.1	河南	639.6	河南	564.7	安徽	938.9	安徽	856.7	内蒙古	530	安徽	620.5
吉林	556.5	山东	448.3	山东	458.2	吉林	376.8	河南	443.9	河南	366	四川	369.3
辽宁	472.9	安徽	522.9	安徽	682.2	河南	453	四川	221.5	四川	226.5	河南	345.2
安徽	610.9	河北	403.5	内蒙古	793.9	江苏	226.9	江苏	209.4	江苏	201.5	吉林	220.2
江苏	275.5	内蒙古	301	江苏	249.2	四川	221.1	吉林	214.5	山西	189.4	湖北	212.3
河北	261.2	江苏	244.67	河北	423.7	陕西	178.6	山东	145.9	吉林	161.4	贵州	194.7
四川	171	辽宁	349	辽宁	301.9	山东	156.9	云南	124.8	山东	137.2	江苏	194.4
陕西	211.5	山西	251.9	四川	169.6	辽宁	123.4	辽宁	114.93	贵州	135.1	云南	173.1
10 省份合计	5 802.8			5 703.37		7 050.7		7 035.5		4 817.8		5 168.6		7 054.2
10 省份合计占全国比重	80.30			75.45		75.76		82.62		70.95		75.71		85.56

由表 5-9 中周期变化可以看出，1980—1990 年，全国的大豆播种面积增加了 333.3 千公顷，其中播种面积增加的有 4 个省（自治区、直辖市），合计增加了 797.8 千公顷；减少的有 6 个省（自治区、直辖市），合计减少了 860.7 千公顷。这意味着非主产区的省（自治区、直辖市）增加了很大的大豆种植面积。1991—2000 年，全国的大豆播种面积增加了 1 747.0 千公顷，其中大豆播种面积增加的有 8 个省（自治区、直辖市），合计增加了 1 572.5 千公顷；减少的有 2 个省（自治区、直辖市），合计减少了 122 千公顷。2001—2010 年，全国的大豆播种面积减少了 790.8 千公顷，其中增加的有 4 个省（自治区、直辖市），合计增加了 1 937 千公顷；减少的有 6 个省（自治区、直辖市），合计减少了 1 052 千公顷。2011—2013 年，全国的大豆播种面积减少了 1 118.7 千公顷，其中增加的有 2 个省（自治区、直辖市），合计增加了 67.4 千公顷；减少的有 8 个省（自治区、直辖市），合计减少了 2 715.6 千公顷；而非主产区增加了 1 000 千公顷左右。在 2014—2017 年，全国的大豆播种面积增加了 1 454.5 千公顷，其中大豆播种面积增加的有 7 个省（自治区、直辖市），合计增加了 2 632.2 千公顷；减少的有 3 个省（自治区、直辖市），合计减少了 349.9 千公顷。从省（自治区、直辖市）来看，1980—2010 年，黑龙江的播种面积一直在增加，但 2010—2013 年却大幅度减少了 1 118.1 千公顷，这对我国大豆总产量的影响是很大的。

表 5-9　我国大豆主要生产省（自治区、直辖市）周期播种面积变化

单位：千公顷

1980—1990 年		1991—2000 年		2001—2010 年		2011—2013 年		2014—2017 年		2015—2017 年	
全国	333.3	全国	1 747	全国	-790.8	全国	-1 725.3	全国	1 454.5	全国	1 418
黑龙江	448.6	黑龙江	789.6	黑龙江	679.6	黑龙江	-1 118.7	黑龙江	1 305.7	黑龙江	1 335
河南	-278.5	吉林	75.2	吉林	-162.2	内蒙古	-248	内蒙古	932.6	内蒙古	459
安徽	-88	河南	-74.9	河南	-111.7	安徽	-82.2	安徽	-236.2	安徽	-200
吉林	-92.7	山东	9.9	山东	-301.3	河南	-9.1	四川	147.8	四川	142.8
山东	-246.8	安徽	159.3	安徽	256.7	四川	0.4	河南	-98.7	河南	-20.8
河北	142.3	内蒙古	492.9	内蒙古	18.1	江苏	-17.5	吉林	5.7	吉林	58.8
辽宁	-123.9	江苏	4.5	江苏	-22.3	吉林	-162.3	湖北	125.6	湖北	112
内蒙古	129.7	河北	20.2	河北	-275.8	山东	-11	贵州	66.5	贵州	59.6
陕西	77.2	辽宁	-47.1	辽宁	-178.5	云南	67	江苏	-15	江苏	-7.1
江苏	-30.8	四川	20.9	四川	51.5	辽宁	-8.5	云南	48.3	云南	51.4

第三节　我国大豆主产区空间变化的影响要素

一、改革开放以来我国大豆主产区产量集中度变化的影响因素

在分析大豆产量的影响因素时，我们选择了单产、净利润、农机动力、化肥施用量、农村用电量、人均地区生产总值、农业技术人员等因素，并分 1980 年、1990 年、2000 年、2010 年、2013 年和 2017 年 6 个时间点进行相关分析，选择大豆主产省（自治区、直辖市）的时间序列数据进行定量分析。

（一）不同代表年份大豆主产区集中度变化的影响因素

1. 1980 年

1980 年我国大豆主产省（自治区、直辖市）的产量集中度及其相关因素数据见表 5-10。我们以表 5-10 中的数据计算各因素之间的相关系数，计算结果见表 5-11。

表 5-10 1980 年我国大豆主产省（自治区、直辖市）的
产量集中度及其相关因素数据

	集中度	单产	播种面积	净利润	有效灌面	农机动力	化肥	用电量	人均地区生产总值	农技人员
	%	千克/公顷	千公顷	元/亩	千公顷	万千瓦	万吨	亿千瓦时	元/人	人
黑龙江	27.74	1 352.7	1 630.1	25.78	670.5	709.3	34.6	14.5	694	21 635
河南	11.57	1 002.1	918.1	13.88	3 536.30	1 178.0	72.5	17.2	317	15 427
山东	10.57	1 208.5	695.1	25.43	4 407.5	1 371.8	135.4	20.1	402	20 117
吉林	7.61	1 087.2	556.5	-2.66	730.7	367.5	120.2	9.7	445	10 258
辽宁	6.73	1 131.3	472.9	-1.66	760.0	568.8	61.8	23.8	811	12 953
安徽	6.23	810.28	610.9	10.86	2 438.0	664.3	54.9	10.7	291	10 823
河北	3.71	1 129.4	261.5	22.42	3 622.3	1 253.8	74.7	30.8	427	16 498
江苏	4.40	1 270.4	275.5	12.52	3 412.8	1 113.1	118.2	33.7	541	11 215
四川	2.58	1 198.8	171.0	4.09	2 114.0	500.3	80.4	9.4	320	22 681
陕西	2.26	851.1	211.5	7.97	1 248.5	471.4	—	12.1	408	9 769

从表 5-11 可以看出，1980 年各省（自治区、直辖市）大豆产量集中度与有效灌面、农机动力、化肥施用量和农村用电量之间存在较弱的负相关关系，显然不符合常识；而与大豆播种面积高度相关，与净利润的相关程度一般，与单产、人均地区生产总值和农技人员存在较弱的正相关关系。单产与各因素（除有效灌面外）之间存在正相关，与人均地区生产总值和农技人员的相关程度较大，与其他因素的相关程度较弱；播种面积与净利润、人均地区生产总值和农技人员存在较弱的相关性，净利润与有效灌面、农机动力、农村用电量和农技人员存在较强的正相关关系，而与化肥施用量、人均地区生产总值关系为弱负相关；有效灌面与集中度、单产、播种面积和人均地区生产总值呈弱负相关，与化肥施用量、用电量、农技人员呈正相关；农机动力与化肥施用量、用电量和农技人员为正相关，化肥施用量与用电量正相关，而与人均地区生产总值、农技人员负相关。农技人员与化肥施用量、用电量和人均地区生产总值负相关，这表明经济增长了，并没有增加农技人员，对化肥施用量的施用缺乏指导。从对 1980 年的数据分析可以看出，集中度的提高主要是基于经济效益的考虑，在大豆收益增加的情况下，我们在不断地扩大播种面积。

表 5-11　1980 年我国大豆主产省（自治区、直辖市）
产量集中度与影响因素的相关关系分析

	集中度	单产	播种面积	净利润	有效灌面	农机动力	化肥	用电量	人均地区生产总值	农技人员
集中度	1.000									
单产	0.396	1.000								
播种面积	0.979	0.211	1.000							
净利润	0.500	0.317	0.466	1.000						
有效灌面	-0.340	-0.107	-0.308	0.542	1.000					
农机动力	-0.011	0.127	-0.008	0.740	0.891	1.000				
化肥	-0.426	0.159	-0.457	-0.087	0.452	0.307	1.000			
用电量	-0.237	0.331	-0.311	0.301	0.459	0.647	0.216	1.000		
人均地区生产总值	0.395	0.540	0.293	-0.092	-0.566	-0.215	-0.262	0.351	1.000	
农技人员	0.396	0.548	0.301	0.511	0.111	0.167	-0.187	-0.193	-0.037	1.000

2. 1990 年

1990 年我国大豆主产省（自治区、直辖市）的产量集中度及其相关因素数据见表 5-12。我们以表 5-12 中的数据计算各因素之间的相关系数，计算结果见表 5-13。与 1980 年相比，各省（自治区、直辖市）产量集中度与播种面积、农技人员的相关程度提高了，而与单产、人均地区生产总值的相关程度降低，与净利润、有效灌面、农机动力、化肥施用量、用电量则呈微弱负相关；单产仅与用电量存在弱负相关，与其他因素均为正相关，且与化肥施用量的相关程度比较高，与农技人员的相关程度下降；净利润与除播种面积外的所有因素均存在正相关关系，且与有效灌面、农机动力、用电量的相关程度较高；农技人员与所有因素均存在正相关关系。这表明，在 1990 年，播种面积仍然是主要影响因素，而农业技术人员数量对大豆产量有明显影响。

表 5-12　1990 年我国大豆主产省（自治区、直辖市）
集中度及其相关因素数据

	集中度	单产	播种面积	净利润	有效灌面	农机动力	化肥	用电量	人均地区生产总值	农技人员
	%	千克/公顷	千公顷	元/亩	千公顷	万千瓦	万吨	亿千瓦时	元/人	人
黑龙江	29.62	1 575	2 078.7	35.4	1 078.7	1 173.4	76.6	17.6	2 028	33 120
吉林	8.48	2 010	463.8	33.69	881.9	629	233.1	16.8	1 746	17 067

表5-12（续）

	集中度	单产	播种面积	净利润	有效灌面	农机动力	化肥	用电量	人均地区生产总值	农技人员
	%	千克/公顷	千公顷	元/亩	千公顷	万千瓦	万吨	亿千瓦时	元/人	人
河南	7.88	1 350	639.6	44.35	3 550.1	2 264	213.2	46.9	1 091	26 353
山东	7.66	1 875	448.3	52.41	4 463.7	3 221	245.5	75.7	1 815	34 793
安徽	4.95	1 065	522.9	48.73	2 633.3	1 307.3	23.6	144.5	1 182	20 142
河北	4.86	1 320	403.5	45.8	3 758.5	2 822.2	145.2	58.8	1 465	25 311
内蒙古	4.33	1 585	301	32.49	1 251.5	760.5	20.9	11.4	1 478	19 972
江苏	4.1	1 845	244.67	53.52	3 970.9	2 004.8	221.8	105.3	2 109	23 595
辽宁	3.9	1 230	349	44.92	1 059.3	1 012	81.4	47.0	2 698	22 341
山西	2.75	1 200	251.9	19.9	1 134.5	1 053.5	34.4	25.9	1 528	14 608

表5-13　1990年我国大豆主产省（自治区、直辖市）
集中度与影响因素的相关关系

	集中度	单产	播种面积	净利润	有效灌面	农机动力	化肥	用电量	人均地区生产总值	农技人员
集中度	1.000									
单产	0.204	1.000								
播种面积	0.986	0.046	1.000							
净利润	-0.121	0.139	-0.115	1.000						
有效灌面	-0.243	0.136	-0.247	0.769	1.000					
农机动力	-0.101	0.106	-0.110	0.648	0.927	1.000				
化肥	-0.020	0.695	-0.125	0.490	0.582	0.567	1.000			
用电量	-0.317	-0.227	-0.255	0.732	0.614	0.394	0.079	1.000		
人均地区生产总值	0.163	0.254	0.110	0.143	-0.262	-0.176	0.078	-0.144	1.000	0.176
农技人员	0.587	0.270	0.564	0.535	0.505	0.650	0.381	0.092	0.176	1.000

3. 2000 年

2000 年我国大豆主产省（自治区、直辖市）的产量集中度及其相关因素数据见表5-14。我们以表5-14中的数据计算各因素之间的相关系数，计算结果见表5-15。从表5-15的计算结果可以看出，产量集中度仅与播种面积存在很高的正相关性，与农技人员的相关性很弱，而与其他因素均为负相关；单产与播种面积存在弱负相关，而与其他因素均为正相关，其中与化肥施用量、农技人员的相关度较高；净利润与播种面积、人均地区生产总值为负相关，而与其他因素均为正相关,其中与化肥施用量、农机动力的相关性较强;农技人员除与播种面积为负相关外,均为正相关,这表明农技人员的增加对产量的影响不及播种面积的扩大,但对产量集中度、单产、净利润等的影响还是积极的。

表 5-14　2000 年我国大豆主产省(自治区、直辖市)
产量集中度及其相关因素数据

	集中度	单产	播种面积	净利润	有效灌面	农机动力	化肥	用电量	人均地区生产总值	农技人员
	%	千克/公顷	千公顷	元/亩	千公顷	万千瓦	万吨	亿千瓦时	元/人	人
黑龙江	29.21	101.84	2 868.3	55.87	2 032.0	1 613.8	121.6	27.5	8 294	31 134
吉林	7.81	144.90	539.0	103.08	1 315.0	1 015.4	281.3	23.8	7 351	26 485
河南	7.52	133.17	564.7	173.43	4 725.3	5 780.6	420.71	125.80	5 450	26 645
山东	6.79	148.19	458.2	124.18	4 824.9	7 025.2	423.2	200.27	9 326	50 699
安徽	5.94	87.07	682.2	108.71	3 197.2	2 975.9	45.81	253.2	4 780	22 814
内蒙古	5.57	70.16	793.9	20.37	2 371.7	1 350.30	74.80	21.30	6 502	19 076
江苏	4.35	174.56	249.2	60.99	3 900.9	2 925.3	335.5	314.60	11 765	40 364
河北	4.08	96.29	423.7	129.32	4 482.3	7 000.4	270.62	180.45	7 592	23 951
辽宁	3.12	103.35	301.9	102.16	144.1	1 331.4	109.4	103.5	11 177	27 167
四川	2.43	143.28	169.6	—	2 469.0	1 679.65	212.59	82.83	4 956	42 473

表 5-15　2000 年我国大豆主产省(自治区、直辖市)
集中度与影响因素的相关关系

	集中度	单产	播种面积	净利润	有效灌面	农机动力	化肥	用电量	人均地区生产总值	农技人员
集中度	1.000									
单产	-0.120	1.000								
播种面积	0.980	-0.301	1.000							
净利润	-0.274	0.266	-0.371	1.000						
有效灌面	-0.164	0.304	-0.211	0.436	1.000					
农机动力	-0.248	0.217	-0.302	0.676	0.870	1.000				
化肥	-0.195	0.795	-0.356	0.580	0.650	0.671	1.000			
用电量	-0.439	0.415	-0.475	0.251	0.578	0.471	0.297	1.000		
人均地区生产总值	-0.075	0.501	-0.141	-0.263	-0.227	-0.119	0.187	0.244	1.000	
农技人员	0.068	0.733	-0.066	0.114	0.391	0.398	0.626	0.445	0.587	1.000

4. 2010 年

2010 年我国大豆主产省（自治区、直辖市）产量集中度及其相关因素数据见表 5-16。我们以表 5-16 中的数据计算各因素之间的相关系数，计算结果见表 5-17。从表 5-17 的计算结果可以看出，集中度仅与净利润、有效灌面和农技人员存在低度正相关性，而与其他因素均为负相关关系；单产与播种面积等存在正相关，而与净利润、有效灌面和农机动力为负相关，其中与净利润的负相关程度较大；净利润与播种面积为正相关，而与其他因素均为负相关；农技人员除与净利润为负相关外，与其他因素均为正相关，这表明农技人员的增加对提高净利润失去了作用。

表 5-16　2010 年我国大豆主产省（自治区、直辖市）
集中度及其相关因素数据

	集中度	单产	净利润	播种面积	有效灌面	农机动力	化肥	用电量	人均地区生产总值	农技人员
	%	千克/公顷	元/亩	千公顷	千公顷	万千瓦	万吨	亿千瓦时	元/人	人
黑龙江	38.79	1 648.9	122.1	447.9	3 875	3 736.3	214.9	52.7	27 076	36 220
内蒙古	8.84	1 642.7	200.4	812	3 027.5	3 034	177.2	48.4	47 347	27 792
安徽	7.94	1 276.3	163	938.9	3 519.8	5 409.8	107.4	319.8	20 888	19 750
吉林	5.74	2 297.7	210.3	376.8	1 726.8	2 144.7	371.7	39.5	31 599	26 756
河南	5.73	1 906.7	138.9	453	5 081	10 195.9	655.2	269.4	24 446	21 175
江苏	3.96	2 637	—	226.9	3 819.7	3 937.3	341.1	1 472.9	52 840	27 070
四川	3.52	2 401.6	—	221.1	2 553	3 155.1	248	147.1	21 182	44 769
陕西	2.63	2 223.4	139.6	178.6	1 284.9	2 000.0	196.8	121	27 133	30 030
山东	2.56	2 458.9	429.8	156.9	4 955.3	11 629.0	475.3	439	41 106	53 916
辽宁	2.26	2 763.4	183.5	123.4	153.8	2 408.3	140.1	359.6	42 355	25 293

表 5-17　2010 年我国大豆主产省（自治区、直辖市）
产量集中度与影响因素的相关关系

	集中度	单产	播种面积	净利润	有效灌面	农机动力	化肥	用电量	人均地区生产总值	农技人员
集中度	1.000									
单产	-0.473	1.000								
播种面积	-0.369	0.418	1.000							
净利润	0.211	-0.904	-0.309	1.000						
有效灌面	0.269	-0.477	0.305	0.315	1.000					

表5-17（续）

	集中度	单产	播种面积	净利润	有效灌面	农机动力	化肥	用电量	人均地区生产总值	农技人员
农机动力	−0.160	−0.008	0.568	−0.070	0.833	1.000				
化肥	−0.189	0.209	0.316	−0.283	0.608	0.748	1.000			
用电量	−0.465	0.322	0.529	−0.249	0.218	0.652	0.216	1.000		
人均地区生产总值	−0.257	0.471	0.524	−0.221	−0.234	−0.074	−0.120	0.073	1.000	
农技人员	0.122	0.351	0.795	−0.480	0.341	0.437	0.226	0.251	0.389	1.000

5. 2013 年

2013 年我国大豆主产省（自治区、直辖市）产量集中度及其相关因素数据见表5-18。我们以表5-18中的数据计算各因素之间的相关系数见表5-19。从表5-19的计算结果可以看出，集中度仅与播种面积、有效灌面和农技人员存在低度正相关关系，而与其他因素均为负相关关系；单产与净利润、用电量、人均地区生产总值、农技人员等存在正相关，而与其他因素为负相关；净利润与农机动力、用电量、人均地区生产总值和农技人员为正相关，而与其他因素均为负相关；农技人员除与播种面积为负相关外，与其他因素均为正相关，这表明农技人员的增加不及播种面积的增加，而且对集中度、单产、净利润的作用均较小。

表 5-18　2013 年我国大豆主产省（自治区、直辖市）
产量集中度及其相关因素数据

	集中度	单产	播种面积	净利润	有效灌面	农机动力	化肥	用电量	人均地区生产总值	农技人员
	%	千克/公顷	千公顷	元/亩	千公顷	万千瓦	万吨	亿千瓦时	元/人	人
黑龙江	32.36	1 591.6	230.2	−25.3	5 342.0	4 848.7	245.0	67.0	37 509	40 763
内蒙古	10.02	2 121.0	56.4	235.9	2 957.8	3 431.0	202.4	59.6	47 712	28 404
安徽	8.95	1 249.0	856.7	88.5	4 305.5	6 140.3	338.4	138.4	31 684	23 202
河南	6.1	1 643.3	443.9	71.0	4 976.0	11 150.0	696.4	305.4	34 174	33 498
四川	4.33	2 338.6	221.5	—	2 617.0	3 953.1	251.1	163.5	32 454	44 722
江苏	3.93	2 245.9	209.4	—	3 785.0	4 405.6	326.8	1 801.9	74 607	25 728
吉林	3.80	2 115.9	214.5	15.0	1 853.7	2 726.6	425.8	48.2	31 599	30 211
山东	3.00	2 454.2	145.9	263.6	4 729.0	12 739.8	472.7	471.4	56 323	52 077
云南	2.66	2 547.3	124.8	—	1 660.3	3 070.3	219.0	82.4	25 083	40 198
辽宁	2.38	2 471.0	114.9	158.5	140.8	2 788.5	151.8	394.8	42 355	25 434

表 5-19　2013 年我国大豆主产省（自治区、直辖市）
产量集中度与影响因素的相关关系

	集中度	单产	播种面积	净利润	有效灌面	农机动力	化肥	用电量	人均地区生产总值	农技人员
集中度	1.000									
单产	-0.499	1.000								
播种面积	0.017	-0.828	1.000							
净利润	-0.539	0.607	-0.350	1.000						
有效灌面	0.512	-0.594	0.389	-0.167	1.000					
农机动力	-0.185	-0.046	0.202	0.303	0.670	1.000				
化肥	-0.293	-0.218	0.315	-0.131	0.501	0.753	1.000			
用电量	-0.517	0.505	-0.137	0.545	-0.065	0.631	0.272	1.000		
人均地区生产总值	-0.178	0.695	-0.613	0.852	0.018	0.360	-0.184	0.543	1.000	
农技人员	0.197	0.298	-0.365	0.210	0.547	0.671	0.331	0.411	0.612	1.000

6. 2017 年

2017 年我国大豆主产省（自治区、直辖市）产量集中度及其相关因素数据见表 5-20。我们以表 5-20 中的数据计算各因素之间的相关系数（见表 5-21）。从表 5-21 的计算结果可以看出，集中度仅与播种面积、有效灌面和农技人员存在正相关关系，而与播种面积为高度相关，相关系数高达 0.998，与其他因素均为负相关关系；单产与用电量、人均地区生产总值、农技人员等存在正相关，而与其他因素为负相关；农机动力与灌溉面积的相关系数为 0.766，农技人员除与用电量、人均地区生产总值为负相关外，与其他因素均为正相关，与单产的相关系数为 0.706，这表明经济增长并没有通过增加农技人员来促进大豆生产，但农技人员对单产的提高具有正向影响。

表 5-20　2017 年我国大豆主产省（自治区、直辖市）
产量集中度及其相关因素数据

	集中度	播种面积	单产	有效灌面	农机动力	化肥	用电量	人均地区生产总值	农技人员
黑龙江	45.11	3 735.5	1 845.6	6 030.97	5 813.76	251.2	79.77	41 916	42 838
内蒙古	10.64	989	1 644.4	3 174.83	3 483.55	235.04	78.9	63 764	24 095
安徽	6.15	620.5	1 515.3	4 504.14	6 312.86	318.72	171.31	43 401.36	20 818
四川	5.62	369.3	2 325	2 873.1	4 420.3	241.95	188.44	44 651	46 356

表5-20（续）

	集中度	播种面积	单产	有效灌面	农机动力	化肥	用电量	人均地区生产总值	农技人员
河南	3.30	345.2	1 458.9	5 273.63	10 038.32	706.7	328.82	47 130	30 726
吉林	3.28	220.2	2 277.6	1 893.05	3 284.65	231.02	52.96	54 838	31 479
江苏	2.94	194.4	2 312.4	4 131.88	4 991.41	303.85	1 887.99	107 189	25 974
云南	2.85	173.1	2 511.8	1 851.42	3 534.53	231.94	102.34	34 221	39 957
湖北	2.24	212.3	1 615.6	2 919.17	4 335.09	317.93	156.57	60 198.68	14 985
山东	2.10	119.5	2 687.4	5 191.06	10 144.05	439.96	488.45	72 807	54 281

表 5-21　2017 年我国大豆主产省（自治区、直辖市）
集中度与影响因素相关关系

	集中度	播种面积	单产	有效灌面	农机动力	化肥	用电量	人均地区生产总值	农技人员
集中度	1.000								
播种面积	0.998	1.000							
单产	−0.214	−0.273	1.000						
有效灌面	0.518	0.535	−0.285	1.000					
农机动力	−0.040	−0.028	−0.067	0.766	1.000				
化肥	−0.239	−0.216	−0.309	0.539	0.859	1.000			
用电量	−0.224	−0.239	0.276	0.203	0.127	0.117	1.000		
人均地区生产总值	−0.272	−0.279	0.243	0.122	0.068	0.032	0.871	1.000	
农技人员	0.223	0.177	0.706	0.219	0.349	0.023	−0.094	−0.176	1.000

（二）大豆产量集中度高的省（自治区）的影响因素

1. 黑龙江

黑龙江是我国大豆的原产地和优势产区，黑龙江耕地资源比较丰富，土肥而平坦，适宜大型农业机械作业和规模化生产，光、热、水等农业气象条件有利于大豆的生产、收获，全省大部分地区均适宜大豆种植[16]；黑龙江大豆含油高，质量好，因此在国内外始终占有重要位置[17]。根据黑龙江省农业科学院农产品质量安全研究所对省内大豆主产区 256 份样品的检测结果，2017 年黑龙江主栽大豆品种粗蛋白质含量较高，平均水平 40.21%；高蛋白大豆品种占 34.8%，粗脂肪含量偏低，平均含量 19.81%；高油大豆品种占 37.8%。其中，粗蛋白质含量≥40%、粗脂肪含量≥20%的双高大豆品种27个，占样品总数的10.5%[18]。

在历史上，黑龙江生产的大豆每年都有相当数量用于出口创汇。黑龙江是我国非转基因大豆的主产区和加工区，产量与商品量均居全国第一。黑龙江1949年的大豆产量为78.2万吨，到1978年已达185.5万吨，2005年达历史最高产量的652.5万吨，但受国外低价、转基因大豆无节制进口的冲击，2012年黑龙江大豆产量下降为386.7万吨（见图5-6）。在补贴政策的刺激下，2013年黑龙江开始逐步增加大豆播种面积，产量出现较快增长，到2018年产量达689.4万吨（见图5-6）。1949—2018年，黑龙江大豆产量的年均增长率达到3.16%。从占全国的比重看，1965年之前，黑龙江大豆产量占全国的比重为15%~20%；1965—1977年，黑龙江大豆产量均高于20%，其中1975年达到30.46%；1978年以来，绝大部分年份黑龙江大豆产量占全国比重在30%以上；1878—2018年，黑龙江大豆产量占全国的比重由1878年的28.09%提高到2018年的43.63%（见图5-7）。黑龙江大豆播种面积占全国的比重变化与产量占比变化基本一致（见图5-8和图5-9）。从图5-6和图5-8的比较来看，黑龙江大豆产量与其播种面积的趋势是一致的，大豆产量与播种面积的相关系数在1978—2017年为0.724，而在2011—2017年则高达0.932，说明黑龙江的大豆产量主要依赖播种面积，而不是单产水平。

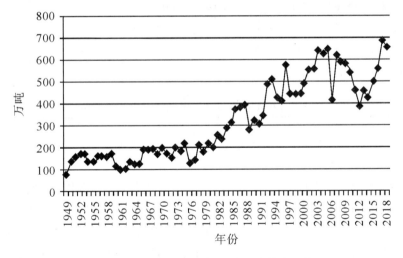

图5-6　1949—2018年黑龙江大豆产量发展情况

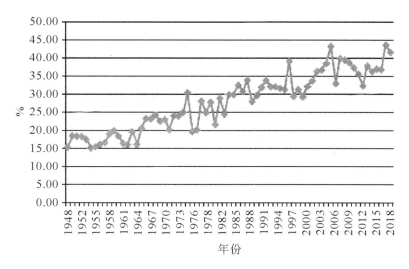

图 5-7　1949—2018 年黑龙江大豆产量占全国比重变化情况

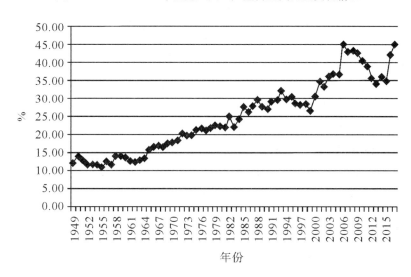

图 5-8　1949—2017 年黑龙江大豆播种面积变化情况

2015 年后，随着农业供给侧结构性改革的实施，特别是 2016 年起开展的耕地轮作制度试点，对黑龙江大豆种植有一定推动作用，按照农业部、中央农村工作办公室、财政部等国家 10 个部门和单位《关于印发探索实行耕地轮作休耕制度试点方案的通知》和国家年度工作方案要求，黑龙江制定了《黑龙江省探索实行耕地轮作制度试点方案》和《黑龙江省 2017 年耕地轮作试点工作方案》，将约 33.33 万公顷试点任务分解落实在第三、四、五积温带耕地面

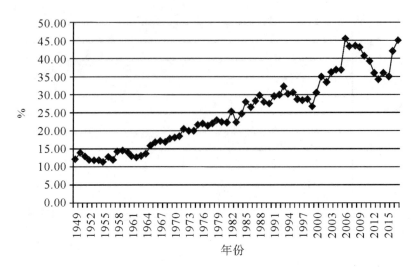

图 5-9　1949—2017 年黑龙江大豆播种面积占全国比重变化情况

积占比大的黑河、伊春、齐齐哈尔、绥化、佳木斯、双鸭山、鹤岗 7 个市和省
农垦总局,补助标准折合为 2 250 元/公顷。

2016 年黑龙江大豆播种面积比 2015 年增加了 822.5 千公顷,产量增加了
75.2 万吨,而大豆补贴对生产更具有实质性作用。2016 年及其之前,黑龙江
实施的是目标价格补贴,2016 年度大豆目标价格补贴标准为每亩 118.58 元。
2017 年后实施的是生产者补贴,补贴标准为每亩 173.46 元,黑龙江的大豆种
植面积较 2016 年又增加了 512.4 千公顷,产量增加了 59.2 万吨。2018 年黑龙
江大豆补贴为每亩 320 元[19],播种面积较 2017 年增加了 333.33 千公顷,产量
增加了 126.6 万吨。2019 年中央 1 号文件明确提出实施大豆振兴计划,提出
"一扩二提高",即扩大播种面积及提高单产和品质,按照中央的部署和要求,
农业农村部出台了《大豆振兴计划实施方案》,从 2019 年实施大豆振兴计划。
据统计,黑龙江的大豆播种面积又较上年增加了 1 000 多万亩,由此推断,
2019 年的大豆产量将增加近 70 万吨。

为了分析黑龙江大豆产量变化的内在原因,我们选取了农机动力、有效灌
面、化肥施用量、农村用电量、大豆播种面积、人均地区生产总值、农技人
员、人均耕地和单产等 18 个因素,对不同时期大豆产量与这 18 个因素之间的
关系进行分析,并测定不同因素对大豆生产的影响程度。

通过对不同时期大豆产量与农机动力、有效灌面、化肥施用量、农村用电
量、大豆播种面积、人均地区生产总值、农技人员、人均耕地和单产等大豆生
产影响因素之间关系的分析,我们可以更好地了解黑龙江大豆产量的影响因素

和变化情况。根据1978—2017年黑龙江大豆产量及其影响因素相关关系分析（见表5-22）结果，黑龙江的大豆产量与播种面积的相关系数较高（0.724），与农业人员为正相关，表明当地农业劳动力仍然是影响大豆产量的一个重要因素；其中与受灾面积、成灾面积为正相关主要由数据的变化趋势一致引起；大豆产量与单产、农业人员、柴油、农药、耕地面积等相关系数较低；与人均地区生产总值、农机动力、有效灌面、化肥施用量、用电量、塑料薄膜、农技人员、农业固定资产投资等为负相关；与其他因素均为负相关。

表5-22 1978—2017年黑龙江大豆产量及其影响因素相关关系分析

播种面积	单产	人均地区生产总值	农业人员	农机动力	有效灌面	化肥	用电量	柴油
0.724	0.063	-0.063	0.289	-0.065	-0.074	-0.047	-0.049	0.032
农药	塑料薄膜	农技人员	受灾面积	成灾面积	铁路里程	公路里程	农固投资	耕地面积
0.026	-0.146	-0.258	0.095	0.052	0.043	0.066	-0.104	0.123

1978—1990年，黑龙江大豆产量增长了53.32%。1978—1990年黑龙江大豆产量及其影响因素相关关系分析见表5-23，由计算结果可以看出，黑龙江的大豆产量与播种面积等相关因素均为正相关关系，其中与播种面积、单产、人均地区生产总值、农业人员、农机动力、化肥施用量、公路里程、耕地面积等均具有较高的相关系数，表明这一时期的播种面积、单产、农机动力、化肥施用量、耕地面积等是影响大豆产量的重要因素；经济增长对农机投入、化肥投入等有正向影响，从而对大豆产量形成积极贡献；大豆产量与受灾面积、成灾面积为正相关主要由数据的变化趋势一致引起。

表5-23 1978—1990年黑龙江大豆产量及其影响因素相关关系分析

播种面积	单产	人均地区生产总值	农业人员	农机动力	有效灌面	化肥
0.856	0.858	0.676	0.576	0.785	0.420	0.498
用电量	受灾面积	成灾面积	铁路里程	公路里程	耕地面积	
0.156	0.068	0.002	0.394	0.715	0.733	

1991—2000年，黑龙江大豆产量增长了45.29%。1991—2000年黑龙江大豆产量及其相关因素相关关系分析见表5-24，由计算结果可以看出，黑龙江的大豆产量与人均地区生产总值、农机动力、有效灌面、化肥施用量、用电量、柴油、农药施用量、农技人员、公路里程、农业固定资产投资和耕地面积

为弱负相关关系，与播种面积、单产、农业人员等因素为正相关关系，其中与受灾面积、成灾面积为正相关主要由数据的变化趋势较为一致引起。由此可以看出，在这一时期，经济增长使农技人员减少及对农业的投入也增加不多，影响了农业机械、化肥施用量等的投入，大豆产量增长较少。

表 5-24 1991—2000 年黑龙江大豆产量及其相关因素相关关系分析

播种面积	单产	人均地区生产总值	农业人员	农机动力	有效灌面	化肥	用电量	柴油
0.273	0.552	-0.188	0.269	-0.302	-0.130	-0.084	-0.053	-0.106
农药	塑料薄膜	农技人员	受灾面积	成灾面积	铁路里程	公路里程	农固投资	耕地面积
-0.053	0.021	-0.175	0.247	0.397	0.101	-0.144	-0.313	-0.193

2001—2010 年，黑龙江大豆产量增长了 17.90%。黑龙江大豆产量及其相关因素相关关系分析见表 5-25，由计算结果可以看出，黑龙江的大豆产量与播种面积等相关因素均为正相关关系，其中与单产的相关系数较高（0.640）；与播种面积、人均地区生产总值、农机动力、有效灌面、化肥施用量、用电量、柴油、塑料薄膜、农业固定资产投资、耕地面积等的相关系数较低，表明这一时期的单产是影响大豆产量的重要因素；但经济增长对农机投入、化肥投入等有正向影响，从而对大豆产量产生积极贡献；大豆产量与农业人员、农技人员、农药施用量等具有弱负相关性；大豆产量与受灾面积、成灾面积的负相关系数较高，说明这一时期的自然灾害较为严重。

表 5-25 2001—2010 年黑龙江大豆产量及其影响因素相关关系分析

播种面积	单产	人均地区生产总值	农业人员	农机动力	有效灌面	化肥	用电量	柴油
0.298	0.640	0.138	-0.163	0.115	0.058	0.117	0.139	0.223
农药	塑料薄膜	农技人员	受灾面积	成灾面积	铁路里程	公路里程	农固投资	耕地面积
-0.142	0.035	-0.148	-0.510	-0.514	0.090	0.021	0.169	0.227

2011—2017 年，黑龙江大豆产量增长了 3.98%。黑龙江大豆产量及其相关因素相关关系分析见表 5-26，由计算结果可以看出，黑龙江的大豆产量与播种面积高度相关，与单产、耕地面积也有较高的正相关系数，表明这一时期的大豆产量主要与播种面积有关，其次为单产因素；但经济增长对农机投入、化肥施用量等有正向影响，从而对大豆产量形成积极贡献；大豆产量与人均地区生产总值、农机动力、有效灌面、用电量、农业固定资产投资等相关关系较弱。随着农业机械化程度的不断提高，农业剩余劳动力不断增多，大豆产量与

农业人员的负相关系数达到-0.336。大豆产量与化肥施用量、农药施用量、柴油、塑料薄膜、农技人员等具有较弱的负相关关系。大豆产量与受灾面积、成灾面积的负相关系数较小,说明这一时期的自然灾害对大豆产量有影响,但不太严重。

表5-26 2011—2017黑龙江大豆产量及其影响因素相关关系分析

播种面积	单产	人均地区生产总值	农业人员	农机动力	有效灌面	化肥	用电量	柴油
0.932	0.586	0.029	-0.336	0.103	0.041	-0.251	0.185	-0.022
农药	塑料薄膜	农技人员	受灾面积	成灾面积	铁路里程	公路里程	农固投资	耕地面积
-0.408	-0.656	-0.033	-0.050	-0.281	0.124	0.104	0.290	0.601

根据1978—2017年黑龙江大豆产量与相关因素的回归分析结果(见表5-27),对大豆产量影响的显著性按大小依次为有效灌面、化肥施用量、用电量、人均地区生产总值、柴油、农机动力、单产等。农机动力每增加1万千瓦,大豆产量将平均增加0.467万吨;有效灌面每增加1 000公顷,大豆产量将平均增加0.455万吨;人均地区生产总值每提高1元,大豆产量将平均增加0.056 8万吨;农技人员每增加1人,大豆产量将平均增加0.045万吨;单产每公顷提高1千克,产量将平均增加0.206万吨;播种面积每增加1万公顷,大豆产量将平均增加0.140万吨;化肥施用量每增加1万吨,大豆产量将平均增加11.21万吨;农村用电量每增加1亿千瓦时,大豆产量将平均增加37.67万吨;农业固定资产投资每增加1亿元,大豆产量将平均增加0.948万吨;柴油每增加1万吨,大豆产量将平均增加22.94万吨;耕地面积每增加1 000公顷,大豆产量将平均增加0.560万吨;受灾面积和成灾面积每增加1 000公顷,大豆产量将平均减少0.02万吨和0.038万吨。

表5-27 1978—2017年黑龙江大豆产量与相关因素的回归分析结果

解释变量	农机动力	有效灌面	人均地区生产总值	农机人员	单产	播种面积	化肥	用电量
截距项	-27.48 (-0.129)	-55.51 (-0.613)	265.11 (2.14)	256 872.8 (0.008)	134.797 (1.501)	59.428 (0.961)	-485.04 (-3.87)	-288.71 (-2.12)
斜率项	0.467 (8.06)	0.455 (16.13)	0.056 8 (11.43)	0.045 (0.227)	0.206 (5.219)	0.140 (6.50)	11.21 (13.57)	37.67 (12.58)
R^2	0.979	0.982	0.984	0.962	0.813	0.802	0.976	0.980
DW	1.53	1.69	1.463	1.52	2.058	2.206	1.27	1.73

表 5-27（续）

解释变量	受灾面积	成灾面积	农业固定资产投资	柴油	耕地面积			
截距项	−343.90 (−0.48)	−362.25 (−0.570)	1 428.26 (1.777)	−954.15 (−3.70)	−734.18 (−1.22)			
斜率项	−0.02 (−2.50)	−0.038 (−2.88)	0.948 (2.803)	22.94 (9.49)	0.560 (2.29)			
R^2	0.982	0.984	0.967	0.962	0.982			
DW	1.64	1.53	2.04	1.28	1.48			

注：计算软件为 EVIEWS6.0，括号内数字为 t 统计量。

2. 内蒙古

内蒙古属高原型的地貌区，全区涵盖高原、山地、丘陵、平原、沙漠、河流、湖泊等地貌。内蒙古地域广袤，所处纬度较高，高原面积大，距离海洋较远，边沿有山脉阻隔，气候以温带大陆性季风气候为主。内蒙古气候有降水量少而不匀、风大、寒暑变化剧烈的特点。大兴安岭北段地区属于寒温带大陆性季风气候，巴彦浩特—海勃湾—巴彦高勒以西地区属于温带大陆性气候。内蒙古总的特点是春季气温骤升，多大风天气，夏季短促而炎热，降水集中，秋季气温剧降，霜冻往往早来，冬季漫长且严寒，多寒潮天气。内蒙古日照充足，光能资源非常丰富，大部分地区年日照时数都大于 2 700 小时，阿拉善高原的西部地区达 3 400 小时以上。内蒙古全年大风日数为 10~40 天，70%发生在春季。内蒙古地跨黄河、额尔古纳河、嫩江、西辽河四大水系，境内流域面积在1 000 平方千米以上的河流有 107 条，流域面积大于 300 平方千米的有 258 条。内蒙古有近千个大小湖泊，全区地表水资源为 406.60 亿立方米，与地表水不重复的地下水资源为 139.35 亿立方米，水资源总量为 545.95 亿立方米，占全国水资源总量的 1.92%。内蒙古水资源在地区、时程的分布上很不均匀，且与人口和耕地分布不相适应。东部地区黑龙江流域土地面积占全区的27%，耕地面积占全区的 20%，人口占全区的 18%，而水资源总量占全区的 67%，人均占有水资源量为全区均值的 3.6 倍。中西部地区的西辽河、海滦河、黄河 3 个流域总面积占全区的 26%，耕地占全区的 30%，人口占全区的 66%，但水资源仅占全区的 24%，大部分地区水资源紧缺。

内蒙古是我国种植大豆比较早的地区之一。考古发现，经过科学采样和浮选，我们在内蒙古赤峰市敖汉旗兴隆沟遗址发现有小米、黄米（粟、黍）和大豆混种的农作物标本遗存，其中最重要的发现是该处遗址中先民们曾率先种植大豆。由此可知，西周至春秋时期，内蒙古赤峰西辽河上游地区人们曾率先种植大豆，直到齐桓公北伐山戎后，大豆才开始传布到中原内地[20]。

但内蒙古大豆产量及其在全国所占的比重均很小，1949 年产量为 5.6 万吨，占全国的 1.10%；1952 年产量提高到 12.2 万吨，占全国的 1.28%；1949—1977 年，最高产量为 1964 年的 21.5 万吨，占全国产量的 2.73%；但到 1978 年下降为 2.0 万吨，仅占全国的 0.26%。改革开放以来，内蒙古的大豆生产有了较大的发展，总产量由 1978 年的 2.0 万吨增加到 2011 年的 137.24 万吨，增长了 67.62 倍。但其大豆产量在全国的地位一直不高，占全国的比重也仅由 0.26% 提高到 9.47%，此后又有所下降，2014 年下降到 81.9 万吨。到 2001 年，内蒙古的大豆产量位列全国第四位。2002 年，内蒙古被定位为我国高油大豆生产地后，大豆生产有了进一步发展，大豆总产量由 2002 年的 96.4 万吨增长到 2011 年的 137.2 万吨，占全国总产量的比重也由 2002 年的 5.84% 上升到 2013 年的 10.02%。从 2005 年起内蒙古成为我国第二大大豆生产基地，农业供给侧结构性改革以来，内蒙古大豆产量迅速增加，在大豆补贴政策的刺激下，内蒙古大豆产量大幅度增加，由 2014 年的 81.9 万吨增加到 2018 年的 162.6 万吨（见图 5-10 和图 5-11），其在全国的地位一直稳步上升。

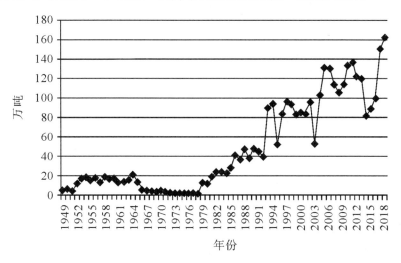

图 5-10　1949—2018 年内蒙古大豆总产量增长趋势

为了分析内蒙古大豆产量变化的内在原因，我们选取了大豆播种面积、单产、人均地区生产总值、农业从业人数、农机动力、有效灌面、化肥施用量、用电量、柴油、农药施用量、塑料薄膜、农技人员、受灾面积、成灾面积、耕地面积、农业固定资产投资和铁路、公路里程 18 个方面的因素，对不同时期大豆产量与这 18 个因素之间的关系进行分析，并测定不同因素对大豆产量的影响程度。

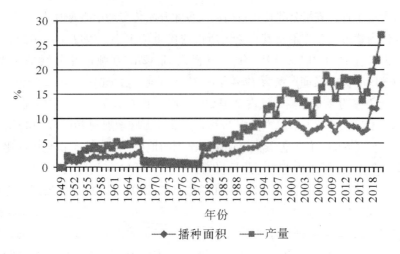

图 5-11 1949—2018 年内蒙古大豆播种面积和总产量占全国比重变化趋势

表 5-28 为 1978—2017 年内蒙古大豆产量与其影响因素相关关系分析，从计算结果可以看出，内蒙古的大豆产量与其影响因素之间均为正相关关系，其中与农技人员的相关系数最高（0.646），与单产的相关系数较高（0.637），与农业人员的相关系数较高，表明大豆生产中劳动力仍然比较重要。大豆产量与其他因素的相关系数在 0.5 左右，与受灾面积、成灾面积的负相关系数较低，表明农业自然灾害对大豆产量的影响较小。

1978—1990 年，内蒙古的大豆产量与人均地区生产总值的相关系数最大，为 0.910，表明随着经济增长，我们对农业投入增加了，如化肥施用量、农机动力等，从而提高了大豆产量；剩余影响因素按照系数大小依次为播种面积（0.903）、农机动力（0.897）、单产（0.896）、化肥施用量（0.893）和用电量（0.861），表明在这一时期，播种面积、单产、农机动力等在产量的增加中有重要作用。大豆产量与在农技人员、有效灌面具有较明显的关系；与受灾面积、成灾面积有弱正相关关系，是由数据引起，没有实际意义（见表 5-29）。

表 5-28 1978—2017 年内蒙古大豆产量与其影响因素相关关系分析

播种面积	单产	人均地区生产总值	农业人员	农机动力	有效灌面	化肥	用电量	柴油
0.506	0.637	0.478	0.524	0.533	0.593	0.530	0.496	0.481
农药	塑料薄膜	农技人员	受灾面积	成灾面积	铁路里程	公路里程	耕地面积	农固投资
0.540	0.449	0.646	-0.046	-0.315	0.406	0.629	0.367	0.396

表 5-29　1978—1990 年内蒙古大豆产量与其影响因素相关关系

播种面积	单产	人均地区生产总值	农业人员	农机动力	有效灌面	化肥
0.903	0.896	0.910	0.504	0.897	0.632	0.893
用电量	受灾面积	成灾面积	铁路里程	公路里程	耕地面积	农固投资
0.861	0.052	0.058	0.804	0.929	0.868	-0.766

　　1991—2000 年，内蒙古的大豆产量与其影响因素之间的相关关系均较弱，最高的为单产，相关系数为 0.607，其次为播种面积（0.445），表明在这一时期，大豆产量的增加中，单产发挥了重要作用。大豆产量与农技人数、用电量、柴油为负相关，主要是随经济增长，农机人员流出较多；与受灾面积为正相关这是由数据造成，没有实际意义；与成灾面积有弱负相关关系，表明自然灾害不严重（见表 5-30）。

表 5-30　1991—2000 年内蒙古大豆产量与其影响因素相关关系

播种面积	单产	人均地区生产总值	农业人员	农机动力	有效灌面	化肥	用电量	柴油
0.445	0.607	0.091	0.094	0.131	0.167	0.178	-0.020	-0.637
农药	塑料薄膜	农技人员	受灾面积	成灾面积	铁路里程	公路里程	耕地面积	农固投资
0.152	0.230	-0.117	0.350	-0.243	0.156	0.031	0.314	0.092

　　2001—2010 年，内蒙古的大豆产量与单产的相关关系最高，为 0.790，其次为农业人员（0.777），表明在这一时期，大豆产量的增加中，单产和农业人员发挥了重要作用。大豆产量与其他因素的相关系数在 0.6 上下，这些因素在大豆生产中作用差别不大。大豆产量与农技人数呈负相关，主要是随经济增长，农机人员流出较多；与受灾面积呈负相关，表明自然灾害不严重；与成灾面积呈正相关关系，是由数据造成的，没有实际意义（见表 5-31）。

　　2011—2017 年，内蒙古的大豆产量与很多因素之间为负相关关系，其中与人均地区生产总值的相关系数为 -0.827，与农机动力为 -0.605，表明随着经济增长，如农机动力、化肥、柴油、农药等农业投入在大豆生产中作用很小或有副作用；另外，是大豆产量与农业人数的相关系数为 -0.223，表明随着农业机械的大力推广，农业劳动力呈现剩余状态。大豆产量与播种面积、农技人员、有效灌面仍然有较高的正相关关系，但与单产的相关关系较弱；与受灾面积为正相关，是由数据造成的，没有实际意义；与成灾面积有较强的负相关关系，表明这一时期的自然灾害较为严重（见表 5-32）。

表 5-31 2001—2010 年内蒙古大豆产量与其影响因素相关关系

面积	单产	人均地区生产总值	农业人员	农机动力	有效灌面	化肥	用电量	柴油
0.584	0.790	0.580	0.777	0.573	0.666	0.635	0.630	0.617
农药	塑料薄膜	农技人员	受灾面积	成灾面积	铁路里程	公路里程	耕地面积	农固投资
0.664	0.653	−0.228	−0.327	0.471	0.733	0.565	0.832	0.539

表 5-32 2011—2017 年内蒙古大豆产量与其影响因素相关关系

面积	单产	人均地区生产总值	农业人员	农机动力	有效灌面	化肥	用电量	柴油
0.562	0.189	−0.827	−0.223	−0.605	0.379	−0.363	−0.065	−0.592
农药	塑料薄膜	农技人员	受灾面积	成灾面积	铁路里程	公路里程	耕地面积	农固投资
−0.103	−0.429	0.428	0.282	−0.568	−0.161	0.101	−0.374	−0.302

从单产、播种面积等与大豆产量的回归结果看（见表 5-33），单产每公顷提高 1 千克，产量将平均增加 0.042 万吨；播种面积每增加 1 万公顷，大豆产量将平均增加 1.57 万吨；农机动力每增加 1 万千瓦，大豆产量将平均增加 0.082 万吨；用电量每增加 1 亿千瓦时，大豆产量将平均增加 5.61 万吨；人均地区生产总值每增加 1 元，大豆产量将平均增加 0.003 万吨；农技人员每增加 1 人，大豆产量将平均增加 0.003 万吨。从对大豆产量的影响程度来看，单产的影响最显著，剩下依次为用电量、农技人员、农机动力、播种面积和人均地区生产总值。

表 5-33 1978—2017 年内蒙古大豆产量与各因素的回归分析结果

解释变量	播种面积	单产	人均地区生产总值	农业人员	农机动力	有效灌面	化肥	用电量
截距项	4.03 (0.39)	29.01 (0.92)	71.68 (3.54)	−384.38 (−7.14)	39.56 (2.51)	−12.61 (−1.05)	42.79 (3.42)	44.38 (2.78)
斜率项	0.133 (7.99)	0.048 (7.64)	0.000 7 (1.39)	0.911 (8.64)	0.003 (3.42)	0.043 (8.12)	0.400 (4.08)	1.33 (3.32)
R^2	0.818	0.879	0.755	0.806	0.773	0.814	0.779	0.786
DW	2.137	1.454	1.904	1.378	1.784	1.79	1.86	1.897

表 5-33（续）

解释变量	柴油	农药	塑料薄膜	农技人员	受灾面积	成灾面积	农业固定资产投资	
截距项	77.91 (4.59)	74.63 (5.69)	79.95 (5.579)	75.54 (1.55)	116.22 (2.939)	109.32 (3.44)	92.19 (7.82)	
斜率项	0.524 (1.624)	15.58 (2.44)	0.000 5 (1.825)	0.000 9 (0.526)	−0.003 (−1.047)	−0.005 (−1.317)	0.027 (1.312)	
R^2	0.282	0.433	0.384	0.693	0.758	0.762	0.414	
DW	1.702	1.806	1.376 6	1.971	1.953	1.987	1.822	

注：括号内数字为 t 统计量。计算软件为 EVIEWS6.0，我们采用 Newey-west 稳健标准误方法进行回归，以消除序列相关的影响。

第四节　结论、讨论与建议

一、结论与讨论

通过全国及黑龙江、内蒙古两大主要产区的大豆生产实证分析，我们可以得到如下结论。

（一）大豆生产区域专业化水平有下降趋势

从我国大豆生产不同代表年份的产量集中度变化来看，1980 年以来，集中度居前 10 位的省（自治区、直辖市）的集中度总体来看呈下降趋势，由 1980 年的 83.40% 下降到 2013 年的 77.53%。从我国大豆生产不同代表年份的产量集中度与各类因素之间的相关关系来看，1980 年、1990 年和 2000 年的集中度与播种面积之间高度相关，相关系数均高于 0.98；与产量集中度相关系数较高的其他因素在不同时期有所不同，1980 年为净利润（0.500），1990 年为农技人员（0.587），但 2010 年和 2013 年，各省（自治区、直辖市）大豆生产集中度与各类因素均不存在较强的相关关系。

（二）产量增加主要依赖于播种面积

从全国和黑龙江、内蒙古的大豆发展情况看，产量的变化与播种面积的变化基本一致，但产量与各类因素之间的关系在不同时期有不同的表现（见表 5-34）。1978—1989 年，大豆产量与播种面积和单产高度相关；1990—2000 年，大豆产量与单产、化肥施用量具有较高的相关性；2001—2013 年，大豆产量仅与播种面积有较强的相关性；1978—2013 年，大豆产量主要与播种面积具有较强的相关性，其次为化肥施用量和人均耕地。

表 5-34　黑龙江、内蒙古在不同时期的大豆产量的主要影响因素对比

	1978—1989 年	1990—2000 年	2001—2013 年	1978—2013 年
黑龙江	播种面积(0.988) 单产(0.994)	单产(0.724) 化肥(0.712)	播种面积(0.655)	播种面积(0.787)、化肥(0.478)人均耕地(0.463)
内蒙古	单产(0.896) 农技人员(0.505)	播种面积(0.848) 化肥(0.672)	单产(0.865) 人均耕地(0.720)	有效灌面(0.838)化肥(0.822)

（三）科技进步对大豆产量贡献率低

从实证分析中可以看出，代表科技的农技人员与大豆产量集中度的相关性均很低，大豆产量只与播种面积相关性很强，表明我国的大豆产量严重依赖土地要素，而非科技进步。刘国民和崔宁波采用 Cobb—Douglas 生产函数和索洛方程两种方法测算，结果表明，1991—2005 年，科技对我国大豆产量的贡献率低于 20%，而"十五"末我国农业的科技进步贡献率已达 48%，因此依靠科技进步提高大豆单产水平的潜力巨大[21]。而且实践也已表明，我国非转基因大豆单产比美国、巴西等国的转基因大豆单产高出 1 倍以上[22]。但在过去比较长的时期内，大豆单产对大豆产量的影响并不是非常显著，而且只在某些时期有显著影响。这与我国大豆科研投入严重不足有关。在大豆育种科研投入方面，我国在"九五""十一五"投入的经费不到 4 000 万元和 500 万元，而美国孟山都公司每年用于育种研究的经费高达 4 000 万美元[23]。

（四）大豆生产成本高

与美国等发达国家相比，我国大豆生产以农户为单位，生产规模小，机械化水平低，导致生产成本居高不下[24]。大豆是一种土地密集型农产品，其他主要大豆生产国的总产量高主要是因为其耕地面积多，体现的是规模经济。美国大豆的生产优势主要是规模大、机械化程度高、种植与管理技术先进，因此单位产量的成本较低[25]。由于生产技术落后，我国大豆产量的增加主要依赖扩大播种面积，因此在生产成本高、效益低的情况下，农户就会选择放弃种植大豆。从表 5-35 可以看出，1990—2003 年，每亩大豆的生产成本提高了131.87%；2003—2013 年，每亩大豆的生产总成本提高了 145.58%。还可以看出，我国种植大豆的收益很低，2013 年全国平均每亩的净利润只有 33.68 元。随着收益的下降，大豆种植面积也大幅度较少。2010—2013 年，全国平均每亩大豆的净利润下降了 78.29%，大豆播种面积减少了 1 725.3 千公顷。

表 5-35 1990—2013 年我国大豆生产成本与收益情况

单位：元/亩

年份	生产成本	减税纯收益	年份	总成本	净利润
1990	71.74	50.22	2003	254.65	111.73
1995	148.41	154.73	2005	270.54	81.48
2000	152.23	86.32	2010	431.20	155.15
2003	166.34	168.35	2013	625.90	33.68

资料来源：《全国主要农产品成本收益汇编》。

（五）大豆进口失序

改革开放后，随着人口的不断增加和生活水平的大幅度提高，我国对大豆的需求不断增加，但大豆产量没有实现同步增长，外加生产成本高，品质较差，特别是出油率较低，进口量猛增，导致自给率直线下降。1995 年之前，我国大豆完全自给；1996 年我国放开大豆市场，当年的大豆自给率迅速下降到 77%；2000 年大豆自给率更下降到 58%；2001 年后，我国大幅度削减了大豆类商品关税，大豆等商品进口量猛增。2002 年，我国大豆进口量超过国内自产量，此后进口量飞速增加；2013 年，我国大豆自给率下降到 20%。大豆进口量猛增，虽然有需求增多、供给不足等原因，但更关键的是进口政策的影响，进口门槛很低。我国加入 WTO 后，大豆进口只征收 3% 的关税，豆粕为 5%，同时逐步增加关税配额，2006 年后则取消关税配额，只征收 3% 的单一关税。进口门槛的大幅度降低使进口大豆及大豆制品的价格远低于国内价格，有的年份甚至低于国内的生产成本[26]。2007 年我国还实行了 3 个月的 1% 的大豆进口关税政策。因此，进口大豆对国内大豆生产造成了打击，并形成了循环：由于进口大豆价格低、出油率较高，榨油企业选择进口大豆，国内大豆市场萎缩，受此打击，国内大豆种植面积大幅度减少，产量减少，进口又大幅度增加[27]。

（六）政策支持力度与补贴不足

随着我国大豆进口量猛增，压缩国内大豆市场的一个重要原因是政策缺失。2000 年之前，我国外贸实行计划管理，政府能够通过国有贸易公司调控进口量，使进口量不至于失控并冲击国产大豆市场[28]。

为了鼓励高含油大豆生产，保护农户利益，促进大豆生产，我国政府于 2002 年开始实施"大豆振兴计划"，并以财政补贴推动东北四省（自治区）的大豆良种推广，当年中央财政安排 1 亿元资金，补贴了 100 万亩；2003 年，农业部制订了《东北高油大豆优势区域发展规划》和《中国大豆品质区划》，2003 年高油大豆良种推广面积达到 2 000 万亩，补贴 2 亿元[29]；2008 年，良种补贴面积扩大到 4 000 万亩，补贴资金增加到 4 亿元[30]。同时我国还开展了油料生产险试点，并加大对农机具的购置补贴，对油料生产大县给予奖励。对于大豆种植户，各省一般的补贴标准为每亩 10 元。2008 年 8 月，国家发改委发布《关于促进大豆加工业健康发展的指导意见》，商务部也制定了《大宗农产品进口报告和信息发布管理办法》，提出了一些扶持大豆产业的政策措施[31]。2009 年大豆良种补贴在主产区实现全覆盖[32]。虽然我国对大豆生产进行了补贴，但由于化肥、柴油等生产资料价格大幅度上涨，劳动力成本不断提高，大豆生产成本不断攀升，基本抵消了补贴的效果，大豆生产的积极性仍然不高，进口量仍然突飞猛进。

（七）转基因大豆肆虐

在我国大豆面临危机的情况下，很多专家学者认为，因为我国生产的是非转基因大豆，因此品质比美国、巴西等生产的大豆差，表现为出油率低、单产低、生产成本高、经济效益低、国际竞争力低下。从前面的分析可以看出，我国的大豆单产水平与美国等差异并不大。很多专家也认为，由于我国没有及时研发转基因大豆，国内大豆产品加工已为跨国公司所主宰[33]。但从实际情况来看，大豆及其制品进口量的迅速增加，大部分大豆产品加工业被跨国公司控制，是源于过度开放。过度开放导致大豆及其制品被无限制地进口，德国经济学家李斯特《政治经济学的国民体系》一书中就做过精辟的研究，提出了生产力理论，为在国际贸易中保护幼稚工业奠定了理论基础，并成为他论证保护贸易政策必要性的最有力依据[34]。关于转基因大豆问题，在没有充分的安全实验的情况下，贸然推广，导致的灾难是难以估计的。转基因大豆可能危害生态安全，会使我国的大豆种质资源受到污染而消失，转基因大豆还可能逃逸为抗除草剂的超级杂草[35][36]。

二、建议

面对目前我国大豆生产、大豆产业发展面临的危机，很多专家学者都提出很多好的建议。中国大豆产业协会会长万宝瑞认为我国大豆产业发展的根本出路在于"四化"，他提出的"四化战略"是组织化、特色化、科技化和产业化[37][38]。我们认为这是完全正确的建议，首先，我国大豆产业发展的当务之急是要加大生产补贴力度，稳步扩大大豆播种面积，提高总产量；其次，我们通过提高科研水平，不断提升大豆的品质，尤其是提高出油率。此外，我们还要加快主产区农村土地流转，大力推进家庭农场等规模化经营，以促进大豆生产的机械化，降低生产成本。

（一）加大补贴力度，稳定大豆生产

根据前面的分析，目前对我国大豆产量影响最显著的因素是播种面积，其次是化肥施用量等要素的投入；对大豆生产成本影响比较大的是劳动投入[39]。在单产水平、技术条件一定的情况下，播种面积的增加对大豆总产量的增加具有立竿见影作用。为了有效地激励农户种植大豆，我们需要政府政策的大力支持，更需要加大对种植大豆农户的财政补贴力度。从以往的良种推广补贴情况看，补贴标准还是太低，2006—2008 年每亩补贴仅为 10 元。提高补贴的另一个好处是，可以激励农户加快承包地流转，为规模化种植、机械化生产提供条件。

从美国的经验和做法来看，美国大豆的竞争力与其规模化、专业化和机械化生产方式相关，因而大豆的劳动生产率也很高，但美国大豆竞争力的一个很重要的来源就是补贴。美国的补贴是依法补贴，金额较高。美国为了提高大豆在国际市场上的竞争力，根据国会批准的《1996 年联邦农业完善与改革法》，实行长期的价格补贴政策，成为推动大豆价格大幅走低的因素之一[40]。根据《2008 年食品、水土保持和能源法》，2008—2009 年在目标价格为 5.80 美元/蒲式耳的基础上，美国对大豆生产继续给予 0.44 美元/蒲式耳的直接补贴，2010—2012 年目标价格定位 6.00 美元/蒲式耳，2008—2012 年美国农业部提供的无追索贷款为 5.00 美元/蒲式耳[41]。1995—2002 年，美国政府对大豆的补贴额高达 110 亿美元，补贴的项目包括贷款差价补贴、油子项目补贴、直接支付和反周期补贴、农场经营补贴和商品证书计划。美国从 1973 年开始实施目标价格补贴，从而给美国农业创造了良好的发展条件。而我国自 2014 年才开始实施目标价格。根据国家发展改革委、财政部、农业部联合发布的文件，2014 年大豆目标价格为每吨 4 800 元。按 2012 年亩产计算，每亩的销售收入为 580 元，仍然不足以弥补生产成本。根据苗水清、程国强等的研究，从 1998 年开始美国大豆的单位生产成本已经高于其单位收入，政府补贴是维持美国大豆生产的重要因素[42]。

在目前情况下，我国应增加补贴金额，提高补贴标准，保障生产农户的经济收入达到某一个标准。农户的经济收入至少达到社会平均收入水平，才能有效地激发起农户种植大豆的积极性，从而扩大种植面积，提高大豆栽培、管理技术水平。因此，为了增加我国的大豆产量，我们还需要大幅度提高补贴标准。在具体实施补贴时，我们应该与规模化、专业化、专门化（某一特定用途大豆生产）相结合，实施补贴时应该区分专业化生产地区与非专业化生产地区，即以种植面积和产量相结合，专业化生产区域的补贴标准应该比非专业化生产区域高很多，或者只对生产大豆具有明显优势的东北地区、黄淮海地区的生产农户进行补贴，或者像美国那样，补贴标准以大豆生产成本加合理利润为目标。我们应通过提高补贴标准和加快土地流转等方式，促进大豆的规模化、区域专业化生产。

（二）加大大豆科研投入，提升大豆全产业链的效率

我国对农业科研的投入严重不足，对大豆的科研投入不足更显得突出，这是我国大豆产业发展陷入困境的一个重要原因。由于科研投入不足，大豆优良品种的培育投入更少，所以大豆单产低、品质不高、出油率不高[43]。另外，我国的大豆科研仅限于大豆种植。我们认为，在大豆科研方面应该与大豆产业链发展相配套，提升大豆产业链的发展水平。大豆产业包括种子、栽培与管理方法、化肥、农药、田间生产机械与加工机械等。

增加大豆科研投入，首先，我们要增加良种培育的科研投入，不断改善大豆的品质，努力提高大豆出油率，但良种培育不能只盯住转基因，需要用非转基因的方法如杂交方法等改良大豆品质[44]。我国已经培育出高产非转基因大豆品种，如"中黄35"的亩产达311.8千克，"金张掖"的亩产高达436.8千克，"张豆1号"在推广区的亩产达324千克[37]。这些大豆品种的单产比美国等国家或地区高出1倍多，因此大豆育种并不是非要转基因不可。其次，我们要加强对大豆种植、栽培、田间生产管理方法及化肥、农药等方面的科研投入，加大田间试验力度，提高大豆种植、栽培、田间生产管理技术与水平。我国现有的一些新栽培技术要比常规技术增产10%~30%，如"三垄"栽培技术可增产10%，窄行密植技术可增产20%，行间覆膜技术可增产30%以上[45]。另外，我们要结合不同地区、不同品种的大豆生产，研发与当地大豆品种相适应的化肥、农药，提高化肥、农药对单产的提升作用。第三，我们要加强大豆生产机械的研发力度，提高大豆种植、栽培、管理、收获等方面的机械化水平，提升劳动生产率，降低生产成本，提高大豆种植农户的经济效益[46]。最后，我们要以农民专业合作组织为纽带，提高大豆种植农户、大豆加工企业之间的组织化水平，加强大豆科研、技术推广与农户之间的融合度，加快大豆技术及时、有效转化速度，加强大豆全产业链的整合能力和联动能力，促进大豆产业的整体效益的提高。

参考文献

[1] 曾经那么多的中国豆都去哪儿了？[EB/OL].（2019-08-30）[2020-

08-30].china.com.cn/internationa//txt/2010-03/12/content_19592497.htm.

[2] 刘登高. 国产大豆陷入空前危局 [J]. 农产品市场周刊, 2010 (12): 40-42.

[3] 王春雨. 中国大豆产业面临生死存亡之战 [J]. 半月谈, 2010 (18).

[4] 张振铎. 大豆锈病抗病品种筛选及基于 CLIMEX 的发病适合区评估 [D]. 北京: 中国农业大学, 2005.

[5] 张玉梅, 张忠斌, 马晓红, 等. 栽培方式对菜用大豆农艺性状的影响 [J]. 上海交通大学学报, 2007, 25 (5): 459-462.

[6] 王金陵. 中国大豆栽培区域分化之初步研讨 [J]. 农报, 1943: 282-285.

[7] 吉林省农业科学院. 中国大豆育种与栽培 [M]. 北京: 农业出版社, 1987.

[8] 盖钧镒, 汪越胜. 中国大豆品种生态区域划分的研究 [J]. 中国农业科学, 2001, 34 (2): 139-145.

[9] 汪越胜, 盖钧镒. 中国大豆品种生态区划的修正Ⅱ. 各区范围及主要品种类型 [J]. 应用生态学报, 2002, 13 (1): 71-75.

[10] 苏慧. 流通对中国大豆竞争力影响的实证研究: 以黑龙江省为例 [D]. 北京: 中国农业大学, 2005.

[11] 杨加银. 黄淮地区高油大豆育种目标与育种技术商榷 [J]. 种子, 2007, 26 (6): 72-74.

[12] 国务院发展研究中心 "中国大豆问题研究" 课题组. 对中国大豆生产. 消费和市场问题的研究 [J]. 经济研究参考, 2000 (19): 18-22.

[13] 龙开胜, 陈利根, 顾忠盈, 等. 我国大豆产业发展的现状、危机与对策 [J]. 乡镇经济, 2009, 25 (3): 27-31.

[14] 非转基因高产大豆新品种 "张豆 1 号" 在张掖市顺利通过国内专家鉴定[EB/OL]. (2013-12-01) [2020-08-30]. http://www.szhgh.com/article/transgenes/201312/38561.html.

[15] 王建. 亩产 447.47 公斤! 国产大豆单产创新纪录[EB/OL].(2019-11-07) [2020-08-30].http://www.xinhuanet.com/2019/11/07/c_1125204499.htm.

[16] 芦玉双. 现状·发展战略·对策: 对黑龙江省大豆产业的思考 [M] //夏友富, 等. 中国大豆产业发展研究 21 世纪中国大豆产业发展研讨会论文集. 北京: 中国商业出版社, 2003.

[17] 梁实. 坚守龙江天然大豆仅有 "净土" 承载中国豆业振兴梦想 [J]. 黑龙江粮食, 2014 (5): 12-14.

[18] 中国产业信息. 2018 年黑龙江大豆产量、种植面积及价格走势分析 [EB/OL]. (2018 - 06 - 09) [2020 - 08 - 30]. http://www.chyxx.com/industry/201806/648116.html.

[19] 央广网. 黑龙江启动 2018 年玉米和大豆生产者补贴资金发放工作 [EB/OL]. (2018 - 11 - 07) [2020 - 08 - 30]. https://baijiahao.baidu.com/s? id = 1616461214128829465&wfr = spider&for = pc.

[20] 专家：内蒙古赤峰西辽河上游地区曾率先种植大豆 [EB/OL]. (2015 - 01 - 16) [2020 - 08 - 30]. http://culture.people.com.cn/n/2015/0116/c172318 - 26398592.html.

[21] 杨红旗, 郝仰坤. 我国大豆产业回顾、现状与发展对策 [J]. 广东农业科学, 2010 (1): 188-191.

[22] 蒋高明. 中国科学家培育出非转基因大豆品种：产量是转基因大豆的两倍 [EB/OL]. (2013 - 12 - 02) [2020 - 08 - 30]. http://www.moeeom.com/mm9542611ee9113.html.

[23] 刘国民, 崔宁波. 我国大豆技术进步贡献率的测定与分析 [J]. 学术交流, 2008 (12): 129-132.

[24] 丁明. 促进我国大豆产业发展的补贴政策选择 [J]. 时代经贸, 2009 (7): 37-39.

[25] 章平. 中国大豆产业发展前景分析 [D]. 北京：对外经济贸易大学, 2007.

[26] 詹秀梅, 史平平. 产业内贸易在我国农产品：大豆的启示 [J]. 现代商业, 2008 (18): 43-44.

[27] 毛一凡. 进口大豆对中国大豆产业链的影响研究 [D]. 郑州：河南工业大学, 2013.

[28] 季壹红. 中国大豆产业发展研究：基于国际竞争力的分析 [D]. 上海：上海财经大学, 2007.

[29] 杨勇. 中国大豆产业路在何方 [J]. 农产品市场周刊, 2006 (30): 10-13.

[30] 赵崇平, 蔡湘. 农作物良种补贴政策简要解读 [J]. 农技服务, 2014, 31 (6): 4.

[31] 王鹏. 透析大豆定价新模式 关注我国大豆产业安全 [J]. 粮油食品科技, 2010, 18 (6): 56-59.

[32] 降蕴彰. 体制创新是大豆产业发展方向：专访中国大豆产业协会会

长万宝瑞 [J]. 农经, 2009 (8): 10-12.

[33] 周润健, 张泽伟. 我国未及时研发转基因大豆教训深刻 [N]. 经济参考报, 2009-07-24.

[34] 刘智聪. 邓小平与李斯特市场经济理论的哲学比较 [J]. 保定: 河北大学, 2010.

[35] 王雪尽. 我国大豆产业的危机及对策 [J]. 经济问题, 2010 (1): 81-86.

[36] 顾秀林. 转基因战争: 21 世纪中国粮食安全保卫战 [M]. 北京: 知识产权出版社, 2011.

[37] 万宝瑞. 大豆四化 [EB/OL]. (2010-07-28) [2020-08-30]. http://www.chinavalue.net/Biz/Article/2010-7-28/192100.html.

[38] 万宝瑞. 振兴我国大豆产业的根本途径 [J]. 求是, 2010 (9): 30-32.

[39] 冯良宣, 李雅坤, 田云. 中国大豆产出增长的要素贡献率测度与分析 [J]. 天津农业科学, 2011, 17 (4): 82-86.

[40] 王长梅. 影响大豆期货价格的主要因素 [J]. 饲料广角, 2005 (16): 21-22.

[41] 李超民. 美国大豆消费结构变化的影响与展望 [J]. 农业展望, 2008, 4 (10): 24-27.

[42] 程国强. 美国大豆补贴政策及其影响 [J]. 调查研究报告, 2005 (199): 1-19.

[43] 魏沛. 中国大豆: 十载巨变 泥泞前行 [J]. 饲料广角, 2006 (11): 18-19.

[44] 杨辉, 孙博洋, 张永强. 基于 SWOT 分析范式的大豆产业发展及推进问题研究: 来自黑龙江的实证个案解析 [J]. 大豆科技, 2012 (2): 50-55.

[45] 刘春生. 克山县主推大豆品种栽培技术试验示范 [J]. 农业科技通讯, 2009 (6): 85-87.

[46] 宋秀娟, 崔宁波. 国产大豆成本收益情况调查分析 [J]. 黑龙江粮食, 2015 (2): 24-26.

第六章　油菜籽区域专业化发展与空间变化

油菜籽是我国居民食用植物油的主要来源，在居民生活中占有极为重要的地位。油菜籽是十字花科作物油菜的果实，油菜角果较长，结荚多，粒本饱满。油菜籽中油脂的含量为 37.5%~46.3%。根据油菜的类型不同，其油脂含量略有不同。油菜是中国主要油料作物和蜜源作物之一，其籽粒是制浸油脂原料主要品种之一。人体对菜籽油的吸收率很高，可达99%。菜籽油具有一定的软化血管、延缓衰老的功效。由于榨油的原料是植物的种实，会含有一定的种子磷脂，对血管、神经、大脑的发育十分重要。菜籽油的胆固醇很少或几乎不含，因此控制胆固醇摄入量的人可以放心食用。菜籽油是一种芥酸含量特别高的油，是否会引起心肌脂肪沉积和使心脏受损尚有争议，因此有冠心病、高血压的患者应当注意少吃。中医理论认为，菜籽油味甘、辛，性温，可润燥杀虫、散火丹，消肿毒[1]。

菜籽油是我国居民主要的传统食用油。近年来，随着中国人口的迅速增长和经济的持续发展，我国居民对食用植物油的需求量和消费量逐年递增，食用植物油自给率严重不足，造成中国对国际油料市场的依赖性日益增强。1980年，我国进口食用植物油的数量为 9.2 万吨，到 2018 年增加到了 808.7 万吨，增长了 86.90 倍；大豆的进口数量 1980 年为 56.5 万吨，到 2018 年增加到了 8 803.1万吨，增长了 154.81 倍。2017 年我国进口油菜籽达 480 万吨，未来最高可进口到 600 万吨，世界市场上每年可供进口的油菜籽约 1 600 万吨，中国已经进口了 40%左右，已是极限。因此加快我国油菜籽产业发展是大势所趋，具有战略上的紧迫性。

油菜是我国最重要的油料作物之一，同时也是我国提高植物油自给率最具优势的油料作物，因此，进一步发展油菜生产是解决我国食用油供需矛盾和保障我国食用油安全的重要途径。油菜的种植和生产对促进我国食品加工业和养殖业的发展及保障我国食用植物油的有效供给，也具有重要和深远的影响。

第一节　我国油菜籽生产情况

我国是世界上种植油菜历史最悠久的国家，油菜栽培遍及我国各地，分为冬油菜和春油菜两种。2017年，油菜种植面积占我国油料作物总面积的50.89%，产量占我国油料总产量的38.68%。

目前全球的油菜品种主要有三大类，即芥菜型油菜（大油菜）、白菜型油菜（北方小油言菜）、甘蓝型油菜（胜利油菜）。白菜型油菜和芥菜型油菜原产地主要在中国和印度；甘蓝型油菜的原产地在欧洲，16世纪才开始采籽榨油，中国1940年先后从日本和欧洲引入。在印度，油菜的种植历史有4 000年以上。我国种植油菜的历史始于汉代，至今已有2 000多年。公元6世纪，贾思勰在《齐民要术》中总结了我国古代栽培春播油菜的技术和经验，是世界最早的油菜栽培技术资料。宋代苏颂等编著的《图经本草》，第一次使用"油菜"这个名称，在此之前，油菜被称作芸苔或胡菜。我国油菜种植区域的变迁是由西北逐步向南方扩散[1]。

从全球看，油菜籽种植在维度北纬29°至北纬33°，我国油菜籽种植区域主要是长江流域。根据资源状况、生产水平和耕作制度，农业部将长江流域油菜优势区划分为上、中、下游三个区，并在其中选择优先发展地区或市县。其主要条件是：油菜种植集中度高，播种面积占冬种作物的比重分为上游区占30%以上、中游区占40%以上、下游区占35%以上；区内和周边地区有带动能力较强的加工龙头企业。

（1）长江上游优势区。该区域包括四川、重庆、云南、贵州。该区域气候温和湿润，相对湿度大，云雾和阴雨日多，冬季无严寒，利于秋播油菜生长。加之温、光、水、热条件优越，油菜生长情况较好，耕作制度以两熟制为主。该区2018年的油菜籽播种面积为2 222.5千公顷，油菜籽产量479.5万吨，面积、产量分别占全国的33.93%和36.10%。

（2）长江中游优势区。该区域包括湖北、湖南、江西、安徽和河南。该区域属亚热带季风气候，光照充足，热量丰富，雨水充沛，适宜油菜生长。该区域主要耕作制度分为：北部以两熟制为主，南部以三熟制为主。该区域是我国油菜籽种植面积和产量最集中的区域。该区域2018年种植油菜3 140.2千公顷，油菜籽产量601.9万吨，面积、产量分别占全国的47.94%和45.32%，是长江流域油菜面积最大、分布最集中的产区。

（3）长江下游地区。该区域包括江苏、浙江、上海。该区域属于亚热带气候，雨水充沛，日照丰富，光、温、水资源非常适合油菜生长。其主要不利因素是：地下水位较高，易造成渍害；土地劳力资源紧张——生产成本高。其耕作制度以两熟制为主。随着经济的发展，该区域油菜籽种植面积和产量不断减少。该区域2018年种植油菜266.1千公顷，油菜籽产量69.5万吨，面积、产量分别占全国的4.06%和5.23%，是长江流域菜籽单产水平最高的产区。

沿江地区由于气候、土壤的不同，油菜每年的收割时间不尽相同。长江上游地区要早于中游地区15天左右，中游地区比下游地区要早20天左右。长江下游地区正常年景在5月底6月初开始收割。一般情况下，长江上游地区油菜从收割到批量交易结束的时间是4月至6月，约90天时间；长江中游地区的油菜从收割到批量交易结束的时间是5月至6月，约60天时间；长江下游地区的油菜从收割到批量交易结束的时间是7月至8月初，约30天时间。

一、1949年之前我国油菜籽生产情况

白菜型油菜是由栽培白菜演化而来，古称"芸薹"，《夏小正》有"正月采芸，二月荣芸"的记述，也称胡菜，相传最初栽培于塞外芸薹戍，因而得名。油菜早期分布于北方，考古学家在陕西半坡新石器时代遗址里，发掘出在陶罐中的已经炭化的大量的菜籽，其中就有白菜籽或芥菜籽，碳14测定距今近7 000年。孙思邈说："陇、西、氐、羌中多种食之。"宋代《图经本草》说："始出自陇、氐、胡地。"《本草纲目》中说："羌、陇、氐、胡，其地苦寒，冬月多种此菜，能历霜雪，种自胡来，故服虔《通俗文》谓之'胡菜'。"这说明今青海、甘肃、新疆、内蒙古等西北一带，是油菜最早的分布地区。

芥菜型油菜则是从芥菜演化而来，长沙马王堆汉墓已有保存完好的芥菜籽，《齐民要求》中始有关于芥菜型油菜的记述，《名医别录》中谈到芥菜型油菜有"青芥、紫芥、白芥、南芥、旋芥、花芥、石芥"7个品种。

在长期种植和食用过程中，人们发现油菜籽中含有较多的油分，逐渐将油菜从菜用转为蔬、油兼用，唐代《本草拾遗》见其种子榨油的最早记载，《图经本草》才正式称它为油菜，并列入油料作物，正反映了这一作物利用目的的改变，说它"出油胜诸子，油入蔬清香，造烛甚明，点灯光亮，涂发黑润，饼饲猪亦肥。上田壅苗堪茂，秦人名菜麻，言子可出油如脂麻也"。这说明菜籽油的多种用途，饼粕还可以作肥料。

宋代，人们开始在江南种植油菜，并利用冬闲稻田进行栽培。元代《务本新书》已有稻田种油菜的明确记载。明、清时期，人们进一步认识到利用

冬闲稻田栽培油菜，不仅能提高土地利用率、获得油料，还有培肥田土、促进粮食增产的作用。15世纪江南地区创造了油菜育苗移栽技术（《便民图纂》），解决了油菜与水稻轮作换茬季节紧张的矛盾。因而油菜在长江流域迅速发展，清末《岗田须知》记载："沿江南北农田皆种，油菜七成，小麦三成。"总之，中国油菜栽培是从小面积上"供作蔬茹"逐步发展到"采苔而食"，直至"亦得取子"榨油，始种于北方旱作区，尔后渐次扩展到江南稻区，后发展形成了我国以黄河流域上游为中心的春油菜区和以长江流域为中心的冬油菜区。

中国古代栽培油菜，最初用的是"漫撒"的直播法，到清代中叶，又出现了点直播栽培。据《齐民要术》称，黄河流域做菜用的油菜因"性不耐寒，经冬则死，故须春种"，长江流域则可冬播。稻田种油菜多行垄作，以利排水。明代从直播发展到育苗移栽，并采用了摘薹措施，《农政全书》中总结的"吴下人种油菜法"，集中地反映了当时已相当精细的栽培技术，包括播前预制堆肥、精细整地和开沟作垄、移栽规格、苗期因地施肥、越冬期清沟培土、开春时施用薹肥和抽薹时摘薹等。《瞿仙神隐书》提出油菜入冬前要锄地壅根，抗寒防冻，若"此月（十一月）不培壅，来年其菜不茂"。《便民图纂》提出春季正值油菜生长期，要"削草净，浇不厌频，则茂盛"，油菜摘心是较为重要的技术措施，"去薹则歧分而结子繁，榨油极多"。油菜要适时收获，可利用其后熟作用，诚如《三农纪》载"获宜半青半黄时，芟之候干""收获宜角带青，则子不落；角黄，子易落。对日芟收易耗，须逢阴雨月夜收，良"。油菜的产量，据宋应星描绘，亩收约一二石，出油率为30%~40%。

二、1949—2018年我国油菜籽的产量情况

1949年，我国油菜籽产量为74.31万吨。1949—2017年，油菜籽产量最低产量为1960年的38万吨，最高产量为2014年的1 391.4万吨。1949—1958年，油菜籽产量大致呈现递增趋势，1958年产量增加到99.9万吨，比1949年增长了36.10%。此后油菜籽产量又开始下降，到1965年才超过1958年水平，达108.9万吨，但到1970年又下降到96.5万吨，1971年进入百万吨生产水平后一直维持到1978年。改革开放后，油菜籽产量呈现连续跨越式发展阶段，1979年油菜籽产量达到240.2万吨，1981年超过400万吨，达到406.5万吨，1987年跨入600万吨级别，达到660.5万吨，1995年达977.7万吨，1999年超过千万吨，达1 013.2万吨，从此开启千万吨发展阶段，到2018年油菜籽产量达1 328.12万吨。

由图 6-1 可知，改革开放前，我国油菜籽产量变化不大，改革开放后，一直呈现小幅波动的增长趋势。1949—2018 年，油菜籽产量增长了 16.87 倍，年均增长率达到 4.22%。其中，1949—1978 年，油菜籽平均年产量为 99.2 万吨，年均增长 3.27%；1978—2018 年，油菜籽产量增长了 6.11 倍，年平均产量为 918.10 万吨，年均增长 4.90%。

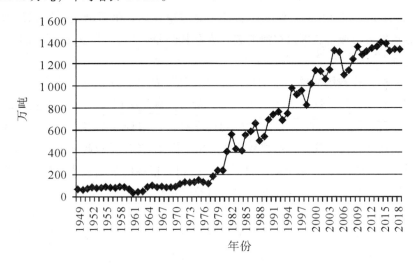

图 6-1　1949—2018 年我国油菜籽产量增长情况

从播种面积来看，1949—1978 年，我国油菜播种面积由 1 515 千公顷增加到 1978 年的 2 217.5 千公顷，其中播种面积最高年份为 1975 年，达 2 323.1 千公顷，最低为 1968 年，仅为 738.1 千公顷，平均为 1 813.5 千公顷。1978—2018 年，油菜播种面积由 2 599 千公顷增加到 2017 年的 6 550.61 千公顷，其中最高年份为 2000 年，达 7 494 千公顷，最低为 1978 年，仅为 2 599 千公顷，平均为 5 909 千公顷。由图 6-2 可知，改革开放前，油菜播种面积变化不大，改革开放后，一直呈现增长趋势，自 2010 年以来，呈现逐年减少趋势。

三、我国油菜籽产量在全球的地位

20 世纪 50 年代之前，亚洲是全球油菜的集中种植区和主产区，亚洲油菜籽产量占世界总产量的 95% 左右，其中我国油菜籽产量占世界总产量的比重超过 60%，位居第一位；印度位居第二位，占世界总产量的 30% 左右。20 世纪 50 年代以来，世界油菜种植布局发生了很大变化，美洲、欧洲、非洲及大洋洲的部分国家开始大量种植油菜。目前世界五大洲都有油菜种植，世界油菜籽主产国除我国外，还有加拿大、印度、澳大利亚、巴基斯坦、美国、德国、法

图 6-2 1949—2018 年我国油菜籽播种面积变化情况

国、英国、波兰等，最近几年乌克兰和俄罗斯也成为世界油菜籽主产国。

从全球范围看，在 1995 年之前，全球油菜籽产量最多的是加拿大，之后则是我国一直占据全球油菜籽产量第一的位置。从我国油菜籽产量在全球所占的比重来看，1949 年为 14.98%，在 1982 年之前大致呈现增长趋势，到 1982 年达到历史最高的 37.55%，1983 年开始呈现下降趋势，到 2017 年下降到 17.41%（见图 6-3）。

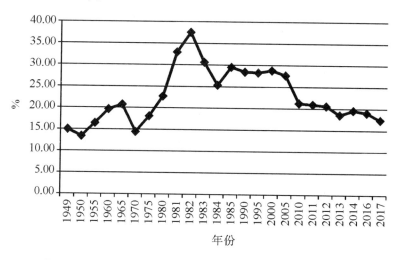

图 6-3 1949—2017 年我国油菜籽产量占全球比重变化趋势

从我国油菜播种面积占全球比重看，与产量占比大体一致，由 1949 年的 16.98% 提高到 1982 年的 31.98%，1983 年之后呈现下降趋势，到 2017 年下降到 19.15%（见图 6-4）。除个别年份外，播种面积占比均高于产量占比，表明我国油菜籽产量与油菜播种面积是直接相关的。从我国油菜籽单产水平与全球平均水平比较来看，除 1981—1984 年等少数年份外，我国油菜籽单产水平均低于全球平均水平。但 20 世纪 90 年代中期以来，我国单产水平基本接近全球平均水平，但近年来差距又有所扩大（见图 6-5）。从表 6-1 可以看出，1949 年以来，我国油菜籽的单产水平增长较快，2017 年单产为 1949 年的 3.12 倍，而 2017 年全球平均水平为 1949 年的为 4.00 倍。我国油菜籽单产水平高于加拿大等国，直追全球平均水平，到 2010 年，我国单产水平与全球平均水平的差异缩小到 10 千克，但到 2017 年又扩大到近 200 千克，与油菜籽生产先进国家的单产水平差距加大。2017 年，我国油菜籽单产水平比加拿大低 530.79 千克，比德国低 1 459.79 千克，比法国低 1 697.79 千克，我国的油菜籽单产水平仅为法国、德国的一半。

图 6-4　1949—2017 年我国油菜籽产量和油菜播种面积占全球比重

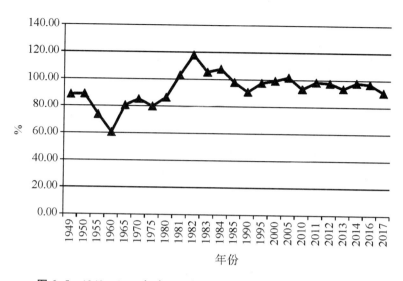

图 6-5　1949—2017 年我国油菜籽单产水平与全球平均水平比较

表 6-1　1949 年以来主要年份我国与全球及个别国家油菜籽单产水平比较

单位：千克/公顷

年份	全球	中国	加拿大	德国	法国
1949	547.5	484.54	998	—	1 230
1950	540.0	479.85	—	—	1 103
1955	562.5	414.65	525	—	1 485
1960	510.0	309.02	—	—	1 448
1965	742.5	597.38	—	—	1 928
1970	780.0	664.12	—	—	1 755
1975	832.5	663.74	998	—	1 620
1980	969.0	838.13	1 194	—	2 794
1985	1 272.0	1 247.6	1 251	—	2 991
1990	1 390.0	1 264.32	1 291	2 891	2 907
1995	1 449.0	1 415.49	1 221	3 182	3 228
2000	1 529.0	1 518.58	1 483	3 899	3 287
2010	1 872.0	1 747.97	1 865	4 287	3 286
2017	2 195.0	1 995.21	2 526	3 455	3 693

资料来源：历年国际统计年鉴和中国农村统计年鉴。

第二节 我国油菜籽主产区的空间变化

一、改革开放之前中国油菜籽生产布局变迁的特征

(一) 油菜籽产量集中度的变化

我国的油菜种植区域虽然是由西北向南方转移的,但到1949年,我国油菜种植主要以南方为主,在油菜籽产量集中度位列最高的10个省(市)中,南方省(市)有6个,合计集中度为41.12%,到1978年,则增加到9个南方省(市),合计集中度为79.33%。从油菜籽产量集中度前10个省(市)的合计情况看,合计集中度呈现先下降然后上升的特点,1949年合计集中度为64.36%,1955年下降到48.08%,到1978年上升到83.3%,呈现较高的集中趋势(见表6-2)。从前10个主产省(市)集中度的变化情况看,1949—1978年,江苏、上海和河南呈现下降趋势,特别是上海和江苏,分别下降了6.75和3.36个百分点,而四川、浙江、湖南、安徽等省份有很大提高(见表6-2)。青海虽然下降不多,由1949年的2.44%下降到1978年的2.25%,但到1978年已不在前10个主产省份之列;湖南、湖北、贵州三省到1970年还未进入10大产区之列,但1978年的产量集中度就分别达到了7.98%、5.61%和3.91%;江西的变化不大,大部分时间处于第10位(见表6-3)。

表6-2 1949—1978年主要年份油菜籽产量最大的10省(市)集中度变化

单位:%

1949年		1950年		1955年		1960年		1970年		1978年	
江苏	14.40	山东	10.91	安徽	7.40	河南	10.42	上海	10.43	四川	20.47
上海	12.91	河南	9.80	上海	6.87	上海	9.83	安徽	6.47	浙江	11.09
山东	10.01	上海	7.54	山东	6.54	安徽	6.51	河南	6.25	江苏	11.04
河北	5.68	江苏	5.65	江苏	6.36	山东	5.91	江苏	4.91	安徽	9.43
河南	5.11	云南	5.57	河南	5.68	江苏	4.69	河北	4.43	湖南	7.98
云南	4.45	安徽	5.45	四川	5.44	青海	3.80	山东	4.09	上海	6.16
安徽	3.81	河北	4.54	河北	3.12	四川	3.24	云南	3.02	湖北	5.61
四川	3.13	四川	3.75	青海	2.98	云南	2.52	四川	2.80	河南	3.97
青海	2.44	江西	3.05	陕西	2.23	河北	2.42	陕西	2.26	贵州	3.91
江西	2.42	青海	2.93	云南	1.46	江西	0.67	青海	2.15	江西	3.64
合计	64.36	合计	59.19	合计	48.08	合计	50.01	合计	46.81	合计	83.3

表 6-3　1949—1978 年产量最大的 10 省（市）油菜籽产量集中度变化

单位:%

四川	浙江	江苏	安徽	湖南	上海	湖北	河南	贵州	江西
17.34	10.00	-3.36	5.62	7.68	-6.75	5.04	-1.14	3.91	1.22

（二）油菜播种面积集中度的变化

从油菜播种面积看，1949—1978 年，播种面积最大 10 省（区、市）的合计集中度呈现小幅度下降趋势，由 1949 年的 75.65% 下降到 1978 年的 69.45%，下降了 6.2 个百分点，但均以南方省（区、市）为主。1949 年，油菜播种面积位列 10 省（区、市）之列的南方省（区、市）有 8 个，到 1978 年则为 9 个。从 10 个主产区的油菜播种面积变化情况看，四川的油菜播种面积集中度排名且一直占据第一位，河南在 1955 年后、陕西和上海在 1978 年均已不在 10 省（区、市）之列，青海、甘肃和新疆则是在某年位列 10 省（区、市）之列，随后退出了 10 个主要省（区、市）之列（见表 6-4）。1949—1978 年，油菜播种面积集中度下降的有浙江、安徽、四川、江西和江苏，合计下降了 14.3 个百分点；播种面积集中度提高的有贵州、湖北、湖南、新疆和云南，合计增加了 18.89 个百分点（见表 6-5）。

表 6-4　1949—1978 年主要年份油菜播种面积最大的
10 省（区、市）播种面积集中度变化　　　单位:%

1949 年		1950 年		1955 年		1960 年		1970 年		1978 年	
四川	14.95	四川	15.93	四川	16.85	四川	14.90	四川	18.90	四川	11.54
安徽	13.06	湖南	9.68	江西	11.76	江西	10.13	江西	11.58	湖南	9.01
浙江	11.62	江西	8.90	湖南	9.23	湖南	9.10	湖南	8.43	安徽	8.88
江西	7.99	浙江	8.20	安徽	8.43	云南	8.20	云南	7.08	贵州	7.23
湖南	6.60	江苏	6.82	云南	7.53	安徽	7.54	浙江	7.48	浙江	6.76
江苏	6.59	陕西	6.68	浙江	6.92	浙江	7.28	安徽	5.91	江西	6.71
陕西	5.59	安徽	5.60	江苏	4.39	江苏	4.58	江西	5.76	湖北	6.36
河南	3.49	云南	4.17	陕西	2.73	青海	2.91	上海	3.49	江苏	6.00
云南	3.36	河南	4.01	河南	2.56	陕西	2.76	陕西	3.46	新疆	3.50
上海	2.40	上海	2.50	上海	1.72	甘肃	2.33	青海	2.62	云南	3.46
合计	75.65	合计	72.49	合计	72.12	合计	69.73	合计	74.71	合计	69.45

表 6-5　1949—1978 年油菜播种面积最大的 10 省（区、市）播种面积集中度变化

单位:%

四川	湖南	安徽	贵州	浙江	江西	湖北	江苏	新疆	云南
-3.41	2.41	-4.18	7.23	-4.86	-1.28	5.65	-0.59	3.50	0.10

二、改革开放以来中国油菜籽生产布局变迁的特征

（一）油菜籽产量集中度的变化

改革开放以来，我国油菜籽总产量得到了很大的提高，油菜籽产量集中度位居前 10 位的主产省（区、市）合计油菜籽产量集中度呈现逐步提高之势，由 1980 年的 81.96%提高到 2015 年的 86.34%，但 2018 年有小幅下降。从大区域来看，主产区仍然是南方省（区、市）为主。从主产省（区、市）来看，位居油菜籽产量集中度前 4 位的省（区、市）虽然有所变化，但这 4 个省份的集中度很高，1980 年四川、浙江、安徽和江苏四省份的合计集中度为51.85%；2000 年，湖北、四川、湖南和安徽四省份的合计集中度高达55.85%；2018 年，四川、湖北、湖南和贵州四省份的合计集中度达到59.33%，集中趋势进一步加强。由此也可以看出，我国油菜籽主产区的产量集中度很高（见表 6-6）。以主产省（区、市）来看，与 1980 年相比，2018年油菜籽产量集中度变化最大的是湖北、湖南和浙江，湖北和湖南的集中度分别提高了 10.59 个百分点和 9.34 个百分点，浙江则下降了 9.66 个百分点。1980—2018 年，油菜籽产量集中度提高的省份有四川、湖北、湖南、贵州、江西、云南和甘肃，而集中度下降的有安徽、江苏、重庆、浙江和河南（见表 6-7）。

表 6-6　1980—2017 年主要年份油菜籽产量最大的

10 省（区、市）产量集中度变化　　　单位:%

1980 年		1990 年		2000 年		2010 年		2015 年		2018 年	
四川	20.51	四川	15.84	湖北	17.44	湖北	17.78	湖北	17.09	四川	22.00
浙江	11.41	安徽	13.71	安徽	13.77	四川	15.69	四川	15.98	湖北	15.46
安徽	11.41	江苏	11.70	江苏	12.56	湖南	12.74	湖南	14.12	湖南	15.38
江苏	8.52	湖北	10.19	四川	12.08	安徽	10.22	安徽	8.46	贵州	6.49
湖南	6.04	湖南	8.92	湖南	9.61	江苏	8.60	江苏	7.12	安徽	6.35
贵州	5.66	浙江	6.71	贵州	5.82	河南	6.79	贵州	5.96	江西	5.20
河南	5.62	贵州	5.82	江西	4.66	江西	4.88	河南	5.77	云南	3.95

表6-6(续)

1980 年		1990 年		2000 年		2010 年		2015 年		2018 年	
湖北	4.87	江西	5.33	浙江	3.84	贵州	3.95	江西	4.95	重庆	3.66
上海	4.03	河南	4.58	河南	2.97	陕西	2.85	云南	3.76	江苏	3.44
重庆	3.89	陕西	2.77	内蒙古	2.68	重庆	2.62	重庆	3.13	内蒙古	3.00
合计	81.96	合计	85.57	合计	85.43	合计	86.12	合计	86.34	合计	84.92

表 6-7　1980—2018 年油菜籽产量最大的
10 省（区、市）产量集中度变化　　　　单位:%

四川	湖北	湖南	贵州	安徽	江西	江苏	云南	重庆	甘肃	浙江	河南
1.49	10.59	9.34	0.83	-5.06	1.97	-5.08	2.19	-0.23	0.91	-9.66	-2.68

（二）油菜播种面积集中度的变化

从油菜播种面积看，改革开放以来，位居前 10 位的主产省（区、市）的油菜播种面积合计集中度呈现逐步提高之势，由 1980 年的 71.09% 提高到 2015 年的 91.63%，但到 2018 年又下降到 86.10%，2018 年比 1980 年提高了 15.01 个百分点。从位居前 4 位的 4 个主产省（区、市）的油菜播种面积合计集中度来看，1980 年，四川、安徽、湖南和浙江的播种面积合计集中度为 39.50%；到 2018 年，四川、湖南、湖北和贵州的播种面积合计集中度高达 59.10%。从油菜播种面积集中度的省（区、市）变化情况看，与 1980 年比较，到 2018 年，上海、江苏、浙江和河南退出了前 10 位，而江西、云南、内蒙古和陕西进入了前 10 位；其他 6 个主产省（区、市）没有变化，只有位次的变化（见表 6-8）。与 1980 年相比，油菜播种面积的集中度下降较多的是浙江(-6.51)、安徽（-5.02）和江苏（-3.53），提高最多的是湖南（9.74）、湖北（8.06）和四川（6.60）（见表 6-9）。

表 6-8　1980—2017 年主要年份油菜播种面积最大的
10 省（区、市）播种面积集中度变化　　　　单位:%

1980 年		1990 年		2000 年		2010 年		2015 年		2018 年	
四川	12.00	安徽	14.06	湖北	15.46	湖北	15.85	湖南	18.71	湖南	18.66
安徽	10.47	四川	12.18	安徽	12.87	湖南	14.88	湖北	17.53	四川	18.60
湖南	8.92	湖南	11.36	湖南	10.47	四川	12.95	四川	14.62	湖北	14.24
浙江	8.11	湖北	10.00	四川	10.36	安徽	9.45	江西	7.76	贵州	7.60
河南	7.81	江西	9.83	江苏	8.68	江西	7.48	安徽	7.58	江西	7.37
贵州	6.67	江苏	8.01	江西	8.40	贵州	6.55	贵州	7.51	安徽	5.45
湖北	6.18	浙江	5.27	贵州	6.16	江苏	6.29	江苏	5.35	云南	3.91

表6-8（续）

1980 年		1990 年		2000 年		2010 年		2015 年		2018 年	
江苏	5.96	贵州	4.89	浙江	3.97	河南	5.38	河南	4.95	重庆	3.82
重庆	3.14	河南	4.11	内蒙古	3.94	陕西	2.76	云南	4.17	内蒙古	3.76
上海	1.83	陕西	2.40	河南	3.31	重庆	2.62	重庆	3.45	陕西	2.69
合计	71.09	合计	82.11	合计	83.62	合计	84.21	合计	91.63	合计	86.10

表 6-9　1980—2018 年播种面积最大的
10 省（区、市）播种面积集中度变化　　　　　单位:%

四川	湖南	湖北	贵州	江西	安徽	重庆	云南	甘肃	江苏	浙江
6.60	9.74	8.06	0.93	-0.28	-5.02	0.68	1.14	1.36	-3.53	-6.51

第三节　我国油菜籽主产区空间变化的影响因素

一、理论分析

油菜籽生产明显受区域因素的制约，不同的区域有不同的自然、气象条件和社会经济条件及生产历史。我国油菜种植区域虽然分布很广，而且是从西北向东南和南方、从黄河流域向长江流域扩散的，但 1949 年以来的主产区主要为长江流域。

区位理论是农作物生产区形成与发展的最重要的理论，但该理论不能解释新疆的棉花专业化发展情况。因为新疆的自然、气象等条件非常适合棉花的生产，但长期以来并没有成为我国棉花的主产区，这主要是由于在改革开放之前，我国农作物生产不受市场因素影响，主要取决于政府政策。计划经济时期，我国主要抓粮食生产，所有农产品均为计划购销，并没有按照区域优势布局农作物的生产。改革开放后，油料作物的种植逐步由市场决定，因此在市场经济条件下，一种农作物有众多适宜生产的区域，该农作物在什么地方进行生产，取决于交通条件及农产品所获得的纯收益，当然政府的政策仍然起到重要的作用。

虽然屠能的农业区位理论对分析我国棉花生产区域专业化发展变化的原因具有重要参考作用，但该理论也存在一定的局限性，主要表现在以下几个方面：第一，在市场经济条件下，假定没有其他就业渠道和决策方面的干扰，农民会选择纯收益最高的农作物进行生产。但假如有其他就业渠道，而且非农就业的收入较高，农民的种植行为不仅取决于农作物间比较效益的影响，而且会受到农作物生产效益与非农就业效益的影响，因为农民种植不同农作物所投入的劳动及其他投入不尽相同，在存在非农就业机会的情况下，农民的兼业行为会遵循纯收入总和最大化原则。在这种情况下，即使种植某种作物的经济效益最好，但如果农户种植该种作物需要投入较多劳动，则势必减少其非农收入，使其纯收入总和减少，农户很可能放弃种植这种纯收益最高的作物，从而选择种植那些劳动投入较少、经济效益次佳的作物，以增加其总收入。第二，屠能所认为的种植农作物的纯收益与运费成反比的观点，在交通不发达、运费很高的时代具有很强的解释力，改革开放以来，交通网络发达，运费的影响已经很小。第三，除运费外，自然条件、技术水平等因素也会对农作物的纯收益有重要影响。

与豆油、棕榈油相比，油菜籽生产受国家政策影响最大。2015 年 6 月，国家取消了执行 7 年的油菜籽托市收购政策，改为由地方政府负责组织各类企业进行收购，国家设立专项补贴直补种植油菜的农民。政策一出台，油菜籽零售价格大幅下降，农民大量惜售。2016 年 4 月，国家发展改革委、国家粮食局等六部门发布了 2016 年油菜籽政策：油菜籽继续由地方政府负责组织、引导和鼓励各类企业按照依质论价、优质优价的原则，积极开展市场化收购，要求地方统筹采取储备油轮换吞吐、鼓励加工企业收购、支持品牌化生产经营等措施，切实抓好油菜籽收购工作，确保市场基本稳定。

政策的调整对油菜籽生产产生了深远影响，导致油菜相关产业链出现"冰火两重天"的景象：一方面，油菜种植面积大量减少，2016 年油菜籽种植面积即比 2015 年减少了 40.5 万公顷，油菜籽产量也减少了 70.1 万吨，一些来不及转向的企业损失惨重，大型油厂开机率普遍较低；另一方面，小榨油厂（小油坊）却迎来了生机，这种家庭式的现榨小油坊采用独特的压榨工艺，生产浓香型菜籽油，很受消费者欢迎，一些贸易商利用电子商务平台把菜籽油生意做得风生水起。

二、我国油菜籽产量的影响因素

（一）我国油菜籽产量与有关影响因素的相关关系

在分析中，与油菜籽产量（万吨）相关的因素很多，这里主要分析以下一些要素：油菜播种面积（千公顷）、第一产业就业人数（万人）、农业机械总动力（万千瓦）、有效灌溉面积（千公顷）、化肥施用量（万吨）、农村用电量(亿千瓦小时)、受灾面积(千公顷)、成灾面积（千公顷）、农业技术人员（人）、铁路里程（公里）、公路里程（公里）和人均国内生产总值（元/人）的统计数据年限为1978—2017年，水库数（座）和农林牧渔固定资产投资（亿元）的统计数据年限为1985—2017年，农用塑料薄膜使用量（吨）和农药施用量（万吨）的统计数据年限为1990—2017年，农用柴油使用量（万吨）的统计数据年限为1993—2017年，每亩净利润（元/亩）的统计数据年限1980—2017年。其中：铁路里程（公里）、公路里程（公里）和人均国内生产总值（元/人）为控制变量。

通过计算全国油菜籽产量与油菜播种面积、第一产业就业人数、农机动力等影响因素之间的相关系数可知，1978—2017年，油菜籽产量与农用柴油、化肥施用量、塑料薄膜、农药施用量的相关程度最高，在0.902以上；油菜籽产量与农机总动力、农村用电量、有效灌面、公路里程、人均地区生产总值、铁路里程相关程度较高，系数为0.772~0.895；油菜籽产量与油菜播种面积、农业固定资产投资、水库数相关程度次之，系数为0.639~0.686（见表6-10）。从表6-10还可以看出，油菜籽产量与第一产业就业人数的负相关程度较高，表明有大量的剩余劳动力存在；与受灾面积、成灾面积的负相关程度也较高，表明自然灾害对油菜籽产量的负面影响较大。另外，油菜籽产量与每亩净利润也呈现负相关关系，表明来自油菜籽的收益较差。

表6-10　1978—2017年全国油菜籽产量与若干因素的相关关系分析

油菜	一产就业	农机动力	有效灌面	化肥	用电量	水库数	塑料薄膜	柴油
0.686	-0.757	0.895	0.845	0.904	0.845	0.639	0.904	0.923
农药	受灾面积	成灾面积	农技人员	农固投资	铁路里程	公路里程	每亩净利润	人均地区生产总值
0.905	-0.725	-0.646	0.227	0.666	0.772	0.841	-0.483	0.773

注：为表述方便，表中"播面"为"播种面积"的缩写，表中"一产就业"为"第一产业就业人数"的缩写，下同。

从不同的阶段来看，油菜籽产量与影响因素之间的关系也有所不同。1978—1990年，油菜籽产量与播种面积的相关程度最高，相关系数为0.917，表明油菜籽生产技术、品种等情况较差，产量的增加主要来自播种面积的扩大。然后为每亩净利润，相关系数为0.818，表明这一阶段种植油菜能够获得很好的收入，对产量增加有刺激作用。再然后为农机动力、化肥施用量、用电量、公路里程、铁路里程，相关系数在0.72左右。油菜籽产量与第一产业就业人数、人均地区生产总值的相关系数在0.68左右，表明农机化水平低，需要劳动力较多，但剩余劳动力较少。油菜籽产量与农技人数呈现微弱的负相关关系，原因是改革开放后，农技人数有所减少。油菜籽产量与受灾面积、成灾面积的负相关程度也较低，表明这一时期的自然灾害不太严重（见表6-11）。

1991—2000年，油菜籽产量与播种面积、农机动力、化肥施用量、用电量、公路里程、铁路里程、人均地区生产总值等的相关程度均较前一时期有所提高，其中提高最多的是农技人数和有效灌面。但此阶段农业劳动力剩余现象已经出现。油菜籽产量与每亩净利润的关系也转为负相关关系，但与受灾、成灾面积的关系为正相关及与水库数为负相关，原因为数据的偏差（见表6-12）。

表6-11　1978—1990年全国油菜籽产量与若干因素的相关关系分析

油菜播面	一产就业	农机动力	有效灌面	化肥	用电量	受灾面积
0.917	0.680	0.724	0.295	0.740	0.730	−0.109

成灾面积	农技人员	铁路里程	公路里程	每亩净利润	人均地区生产总值	
−0.315	−0.077	0.703	0.729	0.818	0.674	

表6-12　1991—2000年全国油菜籽产量与若干因素的相关关系分析

油菜播面	一产就业	农机动力	有效灌面	化肥	用电量	水库数	塑料薄膜	柴油
0.952	−0.516	0.791	0.739	0.773	0.849	−0.470	0.780	0.768

农药	受灾面积	成灾面积	农技人员	农固投资	铁路里程	公路里程	每亩净利润	人均地区生产总值
0.808	0.098	0.353	0.751	0.748	0.827	0.801	−0.089	0.833

2001—2010年，油菜籽产量与第一产业就业人数仍然有明显的负相关关系，与几乎所有的影响因素之间的相关程度都较前一时期有所减小，与自然灾害比较严重有关。油菜籽产量与受灾面积、成灾面积的相关关系分别为−0.528和−0.758。但这一时期油菜籽产量与每亩净利润的关系为正，表明种植户可以从种植油菜中获得一定的收入。油菜籽产量与第一产业就业人数的负相关程度较前一阶段有所减弱，油菜籽产量与大量农民外出就业有关。与播种面积的相关程度较前一阶段有大幅度的下降，与这一时期推广高产油菜品种直接相关（见表6-13）。

表 6-13　2001—2010 年全国油菜籽产量与若干因素的相关关系分析

油菜播面	一产就业	农机动力	有效灌面	化肥	用电量	水库数	塑料薄膜	柴油
0.495	-0.500	0.544	0.506	0.546	0.523	0.452	0.535	0.548
农药	受灾面积	成灾面积	农技人员	农固投资	铁路里程	公路里程	每亩净利润	人均地区生产总值
0.488	-0.528	-0.758	0.671	0.600	0.552	0.429	0.192	0.520

2011—2017 年，油菜籽产量与第一产业就业人数虽然仍然为负相关关系，但程度有所降低，表明农业剩余劳动力因农户外出务工而得到了很大的释放。油菜籽产量与受灾面积的相关系数为 -0.267，表明自然灾害的影响力不大。这一时期，作用最明显的是农机动力，油菜籽产量与其相关系数高达 0.966，与柴油的相关系数也较高，为 0.897，表明农机补贴的作用明显。此阶段油菜籽产量与其他影响因素之间的关系均较弱（见表 6-14）。

表 6-14　2011—2017 年全国油菜籽产量与若干因素的相关关系分析

油菜播面	一产就业	农机动力	有效灌面	化肥	用电量	水库数	塑料薄膜	柴油
0.426	-0.213	0.966	0.007	0.646	0.259	0.380	0.485	0.897
农药	受灾面积	成灾面积	农技人员	农固投资	铁路里程	公路里程	每亩净利润	人均地区生产总值
0.447	-0.267	0.143	-0.255	-0.016	0.119	0.069	-0.148	0.023 0

（二）我国油菜籽产量与有关影响因素的回归分析

我们在建立多变量回归分析时，遇到很多变量高度相关问题。经过分析，我们建立的多元模型如下：

$$Y = \alpha + \beta_1 X_1 + \beta_2 X_2 + \beta_3 X_3 + \beta_4 X_4 + \beta_5 X_5 + \beta_6 X_6 + \beta_7 X_7 + \beta_8 X_8 + \mu$$

式中，X_1 为油菜籽播种面积，X_2 为第一产业就业人数，X_3 为化肥施用量（折纯），X_4 为受灾面积，X_5 为农业技术人员，X_6 为公路里程，X_7 为每亩净利润，X_8 为人均地区生产总值。经过回归分析和检验，我国油菜籽产量与影响变量的回归结果得到估计模型的结果如表 6-15 所示。

表 6-15　我国油菜籽产量与影响变量的回归结果

截距项	-799.21（-9.91）
油菜播面	0.136（15.75）
农用化肥施用量（折纯）	0.027（2.19）

表6-15（续）

受灾面积	0.000 1（0.22）
单产	0.53（14.29）
$R^2 = 0.997$，$\bar{R}^2 = 0.976$，$F = 2\,147.29$，$DW = 2.11$	

由表6-15可知，在显著性水平0.05的情况下，油菜籽播种面积、化肥施用量、单产对油菜籽产量的影响显著；受灾面积的影响为正，显然不合理，不过在统计上不显著。油菜籽播种面积并增加1 000公顷，油菜籽产量将平均增加0.136万吨；化肥施用量（折纯）每增加1万吨，油菜籽产量将平均增加0.027万吨；单产每公顷每增加1千克，油菜籽产量将平均增加0.53万吨。

由于各有关变量之间存在高度相关，因此我们采用一元线性回归模型进行估计。1978—2017年我国油菜籽产量与各生产因素的回归结果见表6-16。由估计结果可知，从影响因素的统计显著性（显著性水平为0.05）来看，化肥施用量的影响最显著，其次依次为农药施用量、塑料薄膜、柴油、播种面积、单产、农机动力、有效灌面和用电量，其他生产因素均不显著。从各生产因素影响的边际效应看，农药施用量的影响程度最大，其次依次为单产、柴油、化肥施用量、播种面积、用电量、有效灌面、农机动力和塑料薄膜。

表6-16 1978—2017年我国油菜籽产量与各生产因素的回归结果

	截距项	斜率项	R^2	DW
播种面积	25 380.88（0.01）	0.167（8.48）	0.972	2.13
单产	47.48（0.22）	0.640（6.54）	0.967	1.78
人均地区生产总值	997.41（3.35）	0.006（0.92）	0.929	2.11
农业从业人员	1 200.69（2.04）	0.01（0.62）	0.929	2.18
农机动力	465.87（3.81）	0.009（5.12）	0.936	1.99
有效灌面	−757.21（−1.41）	0.03（3.41）	0.933	2.03
化肥	117.85（2.25）	0.21（16.99）	0.949	1.81
用电量	772.91（4.06）	0.07（2.11）	0.931	2.06
水库数	1 287.15（1.09）	0.000 2（0.02）	0.887	2.13
柴油	388.23（5.68）	0.45（11.48）	0.851	1.42
农药	241.54（3.25）	6.24（12.13）	0.855	1.29
塑料薄膜	577.20（11.94）	0.000 3（12.01）	0.852	1.29
农技人员	1 307.49（3.71）	0.000 001（0.1）	0.928	2.17

表6-16（续）

	截距项	斜率项	R^2	DW
受灾面积	1 391.49 （4.57）	−0.003 （−1.42）	0.932	2.18
成灾面积	−1 373.89 （4.39）	−0.004 （−1.57）	0.932	2.20
铁路里程	679.17 （1.26）	53.43 （1.04）	0.929	2.12
公路里程	1 136.59 （2.47）	0.31 （0.41）	0.928	2.15
农固投资	1 159.49 （3.93）	0.006 （0.53）	0.888	2.09
净利润	1 309.21 （4.19）	0.15 （0.67）	0.912	2.06

注：计算软件为 EVIEWS6.0，括号内数字为 t 统计量。

另外，我们试图根据我国油菜籽农户成本效益调查数据建立网格油菜籽的生产函数。根据生产函数模型，我们把油菜籽产量的生产函数设定为以下形式：

$$Q = AL^{\alpha}K^{\beta}M^{\lambda}e^{\delta t}e^{\mu}$$

式中，Q 为油菜籽产量；A 为比例参数；L 为劳动力投入，以每亩用工数表示；K 为资本投入，以每亩物质费用表示；M 为油菜播种面积；α、β、γ 分别为劳动力、资本投入、播种面积的弹性系数；δ 为技术进步率；μ 为随机误差项。

在估计模型时，我们把上述生产函数模型变换为以下对数模型：

$$\mathrm{Ln}Q = \mathrm{Ln}A + \alpha\mathrm{Ln}L + \beta\mathrm{Ln}K + \lambda\mathrm{Ln}M + \delta t + \mu$$

估计结果为

$$\mathrm{Ln}Q = -2.956 - 0.171\mathrm{Ln}L + 1.144\mathrm{Ln}M + 0.027t$$
$$(-3.796)(-2.180) \quad (10.999) \quad (5.716)$$

$R^2 = 0.970 \quad \bar{R}^2 = 0.968 \quad \mathrm{D.W} = 1.444 \quad F = 372.75$

经过检验，在显著性水平为 0.05 时，1978—2017 年，我国油菜籽生产中，每亩物资投入对产量的影响不显著，劳动力投入的产出弹性为−0.171%，播种面积的产出弹性为 1.144%，技术进步率为 0.027。可以看出，增加劳动力投入对油菜籽产量没有积极影响，说明目前每亩用工量多了，播种面积和技术进步对油菜籽产量影响非常明显。

三、我国油菜籽主产省（区、市）产量的影响因素

农产品生产、产量和播种面积集中度与耕地面积、气候、农业生产历史与生产技术等息息相关。为了定量地分析油菜籽生产区域专业化发展的影响因素，我们在这里分析如下指标：油菜籽单产、油菜籽生产净利润、有效灌溉面积、农业机械动力、化肥施用量、塑料薄膜使用量、农药施用量、农村用电量、人均地区生产总值和农业技术人员等。耕地面积对农业生产具有重要影

响，但由于耕地面积数据呈现越来越多的趋势，而且 2008 年以来就没有公布数据，因此不纳入分析。理论上，某一区域的农业生产机械动力越大、化肥施使用量和农村用电量越高、耕地面积和有效灌溉面积越大、油菜籽生产净利润越高，则油菜籽产量越大，生产区域的油菜籽产量集中度也越高。

（一）四川油菜籽产量集中度的影响因素

从历史上看，我国油菜籽主产区主要有黄河旅游和长江流域，但自 20 世纪 70 年开始，油菜籽主产区主要集中在长江流域，可以细分为长江上游、中游和下游三个区域。从前面的分析可以看出，我国长江流域的油菜籽主产区经历了从下游到中游再到上游的区域变迁过程。1978 年，10 大主产省（区、市）中有 5 个省（区、市）地处长江下游；到 2018 年 10 大主产省（区、市）中只有有 3 个省（区、市）地处长江下游，4 个省（区、市）为上游区域。

长江上游油菜籽优势区包括四川、重庆、云南、贵州。这四个省（区、市）气候温和湿润，相对湿度大，云雾和阴雨日多，冬季无严寒，利于秋播油菜生长，加之温、光、水、热条件优越，油菜生长情况较好，耕作制度以两熟制为主。四川历来有食用菜籽油的传统，因而油菜种植面积很广，全省除了甘孜藏族自治州、阿坝藏族羌族自治州、凉山彝族自治州及攀枝花市以外，所有的地市都种植油菜，但主要分布在成都、德阳、绵阳、南充、达州、眉山、遂宁、内江等市（见表 6-17）。

表 6-17　2017 年四川及各市（州）油菜播种面积和油菜籽产量

市（州）	播种面积/千公顷	产量/吨	市（州）	播种面积/千公顷	产量/吨
全省	1 206 184	2 880 335	南充市	99 074	281 371
成都市	132 148	325 195	眉山市	52 787	110 972
自贡市	54 588	116 177	宜宾市	47 185	88 416
攀枝花市	1 946	3 010	广安市	37 556	78 694
泸州市	43 716	89 401	达州市	107 615	286 881
德阳市	74 017	207 145	雅安市	7 764	13 823
绵阳市	143 325	354 068	巴中市	70 559	143 812
广元市	80 941	181 442	资阳市	75 578	200 599
遂宁市	57 958	160 361	阿坝藏族羌族自治州	2 466	4 154
内江市	58 937	128 203	甘孜藏族自治州	4 077	8 977
乐山市	41 307	71 616	凉山彝族自治州	12 640	26 018

资料来源：《四川统计年鉴 2017》。

1. 四川油菜籽生产情况

四川的油料作物一直以油菜籽为主，花生的种植面积和产量都很少。在改革开放之前，四川油菜的播种面积也较少，1952 年播种面积为 25.8 万公顷；到 1978 年也仅有 30.3 万公顷，增长 17.44%。油菜籽产量也比较少，1952 年为 16.5 万吨；到 1978 年增加到 38.1 万吨，增长了 130.91%（见表 6-18）。

表 6-18 改革开放前四川油菜籽生产变动情况

年份	油料		花生		油菜籽	
	播种面积/万公顷	产量/万吨	播种面积/万公顷	产量/万吨	播种面积/万公顷	产量/万吨
1952	34.3	25.2	7.6	8.4	25.8	16.5
1957	40.3	35.1	9.8	11.4	29.5	23.4
1962	27.5	14.8	7.3	6.2	19	8.3
1965	38.8	35.4	10.2	10.7	27.1	24.3
1970	32	34.5	6.9	9.1	23.9	24.5
1975	36.2	39.9	7.3	10.8	28.2	28.7
1978	38.6	52.8	7.4	12.4	30.3	38.1

资料来源：历年四川统计年鉴。

1978 年以来，四川油菜籽产业获得了快速发展，油菜籽产量和油菜播种面积不断增加。油菜籽产量由 1978 年的 38.1 万吨增加到 2018 年的 253.6 万吨，增长了 565.62%，年均增长 4.73%。其中 1978—1999 年产量呈现波动式增长，由 38.1 万吨增加到 109.5 万吨，1999 年比 1978 年增长了 187.40%，年均增长 5.16%。1999—2018 年产量呈现线性快速增长趋势，由 1999 年的 109.5 万吨增加到 2018 年的 253.6 万吨，2018 年比 1999 年增长了 131.60%，年均增长 4.52%（见图 6-6）。自 2003 年以来，四川油菜籽产量连续 16 年产量为全国第一。

1978—2018 年，四川油菜播种面积由 30.3 万公顷增加到 105.9 万公顷，增长了 249.51%，年均增长 3.10%。四川油菜播种面积的变化情况可以分为两个时期：1978—1998 年播种面积呈现波动式增长趋势，由 1978 年的 30.3 万公顷增加到 1998 年的 66.4 万公顷，增长了 119.14%，年均增长 3.81%；1998—2018 年播种面积增长了 83.38%，年均增长 2.93%（见图 6-7）。

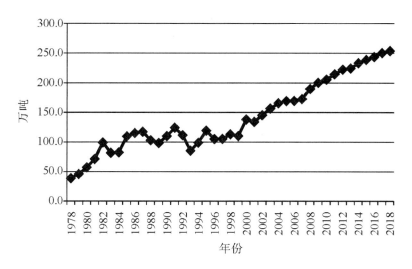

图6-6　1978—2018年四川油菜籽产量增长趋势

资料来源：历年四川统计年鉴。

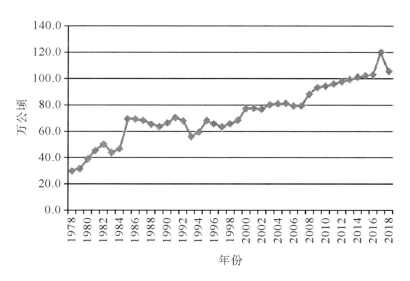

图6-7　1978—2018年四川油菜播种面积增长趋势

资料来源：历年四川统计年鉴。

1978年以来，四川油菜籽产量占全国比重一直很高，其中最高占比达24.40%（1980年），最低占比为10.80%（1999年）；四川油菜播种面积占全国比重的最大值为18.60%（2018年），最低值为9.88%（1997年）。四川的油菜籽产量占全国比重一直高于油菜播种面积占全国比重（见图6-8），这与四川油菜籽的单产较高有关。1949—2018 年，四川的油菜籽单产一直高于全国平均水平。1978 年之前，四川油菜籽单产高出全国平均水平 50%左右，但1978 年之后，特别是 20 世纪 90 年代以来，四川单产与全国水平差距逐渐缩小，四川单产仅仅高出全国水平 20%左右（见图 6-9）。

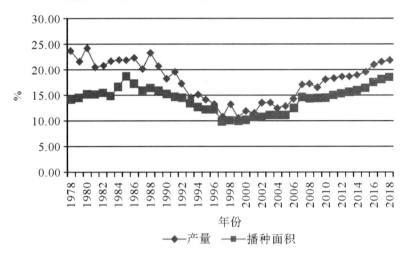

图 6-8　1978—2018 年四川油菜籽产量、油菜播种面积占全国比重
资料来源：历年四川统计年鉴。

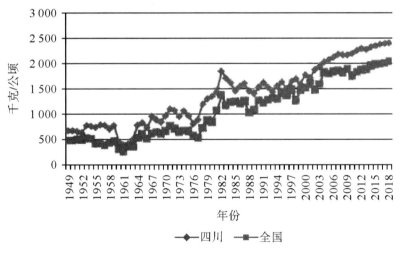

图 6-9　1978—2018 年四川油菜籽单产与全国变化
资料来源：四川统计年鉴。

四川是我国传统的油菜籽主产区和菜籽油主销区，2007 年四川出台《关于促进油菜籽生产发展的意见》，通过良种补贴项目、生产大县奖励等政策措施，促进油菜种植持续稳步发展。到 2018 年，全省油菜种植面积达 1 218.49 千公顷，年均增加 26.66 千公顷，油菜种植面积超过小麦，成为小春第一大作物；产量达到 292.2 万吨，总产量跃居全国第一。在油菜籽品种改良和品质改善上，也取得多项突破性进展，大大提升了油菜籽优品率。

2. 四川油菜籽发展的优势

（1）四川油菜籽出油率高。

由于四川特殊的气候和地理条件，成都平原、川中盆地丘陵是传统的四川油菜籽种植区域。近年来，四川坚持龙头企业带动，走"公司+基地+农户"的订单生产模式，逐步形成了以邛崃万亩绿色高产高效油菜籽种植示范区等为代表的特色粮油产业园区，四川油菜籽种植规模化水平有所提高。随着种植面积的持续扩大，四川高度重视油菜籽种植的品种改良和品质改善，不断加大优质新品种选育和推广，取得多项突破性进展。特别是加大"双低油菜籽"等品种推广，优质油菜籽种植面积占比逐年增加。四川油菜籽品质较好，平均出油率达 38%，比域外油菜籽普遍高出 3~4 个百分点。同时，四川油菜籽均为非转基因作物，更具安全性和独特性。

（2）浓香小榨成为川菜之魂。

2015 年以来，油菜籽临储政策取消，库存油加进口油双重夹击，全国菜油行业进入"寒冬"。但四川以浓香小榨油成功逆袭，在全国油菜籽产业中异军突起，成为引领我国菜籽油产业发展的领头羊。浓香小榨油是四川农家自产自食的传统工艺，由于近年来川菜的流行、人们对食品健康需求的加持，浓香小榨工艺成为四川菜籽油的制胜法宝，成为四川油脂企业重塑江湖地位的独门秘籍。

2015 年以前，精炼大榨油是食用油主流。小榨采用炒籽和物理压榨技术，精炼大榨油则是蒸煮和化学浸出工艺，而川产浓香型菜籽油普遍采用传统小榨工艺，色香味独特，从低迷行情中异军突起，畅销 22 个省市，占据全国菜油市场 30% 左右份额并逐年递增，部分还出口到英国、德国等欧洲市场[2]。

2016 年和 2017 年是我国菜油行业"史上最困难时期"，油价从每吨 12 000 元左右降到 6 500 元左右，而菜籽收购价从每吨 4 200 元涨到 5 600 元，菜粕价格也一直在跌，湖北、湖南、江苏、安徽等菜油主产省出现"关停潮"。2017 年下半年华北等地几乎全线停机，就连知名大型油厂也因收不到足够菜籽被迫削减产能，甚至被迫转做贸易。浓香小榨挽救了四川菜籽油产业。四川不仅没有加入"关停潮"，粮油企业反而集体加速扩容增能。

浓香小榨，以前主要是农民自产自食，成本比大榨油贵一倍，生产厂家很少加工。最早打"浓香"牌的是四川大陈粮油有限公司，但大陈粮油以前浓香型只占产量的10%。浓香小榨的崛起，正契合了吃得安全、健康和特色的新需求。与进口转基因菜籽油比，浓香小榨油有非转基因概念。川菜、火锅的流行，花椒油等升级调味品的推广，是浓香小榨油的重要推手。火锅炒料不用浓香油就不香，不少牛油锅底也换用菜油了。目前，浓香菜油已与豆瓣一样，成为川菜之魂。不用四川浓香型菜油，就不是正宗川菜，麻婆豆腐、凉拌鸡等就做不出来味道。

四川菜籽榨出的油，颜色正，香味浓，其他地方的菜籽不可比拟，这与四川的水土、气候及冬播春收模式有关。然而进口菜籽榨不出浓香味道，曾有人将四川油菜品种拿去外省种，用小榨法加工菜籽，与川产的品质、味道有差别。

现在浓香型菜油已成市场主导，四川有80%～90%的菜籽油都是浓香小榨，在全国也有近30%市场份额。2018年4月27日，第八届中国油菜籽产业发展大会暨油脂油料市场行情研讨会在成都落下帷幕。这一国内植物油行业重要年度会议首次在四川召开，意味着国内油菜籽产业重心已经转移，以浓香小榨菜籽油为代表的四川菜油产业发展逐渐受到市场和业界认可[4]。

（3）赏花旅游促进油菜种植。

四川居民喜欢在周末、节假日等时间外出游玩，针对"赏花旅游"需求，四川各地还举办油菜花节，促进一、三产业融合发展。2009—2018年，四川国内旅游总收入与油菜籽产量和播种面积的相关系数高达0.979和0.982。四川通过打"浓香小榨"牌和"赏花旅游"牌，带动全产业链发展，实现农民增收、企业增效，走出一条"川油"发展之路。"大米看东北，面粉看河南，菜油看四川"已成定局。

（4）油脂加工稳健发展。

近年来，国家逐步取消了油菜籽临时收储政策，2016年，影响国内菜油市场多年的库存压力"泄洪"完毕。在小榨油畅销的刺激下，2016年以来，新兴粮油、大陈粮油分别新增64台、60台"95型"小榨机；绵阳辉达油脂、渠县通济油脂、宜宾纯正油坊公司等数十家企业或上马新榨机，或进驻当地园区，实现了从炒籽、压榨到包装全自动化[3]，一批现代化大型油脂加工企业茁壮成长，逐步做大做强，既降低了生产成本，带动了油菜种植，同时还有效带动了以高芥酸油菜籽为原料的化工产业加快发展。据统计，2006年，全省油脂加工企业总产值仅为74亿元，2016年总产值达到190亿元，11年间产值增长 1.56 倍。目前，四川产值上亿元的油脂加工企业达到 20 个，其中益海（广汉）粮油、中粮粮油公司年产值 30 亿元以上，中储油脂公司年产值在 10 亿元以上，德阳年丰食品、绵阳大陈油脂、安州辉达粮油、成都新兴油脂公司等本土企业年产值也均达到 10 亿元[4]。

2. 四川油菜籽产量与影响因素的相关性

从表 6-19 可以看出，四川油菜籽产量与农业从业人员数量、有效灌面和每亩净利润为负相关关系，表明农村还存在很多剩余劳动力，有效灌面的增加对油菜籽生产作用不大，产量增加后，农民从油菜籽生产获得的净利润是减少的。受灾和成灾面积与油菜籽产量具有较强的相关性，因此各种自然灾害对油菜籽产量存在很大的影响。油菜籽产量与农药施用量、化肥施用量、农技人员存在一般正相关性，与其他因素之间存在较强的正相关性。

表 6-19　1978—2017 年四川油菜籽产量与若干因素的相关关系分析

播面	人均地区生产总值	农业人员	农机动力	有效灌面	化肥	用电量	柴油	农药
0.989	0.937	-0.851	0.959	-0.006	0.655	0.987	0.977	0.398
塑料薄膜	农技人员	受灾面积	成灾面积	铁路	公路	农固投资	库容量	亩净利润
0.989	0.612	-0.726	-0.730	0.762	0.940	0.867	0.859	-0.585

分时段看，1978—1990 年，油菜籽产量与人均地区生产总值、农业人员、农技人员、农机动力、有效灌面、化肥施用量、用电量、农技人员、公路里程、库容量等均存在弱负相关关系，表明这些因素对油菜籽产量作用不大；油菜籽产量与受灾面积和成灾面积呈弱相关性，表明农业灾害对油菜籽产量影响不大。但油菜籽产量与每亩净利润呈较强的正相关关系，表明我们可以从油菜籽生产中获得较好的收益（见表 6-20）。

表 6-20　1978—1990 年四川油菜籽产量与若干因素的相关关系分析

播面	人均地区生产总值	农业人员	农机动力	有效灌面	化肥	用电量
0.986	-0.380	-0.430	-0.503	-0.382	-0.148	-0.347
农技人员	受灾面积	成灾面积	铁路	公路	库容量	亩净利润
-0.205	-0.292	-0.235	0.225	-0.567	-0.659	0.544

1991—2000 年，油菜籽产量与农业人员、有效灌面、铁路里程、库容量等均存在较强的负相关关系，表明这些因素对油菜籽生产存在制约作用；油菜籽产量与化肥施用量、公路里程之间为弱负相关关系，表明这些因素对油菜籽产量作用不大；油菜籽产量与受灾面积和成灾面积存在较强负相关关系，表明农业灾害对油菜籽产量影响较大；油菜籽产量与每亩净利润为弱正相关关系，表明人们从油菜籽生产中虽然可以获利，但收入较少（见表 6-21）。

表 6-21　1991—2000 年四川油菜籽产量与若干因素的相关关系分析

播面	人均地区生产总值	农业人员	农机动力	有效灌面	化肥	用电量	柴油	农药
0.967	0.768	-0.593	0.624	-0.402	-0.038	0.781	0.471	0.497
塑料薄膜	农技人员	受灾面积	成灾面积	铁路	公路	农固投资	库容量	亩净利润
0.773	0.458	-0.636	-0.566	-0.669	-0.213	0.677	-0.488	0.049

2001—2017 年，油菜籽产量与农业人员、受灾面积和成灾面积之间为强负相关关系，表明剩余劳动力太多，农业灾害对油菜籽产量的影响较小；油菜籽产量与每亩净利润呈较弱的负相关关系，即人们从油菜籽生产中很难获得收入；油菜籽产量与农技人员呈负相关关系，表明技术及服务对油菜籽产量的作用很小（见表 6-22）。

表 6-22　2001—2017 年四川油菜籽产量与若干因素的相关关系分析

播面	人均地区生产总值	农业人员	农机动力	有效灌面	化肥	用电量	柴油	农药
0.978	0.975	-0.981	0.984	0.839	0.908	0.991	0.980	0.650
塑料薄膜	农技人员	受灾面积	成灾面积	铁路	公路	农固投资	库容量	亩净利润
0.990	-0.072	-0.844	-0.824	0.911	0.968	0.908	0.905	-0.420

从不同时段的相关分析可以看出，随着时间的推移，有些影响因素有加强趋势，有的影响因素有趋弱倾向。其中经济增长（人均地区生产总值）、农机动力、有效灌面、化肥施用量、用电量、农药施用量、塑料薄膜、农业固定资产投资、库容量、铁路里程和公路里程对油菜籽产量的作用逐渐增强，农业人员的作用逐渐减小，农业灾害的负面影响也逐渐增强，农技人员的作用逐渐减

弱，油菜籽生产的成本不断提高，农民从油菜籽生产中得到的收益逐渐减少。1980—2000年，油菜种植每亩净利润数值只有2年为负，但2001—2017年有9年为负，特别是2012年以来，油菜种植每亩亏损额越来越多，每亩净利润由2012年的-53.11元变为2017年的-235.75元和2018年的-234.03元。

3. 四川油菜籽产量与影响因素的回归结果

经过多元回归分析，1993—2017年，播种面积、农村用电量、柴油和农药施用量对油菜籽产量的影响显著，表明播种面积每增加1 000公顷，油菜籽产量将平均增加1.79万吨；用电量每增加1亿千瓦时和柴油用量增加1万吨，油菜籽产量将分别平均增加0.39万吨和1.39万吨；而农药的使用对油菜籽产量有显著的负面影响（见表6-23）。

表6-23　四川油菜籽产量与有关影响因素的多元回归结果

截距项	-35.04（-2.35）
播种面积	1.79（7.45）
用电量	0.39（3.17）
柴油	1.39（2.54）
农药	-7.19（-2.79）
$R^2 = 0.995$　$\bar{R}^2 = 0.994$　DW = 1.94　$F = 953.32$	

注：括号内为 t 统计量。

由于很多影响因素之间存在很强的线性相关关系，所以我们有必要进行一元回归分析，得到的回归结果如表6-24所示。从回归结果可知，对油菜籽产量的影响最显著的是柴油，其次为塑料薄膜，其他因素的显著性由强到弱依次为农机动力、用电量、播种面积、有效灌面、公路里程、单产和人均地区生产总值，其他因素在统计上均不显著；对油菜籽产量的边际影响最大的是柴油、公路里程、用电量、播种面积、有效灌面、单产、农机动力、人均地区生产总值和塑料薄膜（见表6-24）。

表6-24　1978—2017年四川油菜籽生产与各生产因素的回归结果

	截距项	斜率项	R^2	DW
播种面积	842.95（0.11）	0.11（6.15）	0.979	2.61
单产	194.85（0.41）	0.07（5.03）	0.974	1.78
人均地区生产总值	118.58（7.48）	0.003（4.74）	0.962	2.01

表6-24(续)

	截距项	斜率项	R^2	DW
农业从业人员	1 242.77（0.17）	0.007（0.61）	0.957	2.15
农机动力	55.22（5.25）	0.044（10.63）	0.964	2.01
有效灌面	842.95（0.11）	0.11（6.12）	0.979	2.62
化肥	587.99（0.42）	0.015（0.10）	0.956	2.11
用电量	62.88（5.00）	0.95（8.65）	0.962	1.96
水库数	−36.20（−0.08）	0.01（0.11）	0.955	2.06
柴油	−63.65（−5.92）	6.36（22.05）	0.955	1.60
农药	17 954.17（0.01）	−3.02（−0.54）	0.956	1.99
塑料薄膜	16.65（1.98）	0.002（19.19）	0.974	2.25
农技人员	1 064.14（0.21）	−0.001（−1.29）	0.950	2.06
受灾面积	537.61（0.50）	−0.003（−1.63）	0.959	2.22
成灾面积	516.40（0.54）	−0.002（−0.58）	0.957	2.16
铁路里程	4 578.17（0.03）	−68.01（−0.58）	0.953	2.02
公路里程	79.62（4.10）	4.75（5.36）	0.959	2.09
农固投资	−853.81（−0.06）	0.008（0.27）	0.956	2.21
净利润	1 028.73（0.18）	0.002（0.48）	0.949	2.07

注：计算软件为 EVIEWS6.0，括号内数字为 t 统计量。

（二）湖北油菜籽产量集中度的影响因素

油菜一直是湖北的优势油料作物，但在改革开放之前，湖北的油菜籽产量和油菜播种面积都较少。改革开放以来，特别是 20 世纪 90 年代以来，湖北成为我国油菜种植发展较快的省份和我国优质油菜发展较快的省份之一。从 20 世纪 90 年代到 2006 年，湖北的油菜籽产量一直稳居全国第一，当时有"世界油菜看中国，中国油菜看湖北"之说。不过，2007 年开始，四川取代湖北，成为全国油菜籽产量最大省份，而湖北的油菜籽产量位居全国第二。湖北油菜种植区域主要分布在江汉平原、鄂东地区，主要在荆州、荆门、襄阳、宜昌、孝感、黄冈、黄石地区。

1. 油菜籽生产基本情况

1949—1978 年，湖北的油菜籽产量由 7.35 万吨增加到 10.72 万吨，增长了 46%；油菜播种面积由 142.1 千公顷增加到 165.3 千公顷，增长了 16%，

1978—2018 年，湖北油菜籽产量由 10.72 万吨增加到 205.31 万吨，增长了 18.15 倍，年均增长 7.47%；油菜播种面积由 165.3 千公顷增加到 932.97 千公顷，增加了 5.64 倍，年均增长 4.31%（见图 6-10 和图 6-11）。

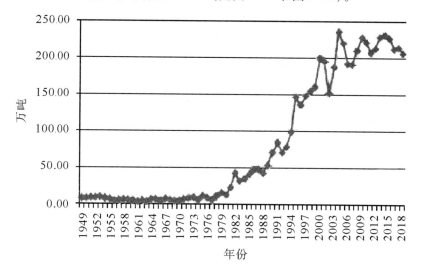

图 6-10　1949—2018 年湖北油菜籽产量增长趋势

图 6-11　1949—2018 年湖北油菜播种面积增长趋势

从湖北的油菜籽产量和油菜播种面积占全国的比重来看，在 1978 年之前，产量和播种面积占全国的比重都较低，而且呈现下降趋势。1978 年后，油菜籽产量和油菜播种面积占全国的比重不断提高，1998 年产量所占比重达到历史最高的 18.64%，播种面积所占比重在 2002—2006 年维持在 16% 以上的高位，并于 2006 年达到历史最高的 16.73%（见图 6-12）。

从油菜籽单产来看，在 1992 年之前，湖北的油菜籽单产与全国平均水平相近；1992 年之后，江北的油菜籽单产则逐步高于全国平均水平；到 2018 年湖北油菜籽单产高出全国平均水平 173.18 千克/公顷。但湖北的油菜籽单产一直低于四川 200 千克/公顷左右（见图 6-13）。

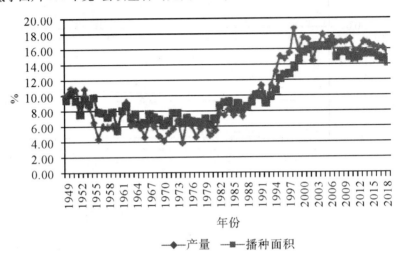

图 6-12　1949—2018 年湖北油菜籽产量和播种面积占全国比重

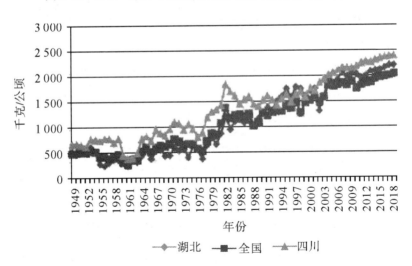

图 6-13　1949—2018 年湖北油菜籽单产与全国、四川的比较

2. 湖北油菜籽生产优势

近年来，湖北不遗余力地发展优质油菜。湖北双低油菜面积和双低品种普及率在全国都独占鳌头。全省形成了江汉平原、鄂东、鄂中北三大双低油菜优势产业带，双低油菜生产已经成为湖北农村经济的支柱产业和优势产业。经过几年来的努力，湖北油菜种子质量得到明显提高，越来越得到种子经营单位和种植农户的信赖与欢迎，市场占有份额不断扩大。"三高""圣光"品牌华杂、华双系列，"中油"品牌中双、中油杂系列油菜种子，不仅覆盖了湖北绝大部分油菜种植地域，而且在安徽、河南、湖南、四川等得到大面积推广应用，促进了全国优质油菜的加快发展。湖北发展油菜籽生产的优势条件主要有以下几个方面。

（1）科研实力雄厚。

湖北油菜在国内有明显的生产优势和品质优势，主要在于湖北不仅是油菜种植大省，湖北油菜科研更是全国领先。湖北有中国农业科学院油料作物研究所（简称"中油所"）与华中农业大学（简称"华农"）两个实力雄厚的油菜科研机构。中油所已建立了二个国家级油菜科研平台及一个省级油菜科研平台，分别为"国家油料作物改良中心""国家油菜工程技术研究中心"及"湖北省能源油料作物与生物柴油研究中心"；一个部级重点实验室，即"农业部油料作物遗传改良重点开放实验室"；二个油菜中心，即"农业部油料及制品质量监督检验测试中心"和"农业部转基因油菜环境安全评价中心"。这些科研平台的设立奠定了中油所油菜研发的基础，中油所杂交油菜品种大多以中油杂命名，品种在种子过程中表现出高产、抗倒、优质等特性，因而深受农户喜爱。华中农业大学拥有的"国家油菜工程技术研究中心"是国家油菜武汉改良分中心，设有"农业部油菜遗传育种实验室"，华农的油菜院士傅廷栋，在国际上率先发现波里马油菜细胞质雄性不育，而且应用广泛，育成华油杂系列杂交油菜品种在湖北推广面积巨大，为湖北油菜种植做出巨大贡献[5]。

（2）政府政策资金扶持。

改革开放以来，湖北省委、省政府高度注重油菜产业的开展，制定出台了一系列政策措施，并建立油菜产业开展专项资金，促进油菜产业发展。特别是2008年以来，湖北借助国家强农惠农政策的东风，扶持油菜产业。从2001年起，湖北每年布置财政预算资金2 000万元，专项用于双低油菜产业开展。同时，湖北增加油菜农机具置办补贴项目资金范围，推进油菜机械化。2011年湖北下发了《湖北省双低油菜产业开展施行计划（2011—2015年）的通知》，全面推进油菜产业发展。

随着农业比较效益下降，大量农民外出就业，湖北油菜播种面积下滑。为了保持和巩固湖北"油菜第一大省"的产业优势，2012年，省政府出台秋播油菜指导计划，大力实施"油菜产业振兴工程"。湖北通过每亩10元的补贴政策引导，将全省种植品种统一到3~5个；结合高产创建模式，全省设立120个示范点，每个点集中示范面积1万亩左右，有16万元~20万元的奖补，开展激励集中育苗、机播、轻简栽培、新技术推广等活动，为加工优质双低菜籽油打基础[6]。

2016年湖北出台了《湖北省人民政府办公厅关于建设双低优质油菜保护区的指导意见》。近年来，湖北省还鼎力推进全省油菜统一供种，大大提高了播种质量，并大力推进油菜维护区和油菜高产示范片区建设。全省划片肯定32个重点油菜维护区示范县，共有油菜种植面积1 500万亩，占全省总面积的85%。从2007年开始，湖北推进油菜高产示范片区建立，全省高产创立示范片区由2009年44片扩展至2015年70片，并将油料大县奖励资金的30%以上用于双低油菜统一供种和技术示范，目前全省统一供种率达40%以上[7]。

（3）油菜"五化"示范降成本。

"十二五"以来，湖北大力推行油菜新种类、新技术、新形式试验示范，提升油菜科技含量。湖北加快优质高产油菜品种推广应用，目前全省双低油菜提高率达95%，杂交双低油菜占70%以上，大力开展油菜生产机械化、轻简化、集成化、范围化、产业化"五化"示范，使油菜生产成本大大降低。云梦县2013年从传统的原每千克成本5元逐步降落到2.9元，黄梅县2016年降到1.75元，逐步接近加拿大等主要出口国1.5~2元/亩的直接田间成本，竞争力接近国际先进程度。同时湖北大力推行应用油菜"一菜两用"技术。2015年全省油菜"一菜两用"技术推行应用面积达170万亩，比2014年增10万亩[8]。

（4）多业融合延伸油菜产业链。

花开时赏花，花谢时收割加工。近年来，湖北油菜产业有序发展，新型油菜产业不断发展，目前已成功将油菜开发出七种功能：油用、花用、蜜用、菜用、做饲料、肥用、做工业原料。过去种油菜仅为榨油一种用途，现在开辟了油菜产业利用新时代。湖北致清和农牧有限公司负责人代春鹏介绍，使用油菜替代原有的玉米制成饲料，平均每亩至少可节约25%的饲料种植成本[9][10]。

随着双低优质油菜生产的快速发展，与之相适应的加工龙头企业也加快了改造改制和资产重组步伐，以现代企业的崭新面貌跻身于油菜加工产业。湖北天颐、湖北日月等10多家油脂加工企业主要从事双低油菜收购加工，以龙头企业的优势，在湖北油菜集中产区建立优质油菜生产基地1 200多万亩，订单收购加工双低油菜籽 80 多万吨。天颐、玉树、嘉禾、三月花、万重山等品牌的优质低芥酸色拉油和营养保健油进入省内外市场如部分大型超市，深受消费者欢迎，品牌知名度进一步提高，但没有形成全国知名菜籽油品牌。

另外，油菜籽加工业不断壮大。湖北油菜籽加工企业近千家，具有一定规模的油料加工企业 300 多家，占全国总量的 7.8%。湖北油菜籽加工企业的年油料处理生产能力 500 万吨，占全国总量的 5%；精炼油生产能力 107 万吨，占全国总量的 4.9%。全省规模以上油菜籽加工企业油料加工能力达到 470 万吨以上，全国油菜籽加工能力 10 万吨以上的企业，湖北居第二位，是全国最大的油菜籽资源及加工产品的集散地。[11]

3. 油菜籽产量与有关因素的相关性

通过计算油菜籽产量与播种面积、农机动力、人均地区生产总值、化肥施用量、农药施用量等因素之间的相关系数，不同时期的相关关系强弱有别。1978—2017 年，与油菜籽产量相关系数较高的为柴油、有效灌面、水库库容量、人均地区生产总值、农机动力和单产等，其他均较低；油菜籽产量与农业从业人员、每亩净利润为弱负相关（见表 6-25）。

1978—1990 年，油菜籽产量与播种面积、人均地区生产总值、化肥施用量、农技人数、单产、用电量、农机动力等均具有显著的正相关关系，与每亩净利润也有明显的正相关关系，说明这些因素对产量的增加比较重要，农户也能从种植油菜籽中获得较好的收益。油菜籽产量与农业人员为非常弱的负相关，意味着当时的农村剩余劳动力较少（见表 6-26）。

表 6-25　1978—2017 年湖北油菜籽产量和有关影响因素的相关系数

播种面积	人均地区生产总值	农业人员	农机动力	有效灌面	化肥	用电量	柴油	农药	塑料薄膜
0.248	0.690	-0.442	0.658	0.706	0.607	0.520	0.762	0.166	0.044
农技人数	受灾面积	成灾面积	铁路里程	公路里程	农固投资	水库库容量	每亩净利润	耕地面积	单产
-0.376	-0.389	-0.487	0.597	0.380	0.412	0.699	-0.412	0.031	0.563

表 6-26　1978—1990 年湖北油菜籽产量和有关影响因素的相关系数

播种面积	人均地区生产总值	农业人员	农机动力	有效灌面	化肥	用电量	单产
0.968	0.856	-0.040	0.726	-0.326	0.870	0.808	0.852

表6-26(续)

农技人数	受灾面积	成灾面积	铁路里程	公路里程	每亩净利润	耕地面积
0.853	0.195	0.131	0.811	0.778	0.575	−0.624

1991—2000年，油菜籽产量与播种面积、人均地区生产总值、用电量、农机动力、农药施用量等的正相关关系比前期有很大程度的增强，说明这些因素对产量增加的作用进一步加强；与化肥施用量、农技人数、单产的相关系数与前期基本持平与农业人员的负相关强度达到−0.956，意味着这一时期的农村剩余劳动力很多；与每亩净利润的关系转为负相关关系，农户已不能从种植油菜籽中获得较好的收益（见表6-27）。

表 6-27 1991—2000 年湖北油菜籽产量和有关影响因素的相关系数

播种面积	人均地区生产总值	农业人员	农机动力	有效灌面	化肥	用电量	柴油	农药	单产
0.982	0.948	−0.956	0.913	−0.679	0.807	0.949	0.870	0.919	0.662

塑料薄膜	农技人数	受灾面积	成灾面积	铁路里程	公路里程	水库库容量	每亩净利润	耕地面积	
0.384	0.851	0.562	0.680	0.521	0.856	0.420	−0.469	−0.953	

2001—2010年，油菜籽产量与播种面积、人均地区生产总值、用电量、农机动力、农药施用量、化肥施用量、农技人数、单产等的相关系数较前期大幅度降低，与农业人员的负相关强度也有所降低，意味着这一时期的农村剩余劳动力较少；与每亩净利润的关系转为很弱的正相关关系，农户很难从种植油菜籽中获得较好的收益；特别是与农技人数的关系由显著的正相关关系转为负相关关系，与这一时期农技人员较大幅度减少有关（见表6-28）。

表 6-28 2001—2010 年湖北油菜籽产量和有关影响因素的相关系数

播种面积	人均地区生产总值	农业人员	农机动力	有效灌面	化肥	用电量	柴油	农药	塑料薄膜
0.453	0.490	−0.507	0.428	0.598	0.562	0.428	0.482	0.252	0.308
农技人数	受灾面积	成灾面积	铁路里程	公路里程	农固投资	水库库容量	每亩净利润	耕地面积	单产
−0.374	−0.434	−0.434	0.597	0.109	0.553	0.319	0.096	0.394	0.494

2011—2017 年，油菜籽产量与播种面积、人均地区生产总值、有效灌面、柴油、库容量、化肥施用量、农药施用量等的正相关关系较前期有所加强，但与用电量、塑料薄膜、农业固定资产投资等为负相关，可能与油菜籽产量变化不大有关（见表 6-29）。

表 6-29　2011—2017 年湖北油菜籽产量和有关影响因素的相关系数

播种面积	人均地区生产总值	农业人员	农机动力	有效灌面	化肥	用电量	柴油	农药	塑料薄膜
0.637	0.556	-0.653	0.399	0.490	0.528	-0.134	0.817	0.436	-0.590
农技人数	受灾面积	成灾面积	铁路里程	公路里程	农固投资	水库库容量	每亩净利润	耕地面积	单产
-0.583	0.125	0.172	-0.113	-0.364	-0.271	0.874	-0.247	-0.611	0.123

1978—2017 年湖北油菜籽产量与各有关影响因素的回归结果表明，对油菜籽产量影响最显著的是化肥施用量，其他因素的影响显著性由强到弱依次为单产、播种面积、公路里程、柴油、农药施用量、农业人数和农业固定资产投资（见表 6-30）。

表 6-30　1978—2017 年湖北油菜籽产量与各生产因素的回归结果

	截距项	斜率项	R^2	DW
播种面积	16.95（0.39）	0.176（5.22）	0.969	2.17
单产	45.60（0.67）	0.08（5.38）	0.971	1.34
人均地区生产总值	164.10（2.18）	0.001 5（1.28）	0.951	1.88
农业从业人员	318.16（1.97）	-0.04（-1.78）	0.952	2.01
农机动力	222.52（1.04）	0.004（0.14）	0.948	1.84
有效灌面	183.40（1.17）	0.02（0.57）	0.949	1.91
化肥	-26.31（-1.22）	0.76（9.00）	0.951	1.56
用电量	319.23（1.09）	-0.19（-0.36）	0.948	1.88
水库库容量	195.45（3.67）	0.04（1.43）	0.909	1.93
柴油	114.27（2.40）	1.89（2.14）	0.803	1.96
农药	165.40（3.29）	5.34（1.94）	0.861	1.81
塑料薄膜	257.64（6.26）	-0.000 5（-1.44）	0.791	1.94

表6-30(续)

	截距项	斜率项	R^2	DW
农技人员	280.14 (2.37)	-0.000 7 (-1.37)	0.941	1.95
受灾面积	250.98 (2.13)	-0.000 6 (-0.22)	0.948	1.84
成灾面积	251.07 (2.12)	-0.000 8 (-0.21)	0.948	1.84
铁路里程	690.82 (0.62)	-310.92 (-1.47)	0.948	1.83
公路里程	1 222.11 (0.30)	-4.15 (-2.29)	0.952	2.21
农固投资	215.56 (26.74)	0.02 (1.63)	0.170	1.11
净利润	249.98 (2.33)	0.03 (0.71)	0.942	1.79

注：计算软件为 EVIEWS6.0，括号内数字为 t 统计量。

第四节　结论、讨论与建议

一、结论

从全国及四川、湖北两大油菜籽主产省份的油菜籽产量分析中，我们可以得到以下结论。

第一，从油菜籽生产的区域分布来看，一直保持以长江流域为主的生产格局。从长江下游、中游和上游三个区域来看，自 1949 年以来，油菜籽的生产呈现由下游向中上游集中的趋势。1949 年，江苏和上海的产量合计占全国产量的 27.31%；江苏、浙江、上海的油菜籽产量合计占全国产量的比重由 1978 年 28.29% 下降到 2018 年的 5.23%。长江上游的四川、重庆、云南、贵州的油菜籽产量合计占全国比重由 1949 年的 10.96% 提高到 2018 年的 36.10%。长江中游的湖北、湖南、江西、安徽和河南的油菜籽产量合计占全国比重由 1978 年的 30.63% 提高到 2018 年的 45.32%。从主产省份来看，1980—2018 年，湖北、湖南两大主产区的产量集中度分别提高了 10.59 和 9.34 个百分点。

第二，菜籽油是我国重要的食用油，虽然全国各地都有种植油菜，但优势主产区是长江沿江省（区、市）。从油菜籽产量集中度的变化来看，改革开放之前，名列前 10 位主产省（区、市）的集中度呈现下降趋势，由 1949 年的 64.36% 逐步下降到 1970 年的 46.81%，但主产省（区、市）基本没有变化。1949—1978 年，油菜籽产量集中度变化最大是四川、浙江、湖南、安徽、湖

北和上海，其中四川、浙江分别提高了 17.34 和 10 个百分点，上海则下降了
6.75 个百分点。改革开放后，居前 10 位的主产省（区、市）的集中度有所提
高，由 1980 年的 81.96% 提高到 2015 年的 86.34%，此后有所提高，到 2018
年仍高达 84.92%；而且 10 个主产省（区、市）除上海、河南等个别省（区、
市）外，产量没有发生太大变化。1980—2018 年，油菜籽产量集中度变化最
大是湖北、湖南和浙江，湖北和湖南分别提高了 10.59 和 9.34 个百分点，而
浙江下降了 9.66 个百分点。

　　第三，从全国来看，在 1978—2017 年的 40 年间，油菜籽产量与各影响因
素的相关性都比较强，相关系数大多在 0.8 以上，特别是与农药施用量、化肥
施用量、塑料薄膜、柴油、农机动力等都在 0.9 以上。通过回归分析，我们得
到对油菜籽产量有显著影响的相关因素的数据，按显著性大小排序依次为化肥
施用量、农药施用量、塑料薄膜、柴油、播种面积、单产、农机动力、播种面
积、有效灌面等，多元模型表明播种面积、单产、化肥施用量对油菜籽产量的
影响显著。各因素对油菜籽产量的边际影响程度依次为由强到弱农药单产、柴
油、化肥施用量、播种面积、用电量、有效灌面、农机动力和塑料薄膜。

　　第四，从四川和湖北的油菜籽产量与相关影响因素的结果看，各地的光、
热、水、土等自然条件和其他资源禀赋不同，对油菜籽产量的影响有所差异。
四川的油菜籽产量与各影响因素的相关关系较强，而湖北产量的较弱。对四川
油菜籽产量来说，影响最显著的是柴油，其次为塑料薄膜，其他因素的显著性
由强到弱依次为农机动力、用电量、播种面积、有效灌面、公路里程、单产和
人均地区生产总值；对油菜籽产量的边际影响程度排序从强到弱依次是柴油、
公路里程、用电量、播种面积、有效灌面、单产、农机动力、人均地区生产总
值和塑料薄膜。而在湖北，对油菜籽产量影响最显著的是化肥施用量，其他因
素的影响显著性由强到弱依次为单产、播种面积、公路里程、柴油、农药施用
量、农业人数和农业固定资产投资。

二、讨论

1. 单产水平有待进一步提高

　　1949—2017 年，我国单产水平提高了 3.11 倍，全球单产水平平均提高
3.00 倍。从世界平均水平来看，我国的油菜籽单产水平与世界平均水平接近。
但与油菜籽生产先进国家相比我国还有较大差距。2017 年，我国油菜籽单产
水平比加拿大低 530.79 千克/公顷，比德国低 1 459.79 千克/公顷，比法国低
1 697.79 千克/公顷，我国的单产水平仅为法国、德国的一半。因此，从理论

上来说，我国油菜籽单产水平还有较大的提升空间。如果我国的油菜籽产量水平达到法国 2017 年的水平，即 3 693 千克/公顷，则以 2018 年的种植面积计算，预计增加油菜籽产量 1 091 万吨，可以完全满足国内需要。

2. 油菜籽生产成本不断提高

近年来，我国各类农产品的生产成本不断提高，农民收入减少，已成为影响农产品增加产量的重要因素。1978 年以来，油菜籽的生产成本不断提高（见图6-14）。2018 年每亩油菜籽总成本为 916.97 元，比 1978 年增加了 17.46 倍。其中每亩人工成本由 1978 年的 24.32 元提高到 2018 年的 548.24 元，提高了 21.54 倍；土地成本占比由 2.13 元提高到 214.61 元，提高了 57.50 倍。从成本构成来看，主要是人工成本占比太高，1978 年以来，人工成本占生产成本均在 50% 以上，2013 年以来提高到 70% 以上；人工成本占总成本的比重在 1978—2011 年平均为 47.91%，保持在 45%~50%，2011 年后迅速提高到 60% 以上（见图 6-15）。

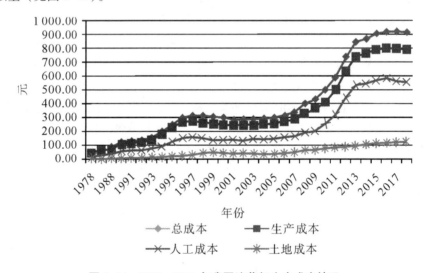

图 6-14　1978—2018 年我国油菜籽生产成本情况

资料来源：历年全国农产品成本收益资料汇编。

3. 油菜籽生产机械化水平较低

油菜籽生产人工成本高，单产水平较低，经济效益较差，农民工外出务工收入高，导致种植面积下滑，影响了我国食用油安全。近年来，各级农机部门加大油菜籽机械科研和试验推广力度，特别是在油菜精量联合播种、毯状苗移栽、分段/联合收获、无人机施药等新技术新装备方面的研发取得了长足进步，加快了油菜机械化生产进程。而且油菜全程机械化技术模式已基本确立，一些

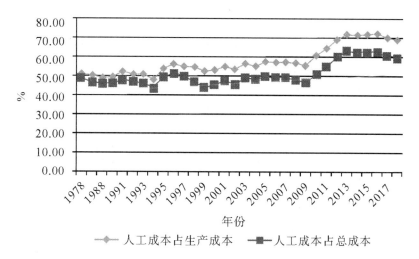

图 6-15   1978—2018 年我国油菜籽生产的人工成本占总成本和生产成本比重

资料来源：历年全国农产品成本收益资料汇编。

播栽、收获、田间管理各环节机械化技术装备在冬、春油菜产区均得到广泛应用，支撑了油菜机械化快速发展[12]。但截至 2018 年年底，全国油菜耕、种、收及综合机械化率分别达到 82.30%、29.82%、40.25% 及 53.94%。我国油菜机播率和机收率仍然很低。湖北是油菜生产大省，也是机械化程度较高的省份。近年来，湖北首创并大力推广的油菜高密度机械化直播技术成功破解了困扰我国多年的油菜生产机械化难题，推动全省油菜种植面积由 21 世纪初不足 1 000 万亩迅速扩大到 1 900 万亩，湖北全省掀起了油菜机械化生产高潮，获得了农业农村部及社会各界高度评价和广泛认可。2018 年湖北全省油菜耕种收综合机械化水平较上年提高了 5.6 个百分点[13]。另外，以小农户为单元的种植方式规模小，并且种植管理不规范，不利于机械化作业。

4. 比较效益低，农户生产积极性不高

从全国及各地来看，与小麦、稻谷、玉米等农作物单产水平比较，油菜籽单产很低，2018 年全国平均每亩产量仅为 135 千克，单产水平较高的四川水平也只有 160 千克/亩，湖北也仅为 152.69 千克/亩，江苏的单产水平是全国最高的，仅为 191 千克/亩，而且油菜籽的出售价格低，2018 年全国油菜籽 50 千克的平均销售价格为 259.22 元。其中浙江的售价最高，为 294.91 元每 50 千克（见图 6-16）。由于单产低、售价低，种植油菜籽亏多盈少，种植收益和比较效益比粮食类和其他经济作物类低很多。1978 年以来，油菜籽每亩净利润最高的是 2008 年的 112.77 元，1990—2018 年的 29 年间，仅有 14 年的净利润为正，15 年为亏损，而且 2011 年以来亏损额不断增加，特别是 2016 年每亩亏损高达330.98元（见图6-17）。由于油菜籽生产的机械化程度低，农村大部分青壮年劳动力外出打工，在劳动力缺乏和人工工资不断上涨的情况下，用工多、生产过程繁杂的油菜种植对农民缺乏吸引力；同时，当前环保力度加大，给种植户带来诸多不便，影响了油菜种植和油菜籽产业的发展。

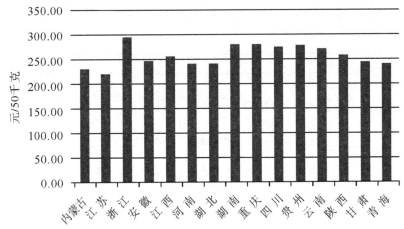

图6-16　2018年油菜籽主要生产省份的销售价格

资料来源：《全国农产品成本收益资料汇编2018》。

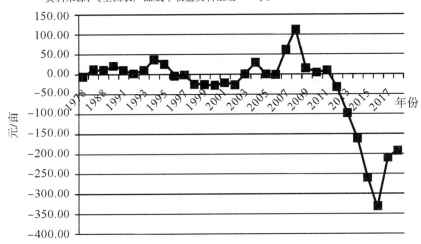

图6-17　1978—2018年油菜籽每亩净利润走势

资料来源：历年全国农产品成本收益资料汇编。

三、建议

要保障我国未来对菜籽油产量、质量和安全的需求，以及应对国际竞争，我国要提高油菜籽生产的比较效益，创新是唯一出路，要不断提高油菜籽的研发能力和核心竞争力，加快油菜籽产业的集约化、市场化和工业化发展。本书建议如下。

1. 加强新品种研发力度，提高油菜籽单产水平

我国一直重视农作物的育种工作。特别值得指出的是，2014年中央和国务院颁发的《关于全面深化农村改革加快推进农业现代化的若干意见》中指出，需要发展现代种业，构建以企业为主体的育种创新体系，促进种植人才以及技术持续向企业流动，强化育-繁-推一体化种子企业研发推广高产、优质的新品种。

我国在油菜籽种子培育方面具有较强的技术优势。经过20多年的科技攻关，我国培育出了被誉为"东方橄榄油"的"双低"油菜籽品种，并于20世纪90年代开始推广，取得了良好的成效，到目前已经培育数十个"双低"油菜籽品种。2006年，中国农业科学院油料所培育出"中油-0361"油菜新品系种籽，含油量高达54.72%，高出国际含油量最高的油菜籽品种2个百分点[14]。

湖北的油菜品种培育水平在全国居于领先地位。华中农业大学和中国农科院油料作物研究所2018年试种的"中油杂19"品种实施"双减"技术，即减少化肥、农药施用量的技术获得重大成果，测产油菜田的亩产达301千克，比普通油菜田的亩产增加了12.4%，化肥可少用25%，肥料利用率提高15%，农药减量40%，可节省一个工，可增加总收益150元，而且菜籽含油量在50%左右，比一般的品种高6~7个百分点[15]。含油率高可以为加工企业带来较高的收益。

根据我国的油菜籽育种现状，未来我国需要加强适于机械化种植和收获的品种，培育高产、高油、优质的油菜籽品种。单产水平的提高需要各种因素共同促成，特别是种子的改良及水、肥、土、热等各种因素的配合，因此我国需要加强油菜籽新品种的试验研究，探索适用于不同地区、不同时间、不同种植方式和不同用途的新品种。我国要加快培育适宜机插、直播等轻简化栽培、肥料高效利用、农药施用量更少、耐高低温等抗逆能力强的品种；同时，加强农田水利基础设施建设，加强植保技术、田间管理技术的研发工作，以提高油菜籽单产水平和产品质量。

2. 提高资金补助，激发农户生产积极性

由于油菜籽单产水平较低，受国内外市场影响，油菜籽销售价格偏低，亏损严重，农户没有种植积极性。因此我国应该加大资金补助力度，提高油菜籽种植的收益。本书建议把部分用于进口油菜籽或菜籽油的金额补助给农户。补

助地区应以湖北、四川、江西、安徽等长江流域油菜主产区为重点，以双低油菜籽种植户和利用冬闲田种植冬油菜的农户为主。补助标准应该与稻谷、小麦等一致。同时，我们应提高油菜籽生产的保险费用。本书还建议国家设立油菜工业发展专项资金，各省（市、县）财政也相应设立油菜工业发展专项资金，加大投入力度，重点扶持湖北、四川、江西、安徽等长江流域油菜主产区的油菜籽种植农户和油脂加工企业，扶持方向为建设"公司+农户"的订单生产、油菜籽加工技术升级改造。

3. 加强农机研发力度，推进油菜生产全程机械化

2018 年，国家油菜产业技术体系三项技术成果获重要进展。据介绍，经农业农村部权威发布，"油菜全程机械化技术"和"菜籽油产地绿色高效加工技术"已入选 2017 年中国农业农村"十大新技术"，"油菜毯状苗机械化高效移栽技术"已入选 2018 年度"十项重大引领性农业技术"。该体系联合全国多家优势单位开展协同攻关，集成融合了中油杂 19 等油菜机械化品种、土壤适墒管理技术、密度调控技术、缓控释全营养一次施肥技术、联合机械播种技术、芽前封闭除草技术、"一促四防"技术、机械收获技术等 9 项核心技术，建立了油菜全程机械化高产高效技术模式，实现了从播种、田间管理、收获的全程机械化。该技术模式示范推广面积超 1 170 万亩，平均每亩节本增效超过 300 元，累计创造经济效益 35 亿元以上。通过该技术模式支撑，10 年间全国油菜耕种收综合机械化水平提高了 30% 左右[16]。另外，长江流域冬油菜主产区已形成"直播为主、移栽为辅，联合收获为主、分段收获为辅"的机械化生产技术路线，全程机械化从根本上改变了中国农民千百年来的油菜生产模式[17]。因此，这些技术的采用将极大地提高油菜籽生产的机械化水平。不过，针对我国目前油菜籽播种和收获机械化水平很低的现状，提高播种、收获的机械化水平，加快油菜籽生产全程机械化进程，应该是我国未来油菜籽机械研发的主要方向。

在进行油菜籽播种和收获机械研发的同时，我国还应该加快培育现代农机合作社，大力探索与农业适度规模经营相适应的农机服务模式，切实抓好农机安全监理，努力减少各种安全事故。

4. 加强技术研发力度，提高油菜籽精深加工水平

近年来，通过技术攻关和研发，我国油菜籽加工技术总体水平有了较大的提高，但仍属粗加工技能领域，深加工水平还较落后，尤其是在油菜籽资源的综合利用开发方面与国际先进水平还存在较大差距。我国油菜籽加工企业主要利用菜籽油和菜籽粕两个产品，对于可以被提取的高附加值产品，如双低油菜

的复合氨基酸、植酸、植酸盐、各种磷脂产品等，基本没有得到开发利用。因此，我国要进一步加强研发双低油菜工业技术支撑系统，研发油菜籽的精深加工技术及其设备，推动油菜籽精深加工产业转型升级。

同时，我国要采取各种利益连接机制，把油菜籽产业从种子培育、种植、植保与管理、油菜籽加工技术研发与加工企业等进行产业链整合，加快构建和建设完整的油菜籽产业链。

参考文献

[1] 百度百科词条"菜籽油"。

[2] 颜斯睿，李淼. 四川油菜籽产量跃居全国第一[EB/OL].（2018-02-09）[2020-08-30].http://www.cjsozwy.com/news/onews.asp? id=1372.

[3] 庞峰伟，李淼. 四川菜油全产业链发展助农增收[EB/OL].（2018-04-29）[2020-08-30]. http://www.sc.gov.cn/10462/10464/10797/2018/4/29/10450005.shtml.

[4] 张书冬. 对大力发展四川油菜籽产业的思考[EB/OL].（2019-03-19）[2020-08-30].https://www.sohu.com/a/302303103_120045201.

[5] 搜狐. 湖北油菜优势分析[EB/OL].（2018-06-21）[2020-08-30].https://www.sohu.com/a/237130152_100029049.

[6] 张爱虎. 湖北油菜产业振兴工程成效初显 油菜种植面积创新高[EB/OL].（2012-12-21）[2020-08-30]. http://www.hubei.gov.cn/zwgk/bmdt/201212/t20121221_426767.shtml.

[7] 油菜产业网. 湖北省油菜产业发展的主要做法[EB/OL].（2016-08-30）[2020-08-30].http://youcaicy.99114.com/.

[8] 湖北省农业厅课题组. 国内油菜籽产业发展现状及持续稳定发展对策建议[EB/OL].（2017-02-22）[2020-08-30].http://www.chinaoils.cn/news/show.php? itemid=16954.

[9] 央广网. 湖北成功将油菜开发出七种功能 开辟油菜产业利用新时代[EB/OL].（2018-04-12）[2020-08-30].https://baijiahao.baidu.com/s? id=1597516244463814677&wfr=spider&for=pc.

[10] 农业农村部. 产业趋复合 效益求多重——湖北推广油菜"一菜七用"[EB/OL].（2018-05-25）[2020-08-30].http://news.sina.com.cn/o/2018-05-25/doc-ihaysviy8167046.shtml.

[11] 油菜产业网. 湖北油菜产业有四大优势[EB/OL]. http://youcaicy.

99114. com/Article1/92662486_0. html.

　　［12］罗序文，韩凯. 全程机械化模式向全国推广［EB/OL］.（2014-05-10）［2020-08-30］. http://news. sina. com. cn/o/2014-05-16/070030147042. shtml.

　　［13］湖南省农业农村厅. 省农业农村厅召开全省油菜生产暨农作物秸秆综合利用全程机械化现场培训会［EB/OL］.（2019-05-23）［2020-08-30］. http://agri. hunan. gov. cn/xxgk/gzdt/snyw/dtyw/201905/t20190523_5340940. html.

　　［14］我国油菜籽含油量再创国际新高［J］. 粮油加工，2006（9）：38.

　　［15］魏伟. 湖北油菜同"双减"技术领跑全国，亩产可增12.4%［EB/OL］.（2019-05-21）［2020-08-30］.https://www.sohu.com/a/315538769_239121.

　　［16］陆法. 2018年我国经济作物全程机械化所取得的突破［J］. 当代农机，2019（7）. 10-11.

　　［17］王晓宇. 全程机械化：回眸2018［EB/OL］.（2019-01-29）［2020-08-30］.http://www.hamdc.cn/news/show.php？itemid=1311.